Lea Fleischmann

Rabbi Nachman und die Thora

Das Judentum für Nichtjuden verständlich gemacht

Scherz

Erste Auflage Februar 2000

Einbandgestaltung: Franziska Muster, Bern,
unter Verwendung eines Dias von Tony Stone Bilderwelten, München

Vorwort

In seinem Buch *Die Geschichten des Rabbi Nachman* schreibt Martin Buber über die religiösen Führer der chassidischen Bewegung, die Zaddikim, die sich der reinen Lehre verschrieben haben: «Wie die Propheten Israels, so waren auch diese seine späten Söhne keine Reformatoren, sondern Revolutionäre, sie forderten nicht das Bessere, sondern das Unbedingte, sie wollten nicht erziehen, sondern erlösen. Unter ihnen der Größte, der Reinste, der Tragischste ist Rabbi Nachman Ben Simcha, der nach dem Hauptorte seines Wirkens Rabbi Nachman von Bratzlaw genannt wird.» Vor zweihundert Jahren lebte Rabbi Nachman, aber in Jerusalem entdeckte ich nicht nur die historische Figur, sondern eine lebendige Quelle anregender Gedanken. Rabbi Nachman erkannte die heilende Wirkung des individuellen Gebetes in der freien Natur. Das Aussprechen aller Probleme und Ängste, unterstützt durch das intensive Naturerlebnis, führt zu einer seelischen Entlastung, und bis heute suchen die Anhänger Rabbi Nachmans die Einsamkeit des Waldes, des Feldes oder des Meeresstrandes, um ihr Herz vor Gott auszuschütten.

In dem vorliegenden Buch lade ich die Leser ein, mich in eine Lernstube zu begleiten, in der Rabbi Nachmans Geschichten und Aussprüche erzählt und interpretiert werden. Fortan bewegen wir uns auf zwei zeitlichen und geographischen Ebenen: Einerseits befinden wir uns in der Ukraine im 18. Jahrhundert, andererseits im heutigen Jerusalem an der Schwelle des dritten Jahrtausends.

Die Lehre des Judentums ist die Thora. Sie ist das von Moses aufgeschriebene göttliche Wort. Kein Buchstabe des Textes darf verändert oder weggelassen werden, keiner hinzukommen. Heute wie vor Jahrtausenden wird die Thora in ihrem ursprünglichen hebräischen Wortlaut verkündet. «Der Baum des Lebens» wird sie genannt, und so wie ein Baum Früchte trägt, den Menschen nährt, ihm Schutz vor der Sonne und Holz für wärmendes Feuer gibt, so befruchtet, beschützt und wärmt die Thora seit jeher das Volk Israel. Wie jeder Rabbi interpretiert auch Rabbi Nachman die Thora, und durch seine Geschichten ebnet er einen geistigen Weg zu ihr.

Längst ist die Lehre aus dem engen Kreis des jüdischen Volkes herausgetreten. Die Thora ist die Wurzel der monotheistischen Religionen, sie ist der Ursprung der westlichen Zivilisation und der Menschenrechte. Der in der nichtjüdischen Welt bekannteste Interpret ist Jesus. Geboren in dem Volk Israel, vertraut mit der hebräischen Sprache und dem Gedankengut der Thora, deutete er Gottes Wort. Die moralisch-ethische Basis der Evangelien ist die Thora, das Erklären durch Gleichnisse und Geschichten eine alte jüdische Tradition.

Obwohl sich der nichtjüdische Leser vielleicht nie bewusst mit der Thora beschäftigt, stößt er durch die Geschichten und Aussprüche von Rabbi Nachman auf Gedanken und Einsichten, die ihm wohl bekannt sind. Seit Jahrtausenden wird die Thora gelehrt und interpretiert und bis heute hat sie nichts von ihrer Aktualität eingebüßt.

Lea Fleischmann

1

Die ganze weite Welt ist ein schmaler Steg

In der visuellen Vielfalt, die in den Städten auf die Sinne einwirkt, dringen einige Sätze und Schriftzeichen durch die Wahrnehmung in unser Gehirn und setzen sich dort fest. Geschickt nutzen Werbefachleute unsere Fähigkeit, Bilder, kurze Sätze und Melodien zu speichern, und durch dauernde Wiederholung von Wortsequenzen auf Plakaten und in Werbefilmen wecken sie das Interesse an einem Produkt. Nach diesem Prinzip tauchten vor einigen Jahren in Jerusalem Spruchbänder mit der Aufschrift «Na Nach Nachma Nachman aus Uman» auf. Als Aufkleber stand dieser Spruch auf Windschutzscheiben und Hinweisschildern, auf Hauswänden und Fenstersimsen: «Na Nach Nachma Nachman aus Uman». Es war kein Produkt zum Kaufen, die Wortkombination erschien nie in Verbindung mit einem Gegenstand, aber immer häufiger stach der Satz «Na Nach Nachma Nachman aus Uman» ins Auge. Wie so vieles, das wir in unserer mannigfaltigen Umgebung wahrnehmen, interessierte mich der Spruch nicht. Ich konnte mit ihm nichts anfangen und fragte nicht nach seiner Bedeutung.

Seit meinen Kindertagen begleitet mich ein Lied. Häufig habe ich es gesungen und bei schweren Entscheidungen hat es mir geholfen:

Die ganze weite Welt
ist ein schmaler Steg.
Geh darüber und fürchte dich nicht,
fürchte dich nicht.

Wie sehr fürchten wir, einen neuen Weg zu beschreiten und die Angst lähmt unser Verhalten. Unüberwindbare Hindernisse baut sie in unserer Phantasie auf, entsetzliche Unglücke ruft sie in unserer Vorstellungskraft hervor und lässt uns in misslichen Zuständen verharren. Wieviel Furcht musste ich überwinden, als ich beschloss, von Deutschland nach Israel auszuwandern, meine Planstelle als Studienrätin aufgab und eine sichere Beamtenlaufbahn gegen ein unsicheres Dasein eintauschte. In schrecklichen Bildern vergällte mir die Angst jeden Schritt, denn ich hatte noch nicht entdeckt, dass jede Herausforderung ungeahnte Kräfte in uns weckt. Immer, wenn in jenen schweren Tagen der Entscheidung die Unentschlossenheit und Sorge sich mir in den Weg stellten, sang ich das Lied vom schmalen Steg: «Die ganze weite Welt ist ein schmaler Steg. Geh darüber und fürchte dich nicht.»

Wie ein eiserner Besen fegten die Worte und die Melodie die Angst fort.

In allen schwierigen Situationen ist das Lied zur Stelle. Als der Golfkrieg ausbrach und der irakische Diktator Saddam Hussein Israel mit Scud-Raketen angriff und ich mit meiner Familie in dem abgedichteten Zimmer saß, jeder von uns eine Gasmaske über das Gesicht gestülpt, sangen wir: «Fürchte dich nicht.»

Als palästinensische Selbstmörder Blutbäder in Jerusalems Autobussen anrichteten und Angst und Schrecken in die Seelen der Menschen säten, stieg ich in den Bus ein und in mir sang es: «Fürchte dich nicht.»

Wie eine Schutzwand umhüllt mich seit vielen Jahren dieses Lied, aber niemals fragte ich nach seinem Ursprung.

Eines Abends stehe ich an einer Bushaltestelle auf der Yafo-Straße, neben dem Davidka-Denkmal. Es ist ein regnerischer, nasskalter Winterabend. Die Autos sausen vorbei und verspritzen das schlammige Wasser der Regenlachen, Autobusse krachen heran und fahren mit Getöse ab, aus dem Abfallkübel neben der Haltestelle quellen Papier- und Essensreste, und eine struppige schwarze Katze macht sich über eine weggeworfene Wurstscheibe her. Sie verschwindet mit ihr in einem dunklen Hof. Ein alter Bettler mit einer löchrigen Wollmütze auf dem Kopf klimpert mit den

Münzen in seiner Blechdose und hält sie den Wartenden hin: «Wohltätigkeit schützt vor dem Tod.»

Der braune Pinscher zu Füßen einer korpulenten Frau kläfft ihn an, und der Schnorrer macht einen Bogen um die Dicke und den Hund. In einem Kinderwagen quengelt ein kleiner Junge, zerrt an der geblümten Decke und seine Mutter schimpft: «Wirf die Decke nicht auf den Boden und hör auf zu weinen.»

In der Ecke des Wartehäuschens steht ein etwa zwanzigjähriges Mädchen und summt das Lied: «Die ganze weite Welt ist ein schmaler Steg. Geh darüber und fürchte dich nicht.»

Das straff zurückgekämmte dunkle Haar hat sie zu einem Zopf geflochten, und das spärliche Licht der Straßenlaterne spiegelt sich in ihren Brillengläsern. Sie trägt einen wadenlangen grauen Rock, schwarze Strümpfe und Turnschuhe und unter dem dunkelblauen Anorak einen Rollkragenpullover. An ihrer Hüfte baumelt eine Plastiktasche, in der sie nach ihrem Portemonnaie kramt. Sie holt ein paar Münzen heraus und wirft sie in die Blechdose des Bettlers.

«Gott segne dich», murmelt er, und sie antwortet: «Amen, möge Er dich auch segnen», und fährt fort, die Melodie zu summen.

«Ein schönes Lied ist das», bemerke ich.

Das junge Mädchen dreht den Kopf zu mir, schaut mich einen Moment an und sagt: «Es ist ein Lied von Rabbi Nachman.»

«Wer ist das?», frage ich.

Erstaunt über so viel Unwissenheit, deutet sie auf ein Transparent, das über einen Toreingang gespannt ist: «Es steht doch überall geschrieben: Na Nach Nachma Nachman aus Uman.»

Bevor ich weiterfragen kann, eilt sie dem ankommenden Bus entgegen, steigt ein und fährt davon.

Plötzlich hatte mein Lied einen Verfasser, einen Dichter, einen Ursprung: Rabbi Nachman.

2

Rabbi Nachman beginnt mich zu interessieren

Bibliotheken, Leseräume und Archive ziehen mich wie Magnete an. Aus vergilbten Büchern entweicht der Geruch vergangener Epochen, aus brüchigen Folianten steigen schemenhafte Gestalten auf, und in meiner Phantasie erhalten sie plastische Gesichtszüge und sichtbare Körperformen. Verstorbene Menschen erzählen mir von ihrer Zeit und ihren Gefühlen und für Augenblicke werden sie in mir lebendig. Besonders alte Zeitschriften haben es mir angetan, sie sind beredte Zeugen einer verflossenen Ära und wie in einer Zeitmaschine bewege ich mich in ihnen rückwärts. Stundenlang kann ich in ihnen blättern, die Artikel lesen und staunen, wie aus abstrakten Gedanken Realität wurde.

Die Fuldaer Gesellschaft für Christlich-Jüdische Zusammenarbeit hat mich eingeladen, einen Vortrag zum dreitausendjährigen Jubiläum der Stadt Jerusalem zu halten, und an einem warmen Frühlingsnachmittag gehe ich in das Zionistische Zentralarchiv, um Quellenmaterial zu suchen.

Vom Herzl Boulevard biege ich in den Salman Shazar Boulevard ein. Hier mündet die Autobahn, die von Tel Aviv kommt, in das Jerusalemer Straßennetz, das laufend erweitert wird. Auf der gigantischen Baustelle mischt sich Autolärm mit Baulärm, Bagger wirbeln Staub auf, Kräne heben Eisenträger, Betonmischmaschinen rattern, hier kann man sein eigenes Wort nicht verstehen.

Jerusalem breitet sich nicht nur auf den umliegenden Hügeln aus, sondern frisst sich in die Tiefe und dehnt sich in die Höhe.

Aus einem jahrtausendealten Schlaf erwacht, reckt und streckt sich die Stadt, schlägt Breschen in Stein und Geröll und spannt Brücken über Schluchten und Abgründe. In atemberaubendem Tempo entstehen die mit weißem Stein verkleideten Gebäude, Tunnels werden in die felsigen Berge gehauen, Hotelbauten für den Massentourismus hochgezogen, und die Stadt dröhnt und tobt, rast und bebt.

Ein Hinweisschild deutet auf das Zionistische Zentralarchiv. Auf dem einstöckigen Flachbau weht Israels weiße Nationalflagge mit den blauen Streifen und dem Davidstern in der Mitte. In der weiträumigen Eingangshalle befindet sich ein tropisch bepflanztes Atrium, und an der Wand hängt ein überdimensionales Foto vom ersten Zionistenkongress, der 1897 in Basel tagte. Die Männer tragen schwarze Fräcke und steife Vatermörder, zwischen ihnen sitzen vereinzelt weibliche Delegierte in bauschigen Kleidern mit gepufften Ärmeln und hochgesteckten Frisuren, und im Zentrum des Bildes steht der bärtige Theodor Herzl auf einer Bühne.

Theodor Herzl. Seine Person und sein Name sind mit dem Staat Israel verbunden wie der Auszug aus Ägypten mit Moses. 1860 wurde Theodor Herzl in Budapest geboren. Es war die Zeit des industriellen Aufbruchs und rationalen Denkens. Vorbei war das Mittelalter mit seinen religiösen Banden, vorbei die Zeit der feudalen Herrschaft, die Werte der Französischen Revolution hatten in Europa Fuß gefasst. Freiheit, Gleichheit, Brüderlichkeit für alle Menschen. Mit Fleiß und Kraft vermehrte das Bürgertum seine Güter, gewann politischen Einfluss und öffnete seinen Kindern den Zugang zu Wissenschaft und Kunst. In diesem Zeitstrom veränderte sich auch die Position der Juden. Politische Emanzipation war das Schlagwort jener Tage. Bildung und Tüchtigkeit, Ehrgeiz und Tatkraft verdrängten Gottesfurcht und religiöse Gesetze. Vertrauen in die eigene Kraft ersetzte Gottvertrauen, Beruf und Besitz waren maßgebend für die gesellschaftliche Position, und Religion verkam zu nostalgischen Bräuchen.

In einem bürgerlich-jüdischen Elternhaus wuchs Theodor Herzl heran. Er besuchte in Budapest ein evangelisches Gymnasium und verließ nach dem Abitur die magyarische Hauptstadt, um in Wien Rechtswissenschaften zu studieren. Seine Liebe galt jedoch der Schriftstellerei, und als Student schrieb er Gedichte, Novellen und Lustspiele. Liebe, Freiheit, Menschenrechte waren die Themen seiner literarischen Ergüsse, das Volk Israel und das Judentum erschienen nur am Rande. Nach seinem Studium begann Theodor Herzl als Korrespondent der angesehensten Zeitung der österreichisch-ungarischen Monarchie, der *Neuen Freien Presse*, zu arbeiten und ging als Berichterstatter nach Paris. Am 22. Dezember 1894 wurde der französische Offizier Alfred Dreyfus wegen Hochverrats zu lebenslänglicher Deportation und militärischer Entehrung verurteilt. Alfred Dreyfus war Jude und beteuerte seine Unschuld, die auch Jahre später nachgewiesen wurde. Der Fall Dreyfus erschütterte den jungen Journalisten bis ins Mark. Weder der Prozess noch das Fehlurteil schockierten Theodor Herzl, sondern die Reaktion der Mehrheit des französischen Volkes.

«Der Fall Dreyfus», schrieb er, «enthält mehr als einen Justizirrtum, er enthält den Wunsch der ungeheuren Mehrheit in Frankreich, einen Juden und in diesem einen alle Juden zu verdammen. Tod den Juden! heulte die Menge, als man dem Hauptmann seine Tressen vom Waffenrock riss. Wo? In Frankreich. Im republikanischen, modernen, zivilisierten Frankreich, hundert Jahre nach der Erklärung der Menschenrechte.»

Dies war die Geburtsstunde des Zionismus. In Theodor Herzl reifte der Gedanke heran, einen jüdischen Staat ins Leben zu rufen, und wie in einem Fieberwahn verfasste er die Broschüre *Der Judenstaat*. Dort entwarf er detailliert das Konzept eines nationalen, unabhängigen jüdischen Staates. Wie eine Bombe schlug diese Schrift in den jüdischen Gemeinden ein. Menschen und Gruppen begannen sich um Theodor Herzl zu scharen, die zionistische Bewegung entstand, und am 29. August 1897 wurde der Ersten Zionistische Weltkongress in Basel einberufen. Einer der eifrigsten Mitstreiter Herzls war David Wolfsohn: «Herzl gab mir den Auftrag, die Vorbereitungen für den ersten Kongress durchzuführen. Unter anderem musste ich mich mit der Frage beschäftigen, welche Fahne soll die Kongresshalle schmücken? Plötzlich hatte ich eine Idee. Wir haben eine Fahne, blau-weiß. Der Gebetsschal, in dem wir uns zum Gebet einhüllen, ist unser Symbol. Wir müssen ihn hervorholen und vor dem Volk Israel und den Augen aller Völker entrollen. Ich bestellte eine Fahne blau-weiß mit einem Davidstern in der Mitte. So entstand unsere nationale Flagge.»

Aus den Protokollen des Ersten Zionistischen Weltkongresses tritt ergreifend die Weichenstellung für das Volk Israel zutage. Zion, ein anderer Name für Jerusalem, wird zum politischen Programm, mit dem Ziel, das Volk Israel in das Land Israel zurückzuführen. Eine jahrtausendalte prophetische Vision des jüdischen Volkes beginnt sich zu realisieren. Ebenfalls prophetisch muten Theodor Herzls Worte an, die er nach dem Kongress in sein Tagebuch schrieb: «In Basel habe ich den Judenstaat gegründet. Vielleicht in fünf Jahren, jedenfalls in fünfzig wird es jeder einsehen.»

Ein Volk, verstreut und verfolgt unter allen Völkern, ohne Militär, ohne staatliche Organisation, verschiedene Sprachen sprechend, von unterschiedlichen Kulturen beeinflusst, machte sich auf, das verheißene Land wieder in Besitz zu nehmen: «Setzen wir uns ein Oberhaupt, und kehren wir nach Jerusalem zurück. Wir müssen der brutalen Übermacht ausweichen und in unsere alte Heimat zurückkehren, und wenn unsere Mission unter den Nationen wirklich noch nicht erfüllt sein sollte, so wollen wir das Versäumte von dort aus nachholen. Denn von Zion allein geht die Lehre aus und Gottes Wort bloß von Jerusalem.», tönte es in der Versammlungshalle. Zum Oberhaupt der zionistischen Bewegung wurde Theodor Herzl, zu seinem Stellvertreter Max Nordau gewählt.

Im Leseraum des Zionistischen Zentralarchivs sitzen nur wenige Besucher an den langen Tischreihen. Ein grauhaariger Mann brütet über einer Urkunde, eine Studentin tippt einen Text in ihren Laptop ein, und eine Frau flüstert verhalten mit der Archivarin. Der beige Teppichboden dämpft die Schritte der Kommenden und Gehenden. Ich hole den ersten Band der gebundenen Jahresausgaben der Wochenzeitung *Die Welt* hervor. Dieses Organ wurde von

Theodor Herzl 1897 gegründet und beginnt mit den flammenden Aufrufen an das jüdische Volk, in das Land seiner Väter zurückzukehren. Neben Theodor Herzl ist einer der Hauptautoren Max Nordau. Ich möchte mehr über Nordau erfahren und hole den IV. Band des *Jüdischen Lexikons* aus dem Regal. Auf der Suche nach dem Namen Nordau blättere ich in dem Band und stoße auf folgende Notiz: «Nachman ben Simcha aus Bratzlaw, kurz Nachman von Bratzlaw genannt, chassidischer Meister, geboren 1772 in Medzhibozh als Urenkel des Israel Baal Schem, gestorben 1810 in Uman.»

Nun wird mir der Spruch, Na Nach Nachma Nachman aus Uman, dem ich täglich irgendwo in der Stadt begegne, klar. Die Wortkombination Na Nach Nachma Nachman führt zum Namen und Uman ist die Stadt, in der er gestorben ist. Das *Jüdische Lexikon*, das vor mir aufgeschlagen liegt, spricht von den «Bratzlawern», einer Gruppe von Anhängern des Rabbi Nachman. Auch im heutigen Jerusalem muss es eine Gruppe der Bratzlawer geben, irgendjemand hängt ja die Spruchbänder auf. Was hat dieser Nachman, der im 18. Jahrhundert gelebt hat, uns im ausgehenden 20. Jahrhundert zu sagen, und warum wollen Menschen die Aufmerksamkeit auf ihn lenken?

Mit den Händen stütze ich meinen Kopf ab, und während ich auf die aufgeschlagenen Seiten blicke, steigt in meiner Seele ein Lied auf: «Die ganze weite Welt ist ein schmaler Steg. Geh darüber und fürchte dich nicht.»

Rabbi Nachman beginnt mich zu interessieren.

3

Gott wohnt nicht in der Universität, bei den Bratzlawern wohnt er

Im Märchen «Hänsel und Gretel» finden die Kinder anfangs nach Hause zurück, weil Hänsel in regelmäßigen Abständen Steine auf den Weg wirft, die ihm als Wegweiser dienen. Ähnlich muss ich bei meiner Suche nach Rabbi Nachman vorgehen, von Stein zu Stein, bis ich ihn finde. Viele Jahre hat ein Wort von ihm mich begleitet, und durch das Lied hat er über die Zeiten hinweg mit mir gesprochen, und ich beschließe, nach ihm zu fahnden und ihm literarisches Leben einzuhauchen.

Gleich morgen will ich mich aufmachen und in der Jüdischen Nationalbibliothek nachsehen, ob Bücher von oder über Rabbi Nachman vorhanden sind, nehme ich mir vor. Aber wie es mit den guten Vorsätzen so ist, die Idee rumort im Kopf, mit der Ausführung hapert es. Die Nationalbibliothek befindet sich auf dem alten Universitätsgelände in Giv'at Ram, das Areal kann ich von meiner Wohnung aus bequem zu Fuß erreichen, aber immer wieder kommt mir etwas dazwischen. An einem Tag muss ich einen Essay für ein Literaturseminar verfassen, an einem anderen meine Fensterscheiben putzen, da ruft jemand an und will mich besuchen, dort fällt mir ein, dass ich endlich meine unerledigte Post beantworten muss, und allmählich verblasst der Wunsch herauszufinden, wer Rabbi Nachman war. Es gibt Wichtigeres zu tun, als sich mit einer Gestalt, die vor mehr als zweihundert Jahren gelebt hat, zu beschäftigen.

Eines Abends stehe ich vor meinem Bücherschrank. Mit dem Zeigefinger wandere ich an den Buchrücken entlang und fische ein dünnes Bändchen *Hundert Chassidische Geschichten* von Martin Buber heraus. Unzählige Male habe ich dieses kleine Büchlein gelesen, es ist wie ein guter, treuer Freund, der mich immer unterhält. Ich nehme es mit ins Bett und lese vor dem Einschlafen die Geschichte vom Schatz:

> Den Jünglingen, die zum ersten Mal zu ihm kamen, pflegte Rabbi Bunam die Geschichte von Rabbi Eisik, Sohn Rabbi Jekels in Krakau, zu erzählen. Dem war nach Jahren schwerer Not, die sein Gottvertrauen nicht erschüttert hatten, im Traum befohlen worden, in Prag unter der Brücke, die zum Königsschloss führt, nach einem Schatz zu suchen. Als der Traum zum dritten Mal wiederkehrte, machte sich Rabbi Eisik auf und wanderte nach Prag. Aber an der Brücke standen Tag und Nacht Wachtposten, und er getraute sich nicht zu graben. Doch kam er an jedem Morgen zur Brücke und umkreiste sie bis zum Abend. Endlich fragte ihn der Hauptmann der Wache, auf sein Treiben aufmerksam geworden, freundlich, ob er hier etwas suche oder auf jemand warte. Rabbi Eisik erzählte, welcher Traum ihn aus fernem Land hergeführt habe. Der Hauptmann lachte: «Und da bist du armer Kerl mit deinen zerfetzten Sohlen einem Traum zu Gefallen hergepilgert! Ja, wer den Träumen traut! Da hätte ich mich ja auch auf die Beine machen müssen, als es mir einmal im Traum befahl, nach Krakau zu wandern und in der Stube eines Juden, Eisik, Sohn Jekels, sollte er heißen, unterm Ofen nach einem Schatz zu graben. Eisik, Sohn Jekels! Ich kann's mir vorstellen, wie ich drüben, wo die Hälfte der Juden Eisik und die andre Jekel heißt, alle Häuser aufreiße!» Und er lachte wieder. Rabbi Eisik verneigte sich, wanderte heim, grub den Schatz aus und baute das Bethaus, das Reb Eisik Ben Jekels Schul heißt.
>
> «Merke dir diese Geschichte», pflegte Rabbi Bunam hinzuzufügen, «und nimm auf, was sie dir sagt: dass es etwas gibt, was du nirgends in der Welt, auch nicht beim Zaddik findest, und dass es doch einen Ort gibt, wo du es finden kannst.»

Die Brücke erinnert mich an den schmalen Steg im Lied von Rabbi Nachman, und ich nehme mir endgültig vor, am nächsten Morgen die Bibliothek in Giv'at Ram aufzusuchen.

An diesem Apriltag herrscht der Chamsin. Der heiße Wüstenwind hüllt das Land schon am frühen Morgen mit seiner trockenen Hitze ein, und ich packe für den kleinen Ausflug eine Wasserflasche in meine Tasche und setze einen Strohhut auf. Mein Weg führt durch den alten Stadtteil Beit Ha-Kerem. Vor Zeiten wurde hier Wein kultiviert, Kerem ist ein Weinberg, und an manchen Stellen kann man noch Reste von alten Terrassen sehen. In den zwanziger Jahren bauten hier Lehrer, Verwaltungsangestellte, Professoren und Schriftsteller ihre Häuser, bewässerten die trockene, felsige Landschaft, pflanzten Zypressen, Myrten und Kiefern und legten farbige Blumenhecken an. Rote Geranienstauden blühen neben weißen Margeritenbüschen, lila Bougainvillea ranken neben altrosa Oleandersträuchern, und die üppigen Pflanzen geben dieser Wohngegend auch im sengenden Hochsommer ein frisches, grünes Aussehen.

Auf dem Kikar Denia, dem Dänischen Platz, steht eine schwarze Skulptur, die ein Boot andeutet. Mit Booten setzten die Dänen ihre jüdischen Mitbürger 1943 nach Schweden über und retteten sie so vor den Deutschen, und auf diesem Gelände erinnert Jerusalem an die heroischen Taten des dänischen Volkes. Auf einer Bank, im Schatten eines Olivenbaumes, sitzt ein gedrungener Mann mit einer grünen Schirmmütze auf dem grauen Schädel und zerrissenen Sandalen an den Füßen. Zerknüllte Plastiktüten und leere Joghurtbecher liegen vor ihm auf dem Boden, und er füttert die herumstreunenden Katzen mit Quark und Hüttenkäse. Wie eine treue Gemeinde haben sie sich um ihn versammelt und lassen sich von ihm streicheln und liebkosen. Wie in vielen Mittelmeerländern gehören auch in Jerusalem die wilden Katzen zum Straßenbild. In den Mülltonnen und Abfallcontainern wühlen sie nach Essensresten und springen erschrocken auf, sobald sich jemand nähert.

Neben dem Luxushotel Ramada führt eine neue Autobrücke über eine Schlucht in Richtung der alten Universität. Ich wandere auf dem schmalen Fußgängerweg neben den mehrspurigen Fahrstreifen entlang, es ist zehn Uhr vormittags, und die Hitze verflimmert bereits die Luft. Vom schattenlosen Geländer schweift mein Blick ungehindert in die steinige Weite, wo sich Jerusalems Hügel in der Ferne erstrecken. Neue Vororte werden auf ihnen errichtet, und die Baukräne ragen wie abgeknickte Zahnstocher in die Höhe. Der Himmel ist blassblau, und keine einzige Wolke verdeckt die gleißende Sonne. Schweißtröpfchen bilden sich am Bügel meiner Sonnenbrille, und ich fische die bereits angewärmte Wasserflasche aus meiner Einkaufstasche, trinke das lauwarme Nass und kühle mir mit dem Rest des Wassers die Stirn.

Hinter einem vollbesetzten Parkplatz liegt, durch ein hohes Eisengitter abgezäunt, das Universitätsgelände. Bevor ich das Tor passieren kann, durchsucht ein weißhaariger Pförtner meine Tasche. Er schaut kurz hinein und tastet sie von außen ab, ob ich keine Pistole oder Handgranate bei mir führe. Das Öffnen der Handtasche ist mir in Jerusalem zur Gewohnheit geworden. Am Eingang des Supermarktes sitzt ein Sicherheitsbeauftragter und schaut in die Einkaufstaschen, jedes öffentliche Gebäude mit Publikumsverkehr wird bewacht, jede Schule hat einen Sicherheitsbeamten. Terror ist hier kein leeres Wort, sondern angefüllt mit den Schreckensbildern der Toten, Verletzten und den eigenen Erlebnissen. Der Vater meiner Freundin Ilana, ein Mann, der stets einen Witz auf den Lippen hatte, kam bei einem Busanschlag ums Leben.

Auf dem Rasen vor der Bibliothek rasten im Schatten der Palmen und Johannisbrotbäume Studenten und Studentinnen. Manche dösen auf dem Bauch oder lesen, andere sitzen mit angezogenen Beinen und unterhalten sich. Neben der gesichtslosen Frauenskulptur von Henry Moore stehen Steinbänke; Büsche und Bäume beschatten einen kleinen Platz, der zu Disputen geradezu einlädt. Zwei junge Männer, einer mit einer Kurzhaarfrisur und einem schwarzen Schnurr- und Kinnbart, der andere mit einem dunkelblonden Pferdeschwanz, streiten lautstark über die politische Lage.

«Arafat ist an den Unruhen in Hebron schuld. Nicht ein einziges Wort glaube ihm. Er war ein Terrorist und bleibt ein Terrorist», ereifert sich der Dunkelhaarige.

«Wenn es nach dir ginge, dann würden wir nie Frieden haben. Arafat ist nun einmal unser Verhandlungspartner, und wir müssen territoriale Konzessionen machen», wendet der andere ein.

«Du glaubst doch nicht im Ernst, wenn wir Siedlungen aufgeben, dass wir dann Frieden haben werden. Was haben uns die Osloer Verträge gebracht? Nur mehr Terroranschläge.»

«Du bist verbohrt und blind. Der Friedensvertrag mit Jordanien, ist das vielleicht nichts, die sich anbahnenden Wirtschaftsbeziehungen mit den Arabischen Emiraten und Marokko, weist du das einfach von der Hand?»

Inzwischen steht eine Gruppe von Studenten um die Streitenden herum, und die heftige Diskussion gleitet in ein größeres Forum über.

Am Rande der Grünfläche schlängeln sich schwarze Gummischläuche durch Blumenrabatte. Wassertropfen sickern auf die Wurzeln von violetten Petunien und gelben Stiefmütterchen, weißen Rosen und roten Fuchsien. Vor einem Kiosk drängen sich Schüler, die Süßigkeiten und Eis kaufen wollen.

«Nicht schieben, hört auf so zu schreien, jeder kommt dran», ermahnt die Lehrerin ihre Schulklasse. Ein dicklicher Student mit pickligem Gesicht und einem Mobilfon in der Hand überfliegt die Informationen auf einer Anschlagtafel, während er ins Handy spricht.

Die Jüdische Nationalbibliothek ist ein zweigeschossiges Gebäude im kargen Bauhausstil. Das obere Stockwerk wird von der monumentalen Glasmalerei des Künstlers Mordechai Ardon beherrscht. Flammendes Rot und dunkles Blau sind die dominanten Farben, sie dämpfen die Tageshelle und tauchen das Foyer in mattes Licht. «Da werden sie ihre Schwerter zu Pflugscharen und ihre Spieße zu Sicheln machen. Denn es wird kein Volk wider das andere das Schwert erheben, und sie werden hinfort nicht mehr lernen, Krieg zu führen» (Jesaja 2,4) ist das Thema der Darstellung. Das Rot im Mittelteil symbolisiert das Blut des Krieges, auf der rechten Seite sind Spaten in den sanften Farben Blau und Grün ins Glas eingefügt. Der nachtblaue Kosmos im Hintergrund bildet ein stilles Gegengewicht zu dem unruhigen Zentrum.

An den Seitenwänden des Foyers sind in Vitrinen Faksimiles verschiedener Bibelübersetzungen des Alten Testamentes ausgestellt, mittelalterliche, von Mönchen kalligraphierte und illustrierte Bücher. Ohne das Buch der Bücher kann man Israel nicht verstehen, geht es mir durch den Kopf, während ich die Kastilianische Bibel aus Saragossa betrachte. Zu allen Zeiten, überall auf der Welt, haben Menschen aus diesem Buch Mut geschöpft, und eine nie versiegende Kraftquelle sind die göttlichen Worte geblieben.

Auf der linken Seite ist der Eingang zur Bibliothek des verstorbenen Philosophen Gerschom Scholem. In Berlin geboren, überzeugt von der zionistischen Idee, wanderte Scholem in den zwanziger Jahren nach Jerusalem aus. Jerusalem war für viele deutschsprachige jüdische Denker ein magischer Anziehungspunkt. Martin Buber, Else Lasker-Schüler, Gerschom Scholem und Schalom Ben Chorin sind nur einige Namen einer Geistestradition, die sich zwischen Mystik und Ratio bewegt.

Mit meiner Nase berühre ich fast die alten, um die Jahrhundertwende gedruckten Bücher und atme ihren vergilbten Geruch ein. Von der Feuchtigkeit und Hitze sind einige Folianten im Laufe der Zeit brüchig geworden, die Buchdeckel fransen an den Kanten aus und der Golddruck verblasst. Vielleicht gehören wir schon zu den Letzten, die sinnlich durch Bibliotheken streifen, überlege ich, wer mit der Zeit geht, surft heute durchs Internet.

Im Erdgeschoss kann man die Bücher bestellen und ausleihen. Regalwände mit Karteikästen unterteilen den Raum, in Computern suchen Studenten die Registriernummern und füllen die Bestellscheine aus. Hinter einem Tresen sitzt ein bebrillter Bibliothekar mit einer Halbglatze und sortiert blaue Zettelchen. Vor ihm steht ein rotbärtiger Mann. Er trägt ein schwarzes Samtkäppchen und unter einem weißen Hemd ein Gebetsgewand, dessen vier Schaufäden am Gürtel aus der dunklen Hose hängen. An seiner Kleidung erkennt man, dass er zu der jüdisch-orthodoxen Bevölkerung Jerusalems gehört. Er ist hager und seine kantige Stirn ist über und über mit Sommersprossen besät.

Ich stelle mich neben ihn und wende mich an den Bibliothekar: «Wo kann ich Material über Rabbi Nachman von Bratzlaw finden?»

Bevor der Bibliothekar antwortet, bemerkt mit heiserer Stimme der Rothaarige: «Den Bratzlawer sucht man nicht in der Universität.»

Seine Einmischung überrascht mich, und ich drehe meinen Kopf in seine Richtung. Der Mann schaut mich nicht an, sondern den Universitätsangestellten, und auch ich wende meinen Blick wieder von ihm ab. In den orthodoxen Kreisen sprechen Männer und fremde Frauen nicht miteinander, deswegen wende ich mich wiederum an den Bibliothekar, der sich erhoben hat und abwechselnd mich und den Sommersprossigen ansieht.

«Warum sucht man Rabbi Nachman nicht in der Universität?», will ich wissen.

«Weil Gott nicht in der Universität wohnt, bei den Bratzlawern wohnt er.»

«Wo findet man die Bratzlawer?»

«Wenn man sie sucht, findet man sie», antwortet der Rothaarige und legt das Buch, in dem er gerade geblättert hat, achtlos auf den Tisch. Dann macht er kehrt und strebt dem Ausgang zu.

Der Bibliothekar sieht ihm nach, schüttelt unmerklich den Kopf, als wollte er sagen: Was für ein Spinner hat sich hier verirrt, was hat er überhaupt hier zu suchen? Aber er fragt nur: «Wie kann ich Ihnen helfen?»

«Welche Bücher gibt es über Rabbi Nachman?»

«Einen Moment bitte, wir werden gleich nachsehen.»

Er kommt hinter dem Tresen hervor, geht mit mir an einen Computer und nach ein paar Handgriffen erscheint auf dem Monitor eine Liste mit Titeln. Ich bestelle die *Geschichten des Rabbi Nachman* von Martin Buber.

Im Lesesaal setze ich mich an einen freien Tisch und beginne in dem dünnen Bändchen zu blättern. Martin Buber hat eine kurze Biographie, Aussprüche und einige Märchen von Rabbi Nachman aufgezeichnet. Ich lese, und gleichzeitig denke ich an den Rothaarigen, und als ich für einen Augenblick meine Augen schließe, flüstert eine heisere Stimme: «Gott wohnt nicht in der Universität, bei den Bratzlawern wohnt er. Wenn man sie sucht, findet man sie.»

4

Die Suche nach den Bratzlawern

Ein Betrunkener sucht etwas unter einer Laterne. Da kommt ein Polizist vorbei und fragt: «Was suchst du?»

«Ich suche meine Schlüssel.»

«Wo hast du sie verloren?», fragt der Polizist.

«Dort hinten», antwortet der Betrunkene und deutet in die Dunkelheit.

«Und warum suchst du unter der Laterne?»

«Weil hier Licht ist.»

Wir begreifen sofort, dass das Verhalten des Betrunkenen absurd ist, aber ist es nicht genauso absurd, sich auf die Suche nach den Bratzlawern zu begeben, ohne zu wissen, wo man suchen soll?

Am logischsten erscheint es mir, in die Malkhei Israel-Straße zu fahren und von dort durch die kleinen Gässchen des Viertels zu streifen. Hier wohnen hauptsächlich orthodoxe Juden, vielleicht finde ich einen Hinweis auf die Bratzlawer.

Die Straße säumen kleine Läden. Aus einer Backstube, die an eine Wäscherei grenzt, strömt frischer Brotgeruch, neben einer Schusterwerkstatt befindet sich das Geschäft eines Klempners. Pappkartons und Faltschachteln stapeln sich im blinden Schaufenster, dazwischen liegen Gummidichtungen und Schraubverschlüsse. Zwei zehnjährige Jungen mit verstaubten schwarzen Hosen und karierten Hemden schieben einen quietschenden Kinderwagen, auf dem ein Sack mit Kartoffeln festgebunden ist. Überall auf der Straße liegen Plastiktüten, auf den Mülltonnen schimmeln alte Brotreste. Die Höfe sind geteert, man sieht wenig Bäume und keine Blumen, alles ist schlampig, schmutzig und ärmlich. Auf einer Wäscheleine hängen neben Babywäsche weiße Mullwindeln wie Relikte aus einer Zeit, als die Kinder noch nicht in Papierhöschen gewickelt wurden. Ein bärtiger Mann mit schwarzen Schläfenlocken spricht im Gehen in ein Handy. Die Straßen sind zugeparkt, zwischen alten Modellen stehen neue Autos. Junge Männer in schwarzen Samthüten mit Büchern unter dem Arm eilen vorbei, Frauen mit Kinderwagen und Kleinkindern an der Hand drängeln sich vor einem Gemüsegeschäft. Die vielen Buchläden in diesem ärmlichen Viertel fallen ins Auge. Überall sind Inschriften angebracht. «Töchter Israels, zieht euch züchtig an.» Und auf einem Plakat ist mit großen Lettern der Text gedruckt: «Tochter Israels, beleidige uns nicht. Wenn du durch unsere Gassen gehst, ziehe dich bescheiden an, denn durch aufreizende Kleidung vertreibst du die Heiligkeit und verführst zur Sünde.»

Die Nachlässigkeit und mangelnde Sorgfalt im Umgang mit der äußeren Umgebung sind nicht nur die Folge von Armut und Enge, sondern ihr liegt eine Lebenseinstellung zu Grunde, die sich völlig von der unsrigen abhebt.

Vor einiger Zeit fuhr ich mit dem Bus von Jerusalem nach Ramat Gan und neben mir saß eine schmächtige Frau mit abgearbeiteten Händen. Sie trug eine Perücke, ihre langärmlige Bluse war hochgeknöpft, und trotz der sommerlichen Hitze hatte sie unter dem wadenlangen Rock Nylonstrümpfe angezogen. Sie war auf dem Weg nach Bnei Brak, einer Stadt, die vor Ramat Gan liegt und fast ausschließlich von kinderreichen orthodoxen Juden bewohnt wird. Während der Fahrt kamen wir ins Gespräch. An ihrer Wortwahl merkte man, dass sie eine gebildete und intelligente Frau war, und ich fragte sie, als wir durch die papierübersäten Gassen von Bnei Brak fuhren: «Die orthodoxen Juden lernen von klein auf und können mit Büchern und Texten umgehen. Warum lasst ihr die Häuser und die Höfe verkommen, weswegen pflanzt ihr keine Blumen und pflegt die Fassaden nicht? Es kann doch nicht nur an der Armut liegen? Ihr meidet Alkohol und habt einen disziplinierten Tagesablauf, der mit dem Morgengebet beginnt und mit dem Abendgebet endet. Ihr achtet auf die Minute, wann die Sonne untergeht und der Schabbat einbricht, ihr haltet sorgfältig die Speisegesetze ein, warum achtet ihr so wenig auf die Umgebung?»

«Genauso wie du uns nicht verstehst, verstehen wir euch nicht», antwortete sie und fuhr dann fort: «Euch stört das Papier auf der Straße und der Fleck auf einem Kleid, aber in eure glänzenden Wohnungen stellt ihr euch einen Fernseher und überschüttet eure Seele mit Schmutz und Unrat, mit Angst und Aggression. Gedankenlos watet ihr in geistigem Müll und merkt es nicht. Ich kann mich nicht mit Blumen und schönen Fassaden beschäftigen, denn ich bin damit beschäftigt zwölf Kinder, die für mich zwölf Gottesgeschenke sind, zu erziehen. Dieses Leben ist ein Durchgang, ob man in einer prachtvollen Villa oder in einem Haus mit abgebröckeltem Verputz lebt, spielt keine Rolle. Wenn ich eines Tages vor dem Schöpfer stehen werde, wird er nicht fragen: ‹Reisel, wie hast du gewohnt?› Er wird fragen: ‹Reisel, was hast du getan?›»

An einer Haltestelle steht eine Holzbank, und ich setze mich neben eine behäbige Frau mit einem gefurchten Gesicht, deren Perücke ein wenig schief sitzt. Auf ihrem Schoß hält sie eine Plastiktüte mit einem Körbchen Kirschen. Auf einer Seite ihrer Oberlippe sprießt eine Warze und mit ihren zusammengekniffenen Augen schaut sie dauernd in die Richtung, aus der der Bus kommen muss.

«Ist der Autobus Nummer 3 schon vorbeigefahren?», frage ich in Hebräisch.

«Ich spreche kein Hebräisch», antwortet sie auf Hebräisch.

«Was für eine Sprache denn?» frage ich.

«*English.*»

«*My English is not so good. Do you understand Yiddisch?*»

«Ja.»

«Woher kommt Ihr?», beginne ich das Gespräch.

«Aus Amerika.»

«Und wie ist Amerika?»

«Für ganz Amerika gebe ich keinen halben Dollar», antwortet sie mit einer wegwerfenden Handbewegung.

«Was heißt das?»

«Das, was ich sage. Fünfunddreißig Jahre habe ich in Williamsburg gelebt. Man hetzt und läuft, und fragt mich nicht, wohin man läuft. Vor dem Todesengel läuft man dort weg. Man arbeitet schwer und bitter und weiß nicht wofür.»

«Gibt es dort keine schönen Geschäfte?»

«Und was für Geschäfte! Man kann sich in ihnen wie in einem Irrgarten verlaufen.»

«Und die Häuser sind wirklich so hoch, wie sie im Fernsehen aussehen?»

«Was fragt Ihr Narrischkeiten. Die Häuser sind dort so hoch, das Ende sieht man überhaupt nicht. Eine halbe Stadt kann man in so einem Haus unterbringen.»

«Und wie ist das Wetter? Ist es auch so heiß wie hier?»

«Was heißt heiß? Dreimal heißer. Im Sommer glüht New York, man wird schier verbrannt, im Winter kann man vor Kälte erfrieren.»

«Wie lange wohnt Ihr in Israel?»

«Acht Jahre, langsam wird es hier auch so wie in Amerika. Man rennt und rennt und hat keine Zeit. Ich habe nirgendwo hinzurennen.»

«Was macht Ihr den ganzen Tag?»

«Weiß ich, was ich mache? Einen guten Eindruck mache ich. Wollt Ihr ein paar Kirschen probieren?»

«Tausend Dank, ich will keine Kirschen. Wißt Ihr, ob hier in der Gegend Bratzlawer wohnen?»

«Wer ist das?»

«Rabbi Nachman von Bratzlaw.»

«Ich kenne nur Rabbi Halberstamm. Kirschen und Früchte kaufe ich bei dem Gemüsehändler Noach, bei ihm ist das Obst nicht unten angefault. Seht, der Bus kommt, wir müssen einsteigen.»

5

An der Klagemauer

Mit dem Bus fahre ich in Richtung Altstadt und schaue aus dem verstaubten Fenster. Am Horizont blinkt die goldene Kuppel des Felsendoms, und mir kommt die Idee, an der Klagemauer einen Hinweis auf die Bratzlawer zu suchen. Dort versammeln sich täglich religiöse Juden zum Gebet, vielleicht kann mir jemand weiterhelfen.

An einem Donnerstagmorgen mache ich mich auf den Weg zur Klagemauer, und vor meinen Augen breitet sich die judäische Kalksteinwüste aus, die im flimmernden Morgenlicht rötlichbraun schimmert. Der Ölberg, mit seinen jahrtausendalten Gräbern, die archäologischen Ausgrabungen, die die Zeit des Zweiten Tempels freilegen, das arabische Dorf Silvan und die alte Stadtmauer verschmelzen zu einer geschichtlichen Einheit, in der Gegenwart und Vergangenheit nahtlos ineinander übergehen. Im Schatten des Dung-Tores sitzt eine Araberin. Ihr Haar bedeckt ein weißes Organzatuch, und das schwarze bodenlange Kleid ist über der Brust mit roter Kreuzstichstickerei verziert. Vor ihr steht ein Korb mit frischen, grünen Feigen, die sie den Vorübergehenden zum Kauf anbietet. In ihrem Gesicht sind die ledrigen Furchen eingraviert, die die Sonne in die Haut gerbt, und ihre rauen Hände sind von schwerer Hausarbeit gezeichnet. Ein schwarzhaariger Junge reitet auf einem Esel vorbei, den er mit einem Stock antreibt, ein alter Mann mit einer Kafia auf dem Kopf und ausgetretenen Schuhen schleppt in mehreren Plastiktüten Obst und Gemüse vom nahe gelegenen Markt. Am Kiosk neben dem Tor trinken zwei Touristen Cola aus Blechdosen und beugen sich über einen Stadtplan. Ihre Sonnenhüte aus Stroh haben sie in den Nacken geschoben und die dunklen Brillen abgenommen. Zwei Soldaten mit gelangweilten Gesichtern bewachen den Eingang zur Klagemauer, und neben ihnen steht ein Bettler mit zerzaustem Bart und verbeultem Hut. «Zedaka, Zedaka – Wohltätigkeit, Wohltätigkeit.» Der Mann streckt den Besuchern die Hand entgegen, in der einige Münzen klimpern.

Durch das Eisentor gelangt man auf einen weitläufigen Platz. Männer und Frauen haben jeweils einen gesonderten Zugang zur Klagemauer, und die Blicke von der einen zur anderen Seite sind durch einen hohen Zaun abgeschirmt. Die Klagemauer besteht aus riesigen Steinblöcken, die nach oben hin kleiner werden. Tauben nisten in den Nischen, und in den Ritzen stecken zusammengerollte weiße Zettelchen. Im Frauenabteil stehen einige Klappstühle im Schatten der Mauer.

Ein junges Mädchen mit einem bodenlangen Rock liest halblaut die Worte aus einem Gebetbuch und wiegt ihren Oberkörper rhythmisch vor und zurück. Gelegentlich schiebt sie eine Haarsträhne, die ihr ins Gesicht fällt, hinter das Ohr. Eine betagte Frau mit einem geblümten Tuch auf dem Kopf küsst weinend die Steine und murmelt: «Vater im Himmel, geliebter Vater im Himmel, hilf ihm!», und reibt sich mit einem Taschentuch die Augen.

Zwei Holländerinnen in Jeans und Riemchensandalen haben Tücher um ihre nackten Schultern geworfen und berühren verstohlen die Mauer, während sie einige Minuten stumm an diesem Ort verweilen. Drei Japanerinnen, die alle den gleichen weißen leinenen Hut tragen, setzen sich kurz auf die Stühle, schreiben etwas auf Zettelchen und stecken sie zwischen die Mauerritzen. Eine Bettlerin mit roten Bändchen aus Stickgarn steht an einer Ecke und bewegt lautlos ihren zahnlosen Mund, während sie aufmerksam die Szene beobachtet. Sobald eine Frau den Platz verlässt, rennt sie mit den Bändchen hinterher: «Sie schützen vor dem bösen Blick und vor Krankheiten. Ich sammele für Arme und Waisen, Wohltätigkeit hält den Tod fern. Nur ein paar Schekel für ein krankes Kind.»

Die Klagemauer ist die Westmauer des Plateaus, auf dem der Erste und Zweite Tempel erbaut wurden. Heute steht dort der Felsendom mit der goldenen und die Al Aksa Moschee mit der silbernen Kuppel. Hier pocht das religiöse Herz der Erde, hier erheben sich die steinernen Zeugen weltumfassender Religionen. An dieser Stelle war Abraham bereit, seinen Sohn Isaak zu opfern, an dieser Stelle warf Jesus die Tische um, an dieser Stelle fuhr Mohammed in den Himmel, an dieser Stelle entzündet sich das religiöse Gefühl so vieler Menschen. Und doch, wenn man davor steht, sieht alles unscheinbarer aus als in der Phantasie.

«Irgendwie habe ich mir diesen Ort eindrucksvoller vorgestellt», bemerkt eine Amerikanerin aus einer Reisegruppe.

«Wir stehen im größten Gotteshaus der Welt», entgegnet die braunhaarige Reiseleiterin, «seine Kuppel ist der Himmel, seine Beleuchtung ist am Tag die Sonne und in der Nacht der Mond.»

An der Klagemauer gibt es nichts zu sehen, keine Bilder und keine Kunstgegenstände, keine Skulpturen und keine Zierpflanzen, der Blick ist nicht auf das Äußere, sondern auf das Innere gerichtet. Diese glatten, gelblich weißen Steine, sind unendlich wertvoll für das Volk Israel, an sie knüpft sich die jahrtausendealte Sehnsucht nach Zion.

Israels Lehre ist von jeher an Stein gebunden. Die Gesetzestafeln, die Moses vom Berg Sinai herunterbrachte und auf denen die Zehn Gebote eingraviert waren, bestanden aus Stein. Nicht auf Gold und Silber geschrieben, nicht mit Diamanten besetzt übergab Gott seine Gebote der Menschheit, sondern in dem Stoff des Landes waren seine Worte eingeritzt. Diese Bundestafeln waren der wichtigste Gegenstand, den das Volk Israel jemals besaß. Aber nicht die Materie ist das Wesentliche, sondern das Geistige, nicht der Stoff, sondern die Worte, nicht das Endliche, sondern das Unendliche. Weil das Judentum an das Wort, an die Thora, gebunden ist, konnte es sich im Exil jahrtausendelang erhalten und alle Verfolgungen überstehen. Viele Äste des Baumes Israel sind verdorrt und abgebrochen, abgehauen und verbrannt worden, aber die Wurzel und der Stamm sind lebendig geblieben, und in jeder Generation erneuert und belebt sich Gottes Wort. Verbissen und zäh hielt das Volk Israel am Tenach, dem Alten Testament, fest und schöpfte aus den Verheißungen der Propheten während der dunklen Jahrtausende der Verbannung Kraft und Zuversicht. Auf dem hölzernen Klappstuhl im Schatten der Klagemauer fällt mir der Psalm ein: «Wenn Gott das Volk nach Zion zurückführen wird, dann werden wir wie Träumende sein. Unser Mund wird sich mit Lachen füllen und unsere Zunge mit Freude. Und dann werden die Völker sagen: Großes hat Gott an ihnen getan.»

Diese Verbindung zwischen Gegenwart und Vergangenheit, zwischen Wirklichkeit und Vision, zwischen Leben und Gott ist eine Dimension, die ich erst in Jerusalem wahrgenommen habe. Viele Generationen vor mir haben fest daran geglaubt, daß die Vision Wirklichkeit werden und Gott sein Versprechen, das er dem Volk Israel gegeben hat, einlösen wird, und für alle Völker sichtbar ist das Wort in unserem Jahrhundert Realität geworden. Von der Mauer erhebe ich den Blick zum blauen Firmament, ich, die Zweiflerin, die Skeptikerin, die Realistin, und eine leise Ahnung des Unendlichen zieht in meine Seele ein.

6

Die Lernstube

Bei meiner Suche nach den Bratzlawern befinde ich mich in einem Labyrinth. Ich suche Menschen, von denen ich nichts weiß, und weiß nicht, wo ich sie suchen soll. Bücher über Rabbi Nachman gibt es in den Bibliotheken, aber mich interessiert nicht so sehr die historische Person, sondern welche seiner Gedanken heute, an der Schwelle des 21. Jahrhunderts, Menschen faszinieren. Was bedeutet ein Ausspruch wie: «Gott wohnt bei den Bratzlawern», und warum weisen seine Anhänger auf ihn hin und hängen überall Spruchbänder «Na Nach Nachma Nachman aus Uman» auf?

Ich weiß nicht, wen ich fragen soll, und will den Gedanken an die Bratzlawer schon fallen lassen; aber Ideen, die sich einmal im Gehirn festgesetzt haben, lassen sich nicht ohne weiteres verscheuchen. Ohne es zu wollen oder zu wissen nehmen sie wie Spürhunde die leiseste Fährte auf, und irgendwann musste ich in Jerusalem auf Bratzlawer stoßen. Innerlich war ich bereit, jeden Wink wahrzunehmen, und eines Tages fand ich die Lernstube, in der Rabbi Samuel Cohen die Schriften von Rabbi Nachman aus Bratzlaw lehrt.

Einmal jährlich findet in Israel die «Woche des Buches» statt. In Jerusalem werden die Bücher auf dem Safra-Rondell präsentiert und mit einer Freundin gehe ich zu der Ausstellung, um zu sehen, was es Neues auf dem Markt gibt. Ein Buchstand reiht sich neben den anderen, und neugierig wandert das Publikum auf diesem

Jahrmarkt des Wortes herum. Wie auf jeder Buchmesse wird hier alles angeboten, was der menschliche Geist schriftlich erzeugt: politische Kommentare neben theologischen Erläuterungen, wissenschaftliche Untersuchungen neben schmalzigen Romanen, historische Fakten neben Zukunftsphantasien, und die Fülle der Themen und Bücher reizt und verunsichert den Käufer.

Über einem Stand entdecke ich den mir bereits bekannten Schriftzug «Na Nach Nachma Nachman aus Uman». Hinter dem Verkaufstisch, auf dem Bücher und Broschüren gestapelt sind, steht ein bärtiger, beleibter Mann mit einem schwarzen Käppchen auf seinem schütteren Haar und spricht in ein Handy. Ein kleiner Junge mit blonden Schläfenlocken hantiert mit einem Rechnungsblock und entziffert die aufgeschriebenen Namen. Seine Schwester versucht ihm den Block aus der Hand zu zerren, erfasst ein paar Blätter und reißt sie ab.

«Das ist doch kein Spielzeug», schimpft der Vater, «das ist für die Steuerbehörde, die einem die Haut vom Leibe zieht.»

Er schiebt die abgerissenen Blätter in den Rechnungsblock und verstaut ihn in seiner Anzugtasche.

Bücher in Hebräisch, Englisch und Jiddisch türmen sich auf dem länglichen Tisch neben Broschüren, Prospekten und Aufklebern, alles Werke von und über Rabbi Nachman aus Bratzlaw.

«Gibt es auch die Möglichkeit, über Rabbi Nachman in einer Gruppe zu lernen?», frage ich den Dicken.

«Ja, hier auf dem Prospekt ist eine Telefonnummer. Sie können dort anrufen und fragen.»

Am nächsten Tag wähle ich die Nummer, und eine Frau meldet sich am Apparat: «Ja, bitte?»

«Ich bin an einer Lerngruppe von den Bratzlawern interessiert, können Sie mir weiterhelfen?»

Sie nennt mir eine Straße in der Nähe des Marktes Makhane Yehuda, und am Nachmittag suche ich die angegebene Adresse auf.

In dem Zimmer, in das man direkt von der Straße aus gelangt, befindet sich an der linken Seite ein Sofa aus Rattan. Das Geflecht an der Seitenlehne hat sich aufgelöst, und ein Sitzkissen ist halb durch das Loch gedrückt. Auf einem Couchtisch sind Broschüren ausgebreitet, und an den Wänden kleben Zettel mit irgendwelchen Ankündigungen. Unter der Zimmerdecke hängt ein Spruchband «Na Nach Nachma Nachman aus Uman», und in braunen Holzgestellen, deren Regalbretter vom Gewicht durchhängen, stehen Bücher. Von jedem Titel sind mehrere Exemplare aneinandergereiht. Neben einem alten Kühlschrank mit zerkratzter Oberfläche sind weiße und graue Plastikstühle übereinander gestapelt, und auf dem obersten Stuhl liegt eine angebrochene Zellophantüte mit Schokoladekeksen.

«Einen Moment, ich komme gleich», ruft eine weibliche Stimme aus dem angrenzenden Zimmer, das so groß wie eine Abstellkammer ist. Eine nervöse Frau sitzt vor einem Computer und regt sich auf: «Schon wieder habe ich falsch gedrückt. Wieso ist die Liste jetzt verschwunden?»

«Habe ich mit Ihnen gestern telefoniert?», frage ich sie.

«Der böse Trieb hat den Computer erfunden, dauernd ärgere ich mich. Am besten man schreibt alles mit der Hand auf.»

Mit einer Drohgebärde, als würde sie dem Rechner am liebsten eine Ohrfeige versetzen, steht sie auf und wendet sich mir zu. «Wenn Sie hier angerufen haben, dann haben Sie mit mir telefoniert», antwortet sie. Von einem Regal nimmt sie zwei Gläser und holt aus dem Kühlschrank eine Flasche mit Wasser.

«Wollen Sie etwas trinken oder vielleicht einen Keks?» Sie hält mir die durchsichtige Tüte hin.

«Nur das Wasser bitte.»

Dieser Raum ist weder ein Wohnzimmer noch ein Laden. Ich setze mich vorsichtig auf die Couch und sehe mir die Broschüren an. Von einer Sorte liegen besonders viele aus, über einer naiven Landschaftszeichnung steht: Rabbi Nachman von Bratzlaw.

«Ist das hier ein Buchladen?», erkundige ich mich.

«Das ist eine Lernstube, aber die Bücher kann man auch kaufen», antwortet meine Gastgeberin.

«Was lernt man hier?», will ich wissen.

«Man lernt, was Rabbi Nachman gesagt hat.»

«Der vor zweihundert Jahren gelebt hat?»

Sie fasst meinen Einwand als Kritik auf und belehrt mich: «Die Thora ist dreitausenddreihundert Jahre alt und heute genauso aktuell wie zu allen Zeiten. Rabbi Nachman hat seine Gedanken zur Thora aufgeschrieben, und wir lernen, was er gesagt hat.»

«Wer lehrt hier?»

«Rabbi Samuel Cohen.»

«Können hier auch Frauen lernen?»

«Ja.»

«Kennen Sie das Lied: Die ganze weite Welt ist ein schmaler Steg?»

«Geh darüber und fürchte dich nicht», vollendet sie den Satz und fügt hinzu: «Es ist von Rabbi Nachman.»

«Ich werde kommen und zuhören», verspreche ich.

In Jerusalems enger Lernstube eröffnet sich mir ein Gedankengebäude, das mir so fremd, so fern und doch so faszinierend ist. Ganz langsam dringe ich in die spirituelle Welt des Chassidismus ein, eine Welt, die in den Öfen von Auschwitz fast verbrannt ist, die sich aber erneuert wie ein gefällter Baum, dessen Wurzeln wieder Sprossen treiben.

7

Der falsche Messias

Mit starker Hand unterdrückte der polnische Adel die Kosaken in der Ukraine. Aus wilden Reitern versuchten die katholischen Aristokraten rechtlose Leibeigene zu machen, aus Ketzern brave römische Katholiken. Erbarmungslos saugten die polnischen Landadeligen die Bauern aus, die ohne Entgelt für sie schuften mussten. Aber die Adeligen beuteten nicht nur die Arbeitskraft ihrer leibeigenen Bauern aus, sondern sprachen ihnen auch jede eigene Würde ab. Die erste Nacht einer Braut gehörte dem Fürsten, und das Leben der Leibeigenen war seiner persönlichen Willkür unterworfen. Als Verwalter in ihren Gütern setzten die Adeligen Juden ein, die für sie die Steuern eintreiben und ihnen immense Pachtgelder bezahlen mußten. Die meisten Juden unter polnischer Herrschaft lebten in Elend und Armut, aber die Bauern sahen nur die reichen jüdischen Verwalter, die ihnen die Ernte abnahmen und sie in ihren armseligen Hütten darben ließen.

Aus den Bauern- und Tagelöhnermassen sammelte Bogdan Chmelnizkij in der Ukraine ein Heer von Kosaken und zettelte 1648 einen Aufstand an. Plündernd ging er gegen die Aristokratie und die katholische Kirche vor, aber die leichteste Beute waren die jüdischen Gemeinden. Mordend verwüstete Chmelnizkij mit seinen ruthenischen und ukrainischen Bauern die Gemeinden in Pereyaslav, Lubny, Pirjatin, Nemirow, Tulchin und Polonnoje. Wie eine Feuerwalze verbrannte der Hass die Synagogen und Menschen, ohne Ansehen, wer arm oder reich war, wer sich mit dem Adel verbunden hatte oder selbst unter dem Adel litt. Chmelnizkijs Kosaken brandschatzten und vergewaltigten, raubten und mordeten wahllos Junge und Alte, Männer und Frauen, Kinder und Greise. Weder Fasten noch Gebete halfen, schutz- und hilflos gingen die jüdischen Gemeinden in Flammen auf. Die Überlebenden waren verarmt und verzweifelt, und düster lag die Zukunft vor ihnen. Die schweren Zeiten vor dem Kommen des Messias waren angebrochen.

Auf fruchtbaren Boden fielen da die Irrlehren Sabbataj Zewis. Sabbataj Zewi, 1626 in Smyrna geboren, vertiefte sich schon als Jüngling in die Kabbala und studierte das geheimnisvolle Buch Sohar. Der schwärmerische junge Mann las aus den Schriften die Verheißung seines Schicksals heraus. Getrieben von der Vision, der Messias und auserwählt zu sein, das Volk Israel aus dem Elend zu erlösen, begab er sich nach Palästina zu den Gräbern der Vorväter und verbrachte die Nächte dort mit Andachtsübungen und Gesängen. Durch sittliche Läuterung, inbrünstige Gebete und asketischen Lebenswandel wollte er die messianische Welterlösung herbeiführen. Mit seinem feurigen Temperament und seiner starken Persönlichkeit überzeugte Sabbataj Zewi andere von seinem göttlichen Auftrag und sammelte eine Schar einflussreicher Anhänger um sich, die seine abstrusen Ideen mit reichlichen Geldspenden unterstützten. Sein Schüler Nathan Ghazati, der ein außerordentliches Organisationstalent an den Tag legte, verschickte Sendboten und -schreiben in viele europäische jüdische Gemeinden und bereitete den Boden für den grandiosen Empfang des falschen Messias vor. Auch in die verwüsteten Gemeinden der Ukraine schwirrten die Anhänger Sabbataj Zewis aus und verkündeten die Ankunft des Messias und die bevorstehende Errettung des Volkes Israel. Sie riefen die Menschen zum Fasten und zu Kasteiungen auf, um die messianische Erlösung zu beschleunigen, und wie ein Strohfeuer griff die sabbatianische Bewegung um sich. Wunderheiler verkauften Amulette gegen Unglück und Krankheiten, fanatische Prediger pflanzten Hoffnung in die trostlosen Herzen, und Schriftgelehrte fanden Beweise in den heiligen Büchern für den messianischen Auftrag Sabbataj Zewis.

Die Rabbiner in den Gemeinden warnten vor dem falschen Messias und verdammten seine Anhänger. Zwietracht und Hass machten sich in den Gemeinden breit, und der ideologische Kampf entzweite Freunde und Familien. Tief gehende Spaltungen zog die sabbatianische Bewegung nach sich.

Sabbataj Zewi wirkte unterdessen in Konstantinopel, wo der Großwesir Achmed Köprülü auf sein Treiben aufmerksam wurde. Aus Angst vor revolutionären Umtrieben ließ er Sabbataj Zewi einkerkern, und dieser entging der Todesstrafe nur, indem er 1666 zum Islam übertrat. Wie ein Schlag traf der Abfall Sabbataj Zewis vom Judentum seine Anhänger. Nathan Ghazati behauptete in einem Sendschreiben, nur ein Abbild von Sabbataj Zewi wäre übergetreten, der echte Sabbataj Zewi würde in Kürze als Messias auf einer Wolke erscheinen und das Volk Israel nach Jerusalem zurückführen. Die Verwirrung war total. Manche gaben ihrer tiefen Unzufriedenheit Ausdruck, andere wollten überhaupt niemandem mehr glauben. Die einen warteten stündlich auf die Ankunft des Messias Sabbataj Zewi, die anderen verfluchten ihn als Lügner, der sie genarrt und betrogen habe. Die Gegner der sabbatianischen Bewegung frohlockten und schlugen sich selbstsicher an die Brust. Die jüdischen Massen waren um eine Enttäuschung reicher und um eine Hoffnung ärmer.

Die Gelehrten und Rabbiner predigten, der Mensch müsse sich dem Talmud- und Thorastudium widmen, um Gottes Wege zu erfahren, aber die Gelehrten verzettelten sich in sophistischen Deutungen und Haarspaltereien, und nur wenige aus dem Volk hatten Zeit, sich dem Studium der heiligen Schriften zu widmen. Das Elend war groß, die kinderreichen Familien mussten ernährt werden, und das Leben war nur noch mühsames Überleben. Ausgeschlossen von den Zünften, ohne eigenes Land, wandten sich die Juden dem Kleinhandel zu, hausierten mit alten Kleidern, sammelten Lumpen, wurden Fuhrleute und billige Handwerker und ernährten sich von der Hand in den Mund. Am Donnerstag wussten die meisten noch nicht, wovon sie am Freitag den Schabbat vorbereiten sollten. Abgelehnt von der christlichen Umwelt und verachtet von ihren eigenen Gelehrten, fristete die Masse der osteuropäischen Juden in Unwissenheit und Erniedrigung ihr Dasein, ohne geistige Erneuerung und ohne Zukunftsperspektive.

8

Israel Ben Elieser – Baal Schem Tow

Hoffnungslosigkeit, Unzufriedenheit, Elend und Armut ist der Teig, in dem religiöse Erwartung gärt. Es ist, als ob die verzweifelte Menschenmasse ein Samenkorn in sich birgt und eine Kraft heranreifen lässt, die in der Lage ist, ein geistiges Feuer zu entflammen, die Trägheit fortzuspülen und die Hoffnung zu entfachen. So ein Samenkorn war Israel Ben Elieser, der zu Beginn des 18. Jahrhunderts die historische Bühne betrat. Unter dem Namen Baal Schem Tow, der Herr des guten Namens, ist er in die jüdische Geschichte eingegangen, und liebevoll nannten ihn seine Anhänger «der Bescht». Er hat die chassidische Bewegung begründet, die bis heute fortwirkt.

Wie viele religiöse Erneuerer entstammt Israel Ben Elieser dem einfachen Volk und erst in späteren Zeiten, als seine Lehre immer mehr Menschen erfasste und mitriss, wird ihm die Abstammung aus dem Hause David zugeschrieben. Im Dorf Okopy, an der Grenze von Wolhynien, erblickte im Jahre 1699 Israel als Sohn des gottesfürchtigen Elieser und seiner Frau das Licht der Welt. Nichts deutete darauf hin, dass dieser Knabe sich aus der verarmten jüdischen Bevölkerung erheben würde, ganz im Gegenteil. Seine Eltern starben, als er noch ein Kind war, und die Gemeinde in Okopy übernahm seine Ernährung und Erziehung. Jeden Tag aß er bei einer anderen Familie am Tisch, und jede Nacht schlief er an einem anderen Ort. Von den einen mitleidig als Waisenknabe verwöhnt, von den anderen als zusätzlicher Esser herumgeschubst, wuchs er ohne festen häuslichen Rahmen heran und lernte niemals elterliche Liebe kennen. Das Herz dieses schmächtigen Jungen hätte verbittern müssen, wenn ihm nicht ein tiefer Gottesglauben gepaart mit einem scharfen Verstand zur Seite gestanden hätte. Schon früh begriff Israel, dass in den Menschen etwas wirkt, das sie gut und mitleidig oder zornig und ängstlich werden lässt. Er erkannte, dass dort, wo Gott keinen Eingang in die Herzen der Menschen gefunden hat, sie hart und verbittert werden. Und statt Wut überkam ihn ein tiefes Mitleid mit denjenigen, die ihn ausschimpften oder schlugen.

Zu Hause war Israel Ben Elieser im Bethaus und im Cheder. Cheder ist die Lernstube, wo den kleinen Jungen Hebräisch lesen und schreiben beigebracht wird und sie die Geschichten der Thora lernen. Aufmerksam und wissbegierig hörte er zu, prägte sich die Wochenabschnitte der Thora ein und konnte die Texte bald mühelos rezitieren. Außerdem war Israel ein geborener Geschichtenerzähler. Dort, wo der Melamed, der Lehrer, die toten Buchstaben in die Köpfe einbläute, hatte Israel stets eine Geschichte parat, wie zum Beispiel Alef, der erste Buchstabe, zu Gott flog und sich beklagte, weil die Thora mit dem zweiten Buchstaben, mit Beth, beginnt. Aus langweiligen Sätzen formte er spannende Märchen, und nach der Schule begleiteten ihn seine Mitschüler zu der Familie, die ihn gerade verköstigte, und er verkürzte ihnen den Weg mit einer Geschichte.

Israel Ben Elieser blieb ein Sonderling. Am Nachmittag, wenn die anderen Jungen aufatmend ihre Bücher beiseite legten, verkroch sich Israel in das Bethaus, zog die zerfledderten Schriften hervor und vertiefte sich in die hebräischen Buchstaben. Häufig streifte er alleine durch den Wald, setzte sich ins Moos unter einem Baum oder watete am Flussufer entlang. Er entdeckte die heilende Wirkung der Pflanzen, die er später auch als Heiler nutzte. In allem sah er Gottes Größe und Herrlichkeit, im geschriebenen Wort und im Licht der Sonne, in der Melodie des Gebets und im Hügel der Ameisen. Sein Herz wurde weit und sein Blick scharf, während die Jahre der Kindheit und Jugendzeit im Dorf Okopy gleichförmig vorbeirannen.

Einmal in der Woche aß Israel Ben Elieser bei Reb Schlomo Tereschpoler. Ein kluger Mann war Reb Tereschpoler, der erkannte, dass in Israel außergewöhnliche geistige Kräfte schlummerten. Er beobachtete auch, dass seine Tochter Ittele-Perl sich jedes Mal freute, wenn der junge Mann bei ihnen am Tisch saß, und obwohl Israel Ben Elieser ein mittelloser Waisenknabe war, gab er ihm seine Tochter Ittele-Perl zur Frau. Ittele-Perls Bruder Gerschom aber schämte sich seines armen Schwagers, denn in seinen Augen hatte der Vater die Schwester weit unter dem sozialen Stand verheiratet.

Israel Ben Elieser konnte sich nun nicht mehr seinen Studien widmen, sondern musste seine Familie ernähren. Die verschiedensten handwerklichen Tätigkeiten führte er aus. Er trug Lasten, brannte Kalk, grub Lehm und war Hilfslehrer. Das junge Paar zog auf Arbeitssuche von Dorf zu Dorf. In jener Zeit lernte Israel Ben Elieser die physische und geistige Not des ungebildeten jüdischen Volkes kennen. Die Volksmasse verstand die hebräischen Gebete nicht und konnte nicht mit den heiligen Schriften umgehen. Die Menschen sprachen Jiddisch, einen mittelhochdeutschen Dialekt, aber wagten nicht, heilige Gedanken in dieser Sprache zu formulieren. Sie waren nicht nur arm an materiellen Gütern, sondern auch arm an geistiger Inspiration.

9

Die wunderbaren Erzählungen

Jeder Offenbarung geht die Zeit des Wartens und Sammelns, des Geduldens und Reifens voraus. In Israel Ben Eliesers Seele leuchtete eine Lichtquelle wie die Sonne über den hohen Gipfeln des Karpatengebirges. Durch jede Pflanze, jedes Tier und jeden Stein sprach Gott zu ihm, und Israel erkannte, dass man Gott nicht nur durch das Studium der heiligen Schriften dienen kann, sondern durch die reine Liebe des Herzens, durch Gesang, Tanz, Freude, sogar durch Essen und Schlafen. Er begriff, viele Wege führen zu Gott. Mit sechsunddreißig Jahren begann er sich zu offenbaren und zu wirken.

Israel Ben Elieser lebte unauffällig mit seiner Frau Ittele-Perl in einem kleinen Häuschen am Rande der östlichen Karpaten. Die Eheleute unterhielten eine Schenke, und lange Zeit nahm niemand von Israel Notiz. Er erweckte den Eindruck eines einfachen Bauernburschen, der die Wanderer, die sich in die Wirtschaft verirrten, bediente und ihre Pferde tränkte. In der Wirtschaft stiegen auch gelegentlich jüdische Reisende ab, die den Schabbat in dem Gasthaus verbringen mussten. Ittele-Perl bewirtete die Gäste mit den üblichen Schabbatspeisen, und während der Mahlzeit sprach Israel zu ihnen von der unendlichen Gottesliebe, die in allem ihren Ausdruck findet. Nicht die äußere Hülle ist für den König der Welt maßgebend, sondern die Seele, und die Seelen wandern durch Zeiten und Körper. Im niedrigsten Bettler kann die Seele eines Königssohnes stecken, in der Gestalt des größten Narren die Seele eines Weisen verborgen sein, im Krüppel die Seele eines Helden wirken und im Inneren eines Sünders ein Heiliger schlummern. Gottes verhüllte Wege und Gedanken machte Israel sichtbar. Jeder einzelne Mensch ist ein wichtiges Glied in der Kette der göttlichen Schöpfung, jeder hat seine Aufgabe, und jedem offenbart sich Gott. Die Hingabe des Herzens steht über dem analytischen Verstand, eine Melodie kann mehr ausdrücken als das Gebet, das man nicht versteht, Wohltätigkeit ist der Weg zum Schöpfer. Durch Lieder und Tänze, Freude und gute Taten erweckt der Mensch den göttlichen Funken in seiner Seele, und die Gottesliebe erhebt ihn von der Schwelle der Mühsal auf die Stufe der Freude und des Vertrauens.

Neue Gedanken verkündete Israel Ben Elieser. Nach seiner Lehre wirkt jeder Mensch an der Erlösung der Welt mit, und das Studium der heiligen Schriften ist nur einer der vielen Wege Gott zu dienen. Der Ungelehrte und Ungebildete kann unter Umständen mehr für die Errettung der Menschheit tun als der fromme Gelehrte. So wie es die Geschichte vom unwissenden Hirtenknaben erzählt:

> Es war am heiligen Jom Kippur, dem göttlichen Gerichtstag, an dem Gott das Los der Menschen für das kommende Jahr besiegelt. Die Gemeinde, in weiße Sterbegewänder gehüllt, stand und betete inbrünstig. Unter ihnen befand sich ein unwissender Hirtenknabe, der nicht lesen konnte und die Gebete in der heiligen Sprache nicht verstand. Aber sein Herz war erfüllt von Gottesliebe, und seine Seele strebte zu Ihm, und er wusste nicht, wie er diesem überwältigenden Gefühl Ausdruck verleihen sollte. In seiner Hilflosigkeit legte er die Finger an die Lippen, und ein Pfiff durchschnitt den Raum. In diesem Pfiff lag all seine Sehnsucht, all seine Dankbarkeit, all seine Liebe zu Gott und Seiner Schöpfung. Die Gemeinde, aufgeschreckt durch diesen frevelhaften Klang, wollte ihn des Raumes verweisen, aber der heilige Baal Schem Tow, der lange Zeit niedergedrückt vor dem Thoraschrein gestanden hatte, drehte sich um und ein Lächeln lag auf seinen Lippen: «Er hat unsere Gebete gerettet»,

sagte er. «Wie eine dunkle Wolke lagen die Gebete über dem Raum, und der Himmel war verschlossen. Unsere Tränen und Bitten gelangten nicht vor den himmlischen Thron, und bedrückt und verzweifelt sah ich die Sinnlosigkeit unseres Betens. Da erschallte dieser Pfiff und zerriss den abschirmenden Vorhang und mit ihm stiegen die Gebete zu Gott auf. Dankbar müssen wir diesem Hirtenknaben sein.»

Die Durchreisenden hörten Israel Ben Eliesers Reden verwundert zu und nahmen seine Worte in ihren Herzen mit. Sie berichteten, dass in dem Häuschen am Rande des Waldes ein heiliger Mann lebe, und kamen wieder, um ihm zuzuhören.

Wen die Gebildeten abwiesen, drückte Israel Ben Elieser an seine Brust, wen die Reichen von der Türe jagten, holte er herein, wessen sich die Angesehenen schämten, achtete und respektierte er. Das Volk begann sich um Israel Ben Elieser zu scharen, und er erhielt den Namen: Baal Schem Tow, Herr des guten Namens, denn er predigte den guten Namen Gottes, die allumfassende Güte und nicht die Furcht vor Strafe und Gesetzesübertretung. Seine Anhänger verehrten ihn als Zaddik, als Gerechten und heiligen Mann. An jedem Schabbat versammelte er seine Getreuen um sich, stundenlang sangen und tanzten sie im Kreis, und der Baal Schem Tow erzählte von der Verflechtung der Schicksale und legte die heilige Thora aus. Seine wundersamen Geschichten erhoben jede einzelne Seele in höhere Gefilde, und für Stunden entkamen die Armen und Gedrückten, die Hungrigen und Geschlagenen ihrem Los und schwebten in anderen Sphären. Sie nannten sich Chassidim, die der Gnade Gottes teilhaftig werden, und sie folgten dem Zaddik, ihrem verehrten Wegweiser, bedingungslos.

Im Jahre 1740 ließ sich der Baal Schem Tow in Medzhibozh nieder. Der Chassidismus nahm von diesem Städtchen seinen Weg in die Welt und die Schüler des Baal Schem Tow verbreiteten seine Lehre und seine Geschichten.

Bis heute wirkt die Kultur der wunderbaren Erzählungen im jüdischen Volk nach, und die Saat, die Baal Schem Tow vor Jahrhunderten ausgestreut hat, blüht bis in unsere Tage. Es ist Freitagabend, und ich bin zu der ersten Schabbatmahlzeit bei Familie Herschkowitz eingeladen. In dem fünfarmigen silbernen Leuchter stecken kleine Glasbehälter mit Olivenöl, in denen Dochte schwimmen und flackern. Wir haben gefillten Fisch, Nudelsuppe und Huhn gegessen, und die drei erwachsenen Töchter von Frau Herschkowitz reichen den Gästen kleine Schälchen mit Pflaumenkompott. Etwa dreißig Menschen sind anwesend und verteilen sich in zwei Räumen, die eine gläserne Schiebetür trennt. Heute Abend ist die Schiebetür weit geöffnet, im vorderen Zimmer sitzt der Vater mit den Söhnen und männlichen Gästen, im hinteren wir Frauen mit den Töchtern. Mit satten, rosigen Gesichtern singen alle Anwesenden Schabbatlieder.

Die Gastgeberin, Frau Herschkowitz, trägt ein dunkelblaues Kleid mit weißen Tupfen und einem runden Spitzenkragen. Ihre schwarze Schabbatperücke ist sorgfältig frisiert und mit einer goldenen Haarnadel geschmückt. Neun Kinder hat sie geboren, sie ist so alt wie ich, lebt in der gleichen Stadt, und doch ist sie in einer anderen Welt zu Hause.

Ein junger Mann, groß gewachsen, mit hohen Backenknochen, einem schütteren blonden Bart und langen Schläfenlocken, kommt zu Frau Herschkowitz, und leise wechseln sie ein paar Worte miteinander. Ich höre, dass sie Jiddisch sprechen, kann aber nicht verstehen, was sie sagen. Nachdem er sich wieder entfernt und an dem Männertisch Platz genommen hat, wendet sich Frau Herschkowitz an mich: «Ich werde dir seine Geschichte erzählen, damit du siehst, wie wunderbar Gottes Wege sind.»

«Wie kann ich seine Wege verstehen, wenn ich so fern von Gott bin?», entgegne ich.

«Wer sagt, dass du alles verstehen musst? Aber hören kannst du. Dieser junge Mann, der gerade mit mir gesprochen hat, ist ein Ger Zedek, ein Mann, der zum Judentum übergetreten ist. Er wurde in einem polnischen Dorf geboren und lebte mit seiner verwitweten Mutter in einem alten, baufälligen Haus. Als er zwölf Jahre alt war, heiratete seine Mutter zum zweiten Mal, und der Stiefvater beschloss, das Haus zu renovieren und eine Wand niederzureißen. Mit einem Hammer schlug er ein Loch in die Mauer, und es stellte sich heraus, dass sich dahinter noch eine Wand befand. Der Stiefvater vermutete in dem Hohlraum einen verborgenen Schatz und trug die Mauer sorgfältig Stein um Stein ab. In dem schmalen Zwischenraum war eine Thorarolle eingeklemmt. Enttäuscht betrachteten die Eltern das Pergament mit den fremdartigen Schriftzeichen, und der Vater wollte die Rolle mit dem Bauschutt fortwerfen. Der Knabe widersetzte sich und bat die Mutter, ihm diesen eigenartigen Gegenstand zu überlassen. So kam die Thorarolle zu dem jungen Mann ins Zimmer. Jahrelang stand sie in einem Winkel, und von ihr ging eine Kraft aus, die diesen jungen Polen erfasste. Was ist das? Was steht dort geschrieben, wollte er wissen. Als er heranwuchs, forschte er nach, wer früher in diesem Haus gelebt hatte, und fand heraus, dass das Haus vor dem Krieg einer jüdischen Familie gehörte. Als die Nazis kamen und die Bewohner ihr Heim verlassen mussten, mauerten sie die Thora ein, und so überdauerte die Rolle die Jahrzehnte.

In dem Jungen erweckte sie einen jüdischen Funken und legte eine verborgene Wurzel frei. Vielleicht war einer seiner Vorfahren ein Jude, vielleicht ist in seinem Körper eine jüdische Seele zur Welt gekommen, wer weiß es? Jedenfalls kam er mit der Thorarolle nach Jerusalem, er begann hier zu lernen und trat zum Judentum über. Bald wird er heiraten und sein Heim im Lande Israel und im Volke Israel bauen. Sag selber, ist dies kein Wunder? Mit eigenen Augen kannst du sehen, auf welchen verschlungenen Wegen Gott Sein Volk zurückführt.»

10

Der schöpferische Geist vererbt sich auf die Töchter

Ittele-Perl, die Ehefrau Baal Schem Tows, war eine resolute, tatkräftige Frau, die für den Lebensunterhalt der Familie sorgte, sich Gedanken machte, wie sie die vielen Gäste bewirten sollte und wo sie billig Fleisch und Fisch kaufen konnte. Sie wühlte nicht in den Geheimnissen des Himmels, sondern knetete den Teig der Erde, feilschte mit den Krämern, kochte, wusch, putzte und hielt die kleinlichen Reibereien des Haushaltes von Baal Schem Tow fern. Ihr Blick war auf das irdische Dasein gerichtet. Ittele-Perl wusste um die Größe ihres Mannes und tat alles, damit er seinen Geist entfalten konnte. Die besten Fleischstücke legte sie ihm auf den Teller, seine Kleider waren immer rein, und unauffällig bewirtete sie seine Anhänger. Die Ehrbezeugungen und der Respekt seiner Getreuen galten auch ihr, und sie sonnte sich im Glanz des Baal Schem Tow. Ittele-Perl war die zweite Hälfte seines Wesens, er und sie waren ein Fleisch.

Oft hatte Ittele-Perl die Deutung dieses Thorawortes aus dem Munde ihres Mannes vernommen: «Was meint die Thora, wenn dort steht, Mann und Frau werden ein Fleisch? In den himmlischen Sphären gibt es keine männlichen und weiblichen Seelen, sondern nur vollkommene Seelen, die einen männlichen und weiblichen Anteil haben. Wenn Mann und Frau geboren werden, dann erhalten sie jeweils einen Teil der vollkommenen Seele. Auf der Erde streben die Seelenhälften zueinander, Mann und Frau suchen sich, um die himmlische Harmonie wieder herzustellen.

Wenn sich die richtigen Teile finden, verschmelzen Mann und Frau zu einem neuen Wesen, sie werden ein Fleisch.»

Wenn der Baal Schem Tow am Freitagabend inmitten seiner Chassidim saß und vor dem Weinsegen das Gebet «Wer ein gutes Weib gefunden hat, höher als Perlen ist ihr Preis» rezitierte, warf er einen liebevollen Blick zu Ittele-Perl, die an der Küchentür stand.

Zwei Kinder hatten Baal Schem Tow und Ittele-Perl, den Sohn Elieser und die Tochter Hodel. So wie die Gestalt eines jeden Kindes mütterliche und väterliche Anteile vereinigt, so verbinden sich auch in den Seelen das mütterliche und väterliche Erbe. In ihrem Geiste versuchte Ittele-Perl ihre Tochter Hodel zu erziehen, aber es gelang ihr nicht. Nicht der mütterliche, sondern der väterliche Anteil überwog in Hodels Seele. Es interessierte sie nicht, wie lange ein Hefeteig gehen muss, sondern warum Fromme leiden und Ketzer im Überfluss leben. Sie wollte nicht wissen, wie man ein Loch in den Socken stopft, sondern wie man sich durch Gebete und Gesänge Gott nähert. Ihre Fragen waren die Fragen des Baal Schem Tow, nach Recht und Unrecht, nach Gut und Böse, nach Sinn und Unsinn. In Hodel hatte er die Begeisterung für Gottes Herrlichkeit weitervererbt. Anstatt in der Küche bei der Mutter zu sitzen, Kartoffeln zu schälen und Suppe umzurühren, hockte sie im Winkel der Lernstube und hörte die wundersamen Geschichten über die Seelenwanderungen und die Geheimnisse der Thora. Sie beneidete die Männer und Knaben, die sich um den Vater drängten, mit ihm beteten und sangen. Im Selbststudium brachte sich Hodel die heilige Sprache Hebräisch bei, damit sie die Gebete verstand. Tagelang vertiefte sie sich in Sätze und Worte und vergaß, was ihr die Mutter aufgetragen hatte. So intensiv dachte sie über die Bedeutung eines Buchstabens nach, dass sie, wenn sie zum Krämer ging, vergessen hatte, ob sie Salz oder Zucker kaufen sollte.

Doch Hodel kannte und akzeptierte ihre Grenzen. Da Gott sie nicht als Mann, sondern als Frau geschaffen hatte, war es ihre Aufgabe, sich zu vermählen und Kinder in die Welt zu setzen. Sie heiratete einen Schüler ihres Vaters, Jechiel Michael, einen jungen Mann, der aus Deutschland nach Medzhibozh gezogen und ein glühender Verehrer ihres Vaters war.

Ein anderer Schüler des Baal Schem Tow war Nachman aus Horodenka. Ergeben und treu hing er seinem Meister an, sammelte Spenden und war ein persönlicher Gesandter des Baal Schem Tow. Nachdem seine erste Frau verstorben war, heiratete Nachman auf Anraten seines Lehrers die Schwester von Rabbi Isaak aus Midrowitz, und als Hochzeitsgeschenk versprach ihm der Baal Schem Tow: «Wir werden unsere Familien verschwägern.»

Im Wochenbett verstarb Nachmans Frau. Der Säugling Simcha wurde in das Haus des Baal Schem Tow gebracht, und Hodel kümmerte sich um ihn wie eine leibliche Mutter. Sie selbst hatte inzwischen drei Kinder, die Söhne Baruch und Ephraim und die Tochter Fejge.

Der Knabe Simcha und das Mädchen Fejge wuchsen wie Bruder und Schwester heran. Er ein stiller, zurückgezogener Junge, und sie das Ebenbild ihrer Mutter. Der suchende, erneuernde Geist des Baal Schem Tow hatte sich wiederum auf die Tochter vererbt. Wiss- und lernbegierig, aber auch empfindsam und mitleidsvoll hatte Fejge die großväterliche Fähigkeit geerbt, direkt ins Herz zu sehen. Wie eine Hellseherin entnahm sie aus kleinsten Andeutungen und Gesten verborgene Wünsche und Gedanken, scharfsinnig folgerte sie aus verhüllenden Worten den wahren Willen. In allem erkannte sie das Wunder der göttlichen Schöpfung, in allem offenbarte sich ihr Gottes Größe und Allmacht, ihre tiefe Frömmigkeit und Gottesliebe wiesen ihr den Weg zu den Seelen der Menschen. Mit schlichten Worten tröstete sie die vom Schicksal Geschlagenen und richtete die Gefallenen auf. Ihr scharfer Verstand und ihre Weichherzigkeit hätten sie zu einer Führerin der Volksmassen gemacht, wäre sie nicht eine Frau gewesen. Als Frau konnte sie nicht mit den Männern sitzen und die Thora lernen, als Frau war sie aus dem Kreis der Diskutierenden ausgeschlossen, ihre Bestimmung war nicht die Führung, sondern die Fortführung.

Simcha schloss sich eng an den Baal Schem Tow an, der Knabe war dem alten Mann Hand und Fuß zugleich. Von den Augen las er ihm ab, ob er ein Buch, ein Glas Wasser, die Gebetskapseln oder den Mantel brauchte. Stundenlang saß er in einer Ecke und sah zu, wie der Meister seinen Kopf über den abgegriffenen Gebetbücher wiegte und daraus rezitierte, hörte zu, wenn die Männer kamen und sich mit ihm berieten, und saß zu seinen Füßen, wenn er am Schabbatnachmittag seine erstaunlichen Geschichten erzählte.

Als Baal Schem Tow merkte, dass seine Todesstunde nahte, rief er seine Tochter Hodel und seinen Schwiegersohn Jechiel Michael zu sich und trug ihnen auf: «Fejge ist für Simcha bestimmt.»

Zehn Jahre waren die Kinder alt, als der Zaddik Israel Ben Elieser seine Augen für immer schloss.

Leer und finster sah die Welt für die Jünger des Baal Schem Tow aus, die Quelle versiegt und die Freude erloschen. Nachman aus Horodenka hatte nur noch den Wunsch, in das Heilige Land Israel zu pilgern und dort seine Seele auszuhauchen. Er wartete mit der Reise so lange, bis sein Sohn Simcha herangewachsen war und mit Fejge vermählt wurde. Freude und Trauer mischten sich bei dieser Hochzeit. Freude, weil das Haus Israel weitergeführt wurde, und Trauer, weil der verehrte Meister, der die Bestimmung dieser beiden jungen Menschen vorausgesehen hatte, nicht mehr unter den Lebenden weilte. Gleich nach der Hochzeit verließ Nachman aus Horodenka die Ukraine und gelangte in das Heilige Land. Kurze Zeit später starb er in Tiberias. In dem Haus in Medzhibozh, in dem der Baal Schem Tow gelebt und gewirkt, in dem Hodel und Jechiel Michael seine Lehre aufrechterhalten und das Fejge und Simcha geerbt hatten, gebar Fejge fünfzehn Jahre nach Baal Schem Tows Tod das geistige Licht, das bis heute die Menschen bewegt. Am 4. April 1772 kam sie mit einem Sohn nieder, der den Namen seines Großvaters väterlicherseits erhielt: Nachman.

11

Möge er von Gegnern verschont bleiben

Was bedeuten alte Möbel, vererbtes Geschmeide und antiquarische Bücher? Sie dokumentieren nicht nur eine vergangene Epoche, sondern sind sichtbare Zeichen von Vorfahren, die nicht mehr unter uns weilen, aber von deren Geist etwas an den Gegenständen haften geblieben ist. Aus dem Spiegel der Großmutter blickt durch unser Gesicht auch das ihre durch, auf dem Stuhl des Großvaters sitzen die Erzählungen und Aussprüche, die für ihn charakteristisch waren, und wenn ich mir im Israel Museum den Schreibtisch von Heinrich Heine ansehe, erfasst mich ein leiser Schauer, dass auf diesem Stück Holz so wunderbare Gedichte und Lieder geschrieben wurden. Tote Gegenstände sind stumme, aber beredte Zeugen und sie verweben uns mit dem Atem der Ahnen.

In dem Haus in Medzhibozh lebte der Baal Schem Tow nach seinem Tod weiter. Die Wände atmeten seinen Geist, in den Winkeln waren seine Geschichten verborgen. Die Chassidim trafen sich auch fortan in dem Haus, wiederholten, was er ihnen erzählt hatte, und hielten seine Lehre am Leben.

Argwöhnisch beobachteten die gelehrten Rabbiner das ungebildete Volk, das sich den Chassidim anschloss. Die Thoragelehrten witterten eine Gefahr in der Lehre des Baal Schem Tow, der den Glauben über die Gelehrsamkeit stellte. Zu frisch waren noch die Erinnerungen an die sabbatianische Bewegung mit ihren falschen Messiashoffnungen und ihrer naiven Wundergläubigkeit. Verhängnisvoll erinnerte die Gelehrten der Chassidismus an die Zeit des Sabbataj Zewi, und sie bekämpften die neue Form der Religiosität. Aber der Chassidismus breitete sich allen Widerständen zum Trotz aus und erfasste immer mehr Menschen. Mochten die nüchternen Talmudgelehrten nur im Lernen das Heil sehen, die Chassidim dienten Gott auf ihre Weise. Am Schabbat nach der dritten Mahlzeit rückten sie den Tisch beiseite und tanzten und sangen im Kreis. Sie hoben ihre Augen zur Decke, legten die Arme umeinander und hüpften im Takt. Die Schläfenlocken wurden hinter die Ohren geklemmt, die Bärte wackelten, und der Schweiß rann ihnen von der Stirn. Jeder sang aus Leibeskräften, Melodien mit und ohne Worte wechselten einander ab. Manche klatschten in die Hände, andere schlugen rhythmisch auf den Tisch. Die Bewegungen verschmolzen mit der Musik, und das Haus bebte unter den tanzenden Füßen. Alle Sorgen verschwanden, und die Freude erfasste jeden Einzelnen. Aus voller Kehle dankten die Männer Gott für den Schabbat und die Thora, und die Stimmen wetteiferten in der Lautstärke: «Erleuchte unsere Augen in der Thora und unsere Herzen in Deinen Geboten. Einige uns in Liebe und in Ehrfurcht vor Deinen Namen.»

Ganz Medzhibozh hallte vom Gesang der Chassidim wider.

Dieses Bild stand Rabbi Nachman vor Augen, als er Jahre später lehrte: «Das Wesen der Melodie, die die Seele des Hörers in ihren Bann schlägt, ruft eine heftige Sehnsucht nach Tanz hervor. Der Körper passt sich der Melodie an, und jedes der Glieder wird von der Bewegung erfasst. Der Kopf schüttelt sich, die Hände klatschen, und die Füße springen im Takt der Melodie. Gesang und Tanz werden eins und verschmelzen mit der Melodie.

Solch eine Melodie zu hören, diese heftige Sehnsucht zu spüren und sich der Bewegung hinzugeben, erfüllt den Menschen mit einer Freude, die an ein Wunder grenzt. Keine Freude gleicht ihr, und wer diese Freude nicht gefühlt hat, weiß nicht, was Freude ist.»

In diesem Haus in Medzhibozh erblickte Nachman das Licht der Welt und am achten Tag nach der Geburt kamen die Verwandten des Baal Schem Tow zusammen, um durch die Beschneidung den Bund zwischen dem neugeborenen Kind und dem Schöpfer zu vollziehen. Unter den Gästen waren auch die beiden Brüder von Fejge, Rabbi Baruch und Rabbi Ephraim. Rabbi Baruch wünschte seiner Schwester: «Mögest du deinen Sohn zur Thora, zur Hochzeit und guten Werken erziehen.»

Fejge wiegte den Säugling und bat ihren Bruder: «Wünsche mir, dass man sich wegen ihm nicht streiten und er in seinem Leben von Gegnern verschont bleiben soll.»

Alle Anwesenden waren erstaunt über die eigenartige Bitte der Mutter und blickten gespannt auf Rabbi Baruch. Zur großen Verwunderung der Versammelten seufzte dieser: «Die Sache ist verfallen, sein Schicksal ist besiegelt», und Fejge fühlte einen stechenden Schmerz im Herzen.

Kurz war das irdische Leben Nachmans, nur neununddreißig Jahre wurde er alt, geliebt von Anhängern und bekämpft von Gegnern. Aber lang ist der Geist, den Rabbi Nachman gesät hat.

12

Die steinerne Schwere der Weisheit

Ein wunderlicher Knabe war der kleine Nachman. Anstatt auf dem Hof mit den anderen Kindern zu toben, ihnen nachzulaufen, mit Steinen zu werfen, Himbeeren und Stachelbeeren von den Büschen zu reißen und sie sich in den Mund zu stopfen, suchte der Fünfjährige stets die Gesellschaft der erwachsenen Männer. Freudig ging er mit dem Vater in die Betstube, und aufmerksam blätterte er in seinem Gebetbuch. Wenn die Alten zusammensaßen, in den abgegriffenen Folianten lasen und über heilige Textstellen debattierten, hockte der kleine Nachman am Ende des Tisches und verfolgte mit großen Augen die Gespräche. Ganz still verhielt er sich, damit man ihn nicht bemerkte und aus dem Raum schickte. Es schien, als habe er nie kindliche Lebhaftigkeit besessen, sondern von Anfang an die Schwere der Weisheit.

Außer in die Lernstube, wo ich über das Leben und die Lehre Rabbi Nachmans höre, gehe ich gelegentlich zu Vorträgen über die Thora. Familie Brachfeld stellt dafür einmal in der Woche ihr Wohnzimmer zur Verfügung. Die Mitte des Raumes nimmt, wie bei den meisten orthodoxen kinderreichen Familien, der große Esstisch ein. Auf dem Tisch stehen eine Karaffe mit kaltem Wasser und ein paar Plastikflaschen mit Limonade. Trinken gehört zum Lernen, wenn der Geist getränkt werden soll, darf der Körper nicht dursten. Es befindet sich kein Fernseher im Zimmer, aber ein PC steht in einer Ecke. Die Wände sind mit Bücherregalen überladen. Die Bücher sind gebunden und die meisten Buchdeckel mit goldener Schrift bedruckt. Auf den Holzgestellen liegen auch einige Broschüren, aber keine Taschenbücher. Das Buch dient nicht der Unterhaltung, sondern dem Lernen, und seine feste Form drückt Ehrfurcht vor dem Wort aus. Zur Wohnzimmereinrichtung gehören die Kultgegenstände. In einer polierten Kredenz mit bauchigen Glastüren glänzen Schabbatleuchter aus Silber, verschnörkelte Kidduschbecher und in einem ziselierten Behälter steckt die geflochtene Hawdalakerze. Daneben steht die Besamimbüchse, in der angenehm riechende Gewürze wie getrocknete Nelken aufbewahrt werden, und die Chanukkia, der neunarmige Leuchter.

In dem Raum sind etwa fünfzehn Menschen versammelt. Als der Lehrer, Dr. Chaim Siegel, eintritt, erheben sich die Anwesenden zur Begrüßung und warten, bis er sich gesetzt hat. Dr. Siegel ist etwa fünfzig Jahre alt, ein Mann von mittlerer Größe, durch dessen rotblonden Bart sich bereits weiße Strähnen ziehen. Auch die Schläfenlocken sind angegraut. Auf der hohen Stirn sitzt ein schwarzer Hut, den er abnimmt und auf den freien Stuhl neben sich legt. Ein schwarzes Käppchen behält er auf. Er trägt die dunkle Kleidung der orthodoxen Juden.

Chaim Siegel beginnt seinen Vortrag mit einem Bericht über sein Leben: «Ich bin in einer kleinen Stadt in Frankreich geboren, und meine Eltern waren Juden, die mit ihrem religiösen Erbe nichts verbanden. Im Grunde genommen wussten sie fast gar nichts über das Judentum. Nach dem Abitur begann ich in Paris an der Sorbonne Physik zu studieren. 1968 erfassten die Studentenunruhen die Universität, und ich gehörte zu den Aktivisten um Daniel Cohn-Bendit.» Chaim Siegel erzählt von jener Zeit in Paris und ich höre fassungslos zu. In diesem Wohnzimmer in Jerusalem beschwört er die Bilder meiner eigenen Jugend herauf. Die Demonstrationen, die Aufrufe an die Arbeiter, die Streiks, die Straßenbarrieren, den geistigen Aufstand gegen versteinerte Universitätsstrukturen. Vor mir sitzt ein orthodoxer Jude mit Schläfenlocken, einem langen Bart und einem schwarzen Käppchen auf dem Haar, und dieser Mann gehörte zur 68er Studentenbewegung, die wie ein Lauffeuer die Universitäten Europas erfasste.

Chaim Siegel bestand sein Examen, promovierte, und doch ging er nicht den normalen Weg jener Generation in Europa.

Bei der Hochzeit eines Freundes traf er einen orthodoxen Rabbiner, und es entspann sich eine Diskussion zwischen dem jungen, linken Wissenschaftler und dem greisen Gelehrten. Chaim versuchte den Frommen zu überzeugen, dass die Thora ein Ammenmärchen sei und in unserer modernen Zeit keinen Platz mehr habe. Der Rabbiner hörte sich die Argumente an und fragte ihn: «In welcher religiösen Hochschule hast du die Thora studiert?»

«In keiner», antwortete Chaim.

«Und woher weißt du alles?»

Darauf wusste Chaim keine Antwort. Der Rabbiner gab ihm den Rat: «Bevor du urteilst, fang an Thora zu lernen. Du wirst als ernsthafter Physiker mit jemandem, der nie ein naturwissenschaftliches Buch zur Hand genommen hat, kein physikalisches Problem erörtern.»

Chaim begriff und verstummte. Wer keine Ahnung hat, macht sich lächerlich, wenn er sich anmaßt auf einem Gebiet zu urteilen, von dem er nichts versteht. Er nahm sich den Ratschlag zu Herzen, und das Thorastudium führte Chaim Siegel nach Jerusalem. Tagsüber lehrt er als Wissenschaftler an der Jerusalemer Universität Physik, in seiner freien Zeit lernt und lehrt er Thora.

«Womit wird die Weisheit verglichen?», beginnt Dr. Siegel seine Lehrstunde. «Mit einem Stein. Warum gerade mit einem Stein? Ein Stein drückt die Schwere aus, die Ruhe. Das Kind, das zu lernen beginnt, ist quirlig und unruhig, jede Kleinigkeit erregt seine Aufmerksamkeit, und die Gedanken schwirren vom Wichtigen zum Unwichtigen ab. Viele Jahre der Übung braucht der Mensch, um sich auf ein Gebiet konzentrieren zu können. Er sammelt Wissen, und der Geist wird schwerer und lässt sich nicht mehr von allem ablenken. Je mehr er weiß und versteht, desto ausgewogener wird sein Urteil, deswegen sprechen wir von der Weisheit des Alters und nicht von der Weisheit der Jugend.»

Wer den kleinen Nachman am Tisch neben den alten Männern sah, dem schien es, als ob ernste Gedanken das Kind beschwerten, so still und ruhig saß er im Kreis der bedächtig Studierenden.

13

Eigensinn und Willenskraft charakterisieren das Kind Nachman

Neben der stillen Neugierde und dem unkindlichen Ernst zeigte sich früh ein Charakterzug an Nachman, der ihn später befähigte, einen neuen Weg zu suchen und trotz aller Hindernisse auf diesem Weg zu bleiben: die Hartnäckigkeit. Ein gewisser Starrsinn und Unnachgiebigkeit sind immer vonnöten, wenn Menschen neue gedankliche Bahnen einschlagen und ihre Kreativität in Taten umsetzen. Wie sich ein Entdecker, der ein unbekanntes Gebiet auskundschaftet, nicht von einer unwirtlichen Natur abhalten lässt, sondern sich durch Geröll, Gestrüpp und Dickicht schlägt und, getrieben von einer unbezähmbaren Neugierde, alle Gefahren in Kauf nimmt, muss auch der Forscher, der Künstler und der religiöse Erneuerer Hindernisse beiseite räumen, die Generationen vor ihm aufgebaut und zementiert haben. Die genialen Gedanken reichen nicht aus, sondern der Eigensinn, die Starrköpfigkeit und die Willenskraft müssen hinzukommen, um die Ideen in Handlungen umzusetzen.

Von den Zeitgenossen des Baal Schem Tow lebte noch Rabbi Jakob Josef von Polonnoje, der Verfasser des Buches *Die Geschlechterfolge Jakob Josef*, in Hebräisch *Toldot* genannt. Rabbi Jakob Josef war der erste Schüler des Baal Schem Tow, der die Gedanken seines Meisters niederschrieb und verbreitete. Sein Buch *Toldot* wurde so bekannt, dass der Namen des Buches auf ihn überging und Rabbi Jakob Josef von Polonnoje nur noch «der Toldot» genannt wurde.

Eines Morgens versammelten sich die Chassidim im Haus in Medzhibozh, und der kleine Nachman entnahm ihren Gesprächen, dass sie beschlossen, nach Polonnoje zum Toldot zu fahren. Aus seinem Munde wollten sie die Geschichten des Baal Schem Tow vernehmen. Als die Gesellschaft aufbrach, bat der fünfjährige Nachman seinen Vater Simcha: «Lass mich mitfahren.»

«Du kannst nicht mitkommen, dort werden keine Gespräche für Kinder geführt», antwortete der Vater.

«Ich will aber den Toldot sehen und hören, was er sagt», ließ sich der kleine Nachman nicht von seinem Wunsch abbringen.

Die Erwachsenen erklärten ihm, dass der Weg für so einen kleinen Jungen zu weit und es viel zu gefährlich sei, ihn mitzunehmen. Sie schickten ihn zu seiner Mutter in die Küche. Aber Nachman lief zu dem Pferdewagen, auf dem einige der Chassidim bereits Platz genommen hatten, hielt sich mit aller Kraft am Wagen fest und rief: «Ich will zum Toldot mitfahren.»

Seine Mutter Fejge kam aus dem Haus gelaufen und wollte den Jungen mit Gewalt vom Wagen wegzerren. Aber mit rotem Kopf klammerte er sich an die Speichen des Rades und schrie: «Ich will zum Toldot, ich will zum Toldot.»

Das war ein völlig ungewohntes Verhalten an dem sonst so stillen und fügsamen Kind, und einer der Chassidim, Reb Chaim Krasner, erstaunt über die ungewohnte Hartnäckigkeit des Knaben, beschloss: «Wenn sich die Seele des Jungen so sehr nach dem Toldot sehnt, werde ich auf ihn aufpassen und ihn wieder gesund nach Hause bringen.»

Er hob den kleinen Nachman auf den Wagen, setzte ihn neben sich und wischte ihm mit seinem karierten Taschentuch die Tränen ab. So fuhr das Kind Nachman mit nach Polonnoje zum Toldot.

Immer, wenn in späteren Jahren Rabbi Nachman auf den Toldot zu sprechen kam, erinnerte er sich an Reb Chaim Krasner und sagte: «Mein ganzes Leben bin ich ihm dankbar, denn nur durch seine Fürsprache habe ich einmal im Leben den Toldot sehen dürfen.»

14

Der Körper – das schmutzige Hemd

Im Monat Elul erhoben sich Reb Simcha und Nachman mitten in der Nacht und eilten zu den Slichot-Gebeten. Slichot – die Bitten um Vergebung – dienen der seelischen Vorbereitung auf die hohen Feiertage Rosch Haschana und Jom Kippur. Rosch Haschana, das Neujahrsfest, der Tag des Gerichtes, nahte heran, der Tag, an dem Gott das Buch des Lebens aufschlägt und sein himmlisches Urteil abgibt. Der zum Tod, jener zum Leben, der zum Feuer und jener zum Wasser, der zur Ruhe und jener zur Rastlosigkeit, der zum Boden und jener zum Himmel.

Die Betstube lag in der Nähe einer Bäckerei, vor Tagesanbruch wurde das Brot gebacken und der warme Duft frisch gebackenen Teiges wehte zu Nachman herüber. Er stand vor dem aufgeschlagenen Gebetbuch und statt der Worte saugte er das süßliche Aroma ein und wurde hungrig. So stark wurde sein Hunger, dass er nur an das Brot denken konnte, das er später zu Hause nach den Slichot-Gebeten essen würde. Die Esslust vertrieb Gott aus seinen Gedanken und gaukelte ihm allerlei Speisen vor, wie süßes Pflaumenkompott und gebackene Äpfel, und das Wasser lief ihm im Mund zusammen.

«Erhaben und geheiligt werde Dein Name», sang die Gemeinde und ein bitterer Schmerz durchfuhr den sechsjährigen Nachman. «Erhaben und geheiligt werde Dein Name», wiederholte er und dachte beschämt: «Herr im Himmel, wieso kommt mir nur das Essen in den Sinn? Dich liebe ich, nur Dir will ich dienen und nicht meinem hungrigen Magen.»

Nachman war davon überzeugt, dass sein Körper zwischen seiner Seele und der Erlösung stand, und er verfiel darauf, seinen Körper zu plagen, um sich von den körperlichen Begierden zu befreien.

Auch in seinem späteren Leben fehlte Nachman die Ausgewogenheit zwischen Körper und Seele. Nur die Seele war sein Anliegen, die Bedürfnisse des Leibes hingegen schienen ihm Hürden auf seinem Weg zu Gott. Wie viele Asketen unterlag er der Maßlosigkeit. Weil sie das Maß ihres Leibes nicht finden, schinden und richten sie ihren Körper erbarmungslos zugrunde, von dem Wunsch beseelt, «das schmutzige Hemd», wie Nachman seinen Körper nannte, endlich auszuziehen. In der asketischen Maßlosigkeit steckt eine ungeheuere Zähigkeit und schmiedende Kraft, die die Persönlichkeit stählt und zu geistigen Höhenflügen befähigt. Diese Charaktere sind kompromisslos in ihrer Suche nach Gott, kein materielles Gut kann sie verführen und von ihrem Weg abbringen. Sie rufen die Bewunderung der Umwelt hervor, denn in den verschiedensten Variationen unterliegt jeder Mensch dem dauernden Kampf zwischen Körper und Geist. Wie der wohlhabende Kaufmannssohn Franz von Assisi in vollkommener Armut und Askese, ohne den Wunsch nach menschlicher Anerkennung, der Gründer eines großen Ordens wurde, so wurde Nachman, der Urenkel des Baal Schem Tow, gegen seine Absicht, ein geistiger Erneuerer im Chassidismus.

Als Sechsjähriger beschloss Nachman, nicht mehr zu essen. Es war unmöglich, schlagartig damit aufzuhören, denn die Mutter wachte darüber, dass er genügend aß. Von Tag zu Tag versuchte er die Mengen zu verringern, aber besorgt legte ihm Fejge noch eine Kartoffel auf den Teller oder füllte eine Kelle Suppe nach.

«Iss, Nachman, schmeckt dir das Essen nicht, bist du krank? Soll ich dir vielleicht ein Ei machen, oder willst du ein Glas Milch trinken?»

Er schüttelte den Kopf. Niemanden hatte er in seinen Kampf gegen das Essen eingeweiht. Und wie süß war der Sieg! Die gebratene Kartoffel lag auf dem Teller, sie duftete nach gerösteten Zwiebeln, und ihr Aroma kitzelte den Gaumen. Die Hand streckte sich schon nach ihr aus, aber Nachman gab ihr nicht nach. Statt der Kartoffel fassten die Finger das Glas mit Wasser, er trank einen Schluck, und der enttäuschte Magen knurrte. Wie groß fühlte er sich, wenn er vom Tisch ungesättigt aufstand. Und das Wunder geschah, der Hunger hörte auf, ihn zu plagen. Je weniger er aß, desto weniger verlangte sein Magen nach Essen. Dem Hunger blieb keine andere Wahl, er musste aufhören Nachman zu belästigen.

Während seines ganzen Lebens legte Nachman Fastenwochen ein, in denen er von Schabbat zu Schabbat nichts aß, um den Leib und den Hunger zu bezwingen. Er wollte den Körper vom Essen reinigen, um ihn für tiefe geistige Eindrücke zu läutern. Als er eines Tages zusammenbrach und sein Bruder und Schüler Chaikel ihm eine Suppe kochte, rührte er sie nicht an, sondern bat: «Chaikel, singe mir das heilige Lied von Eschet Chail, dem guten Weibe.»

Die Melodie brachte in seinem leeren, veredelten Körper innere Saiten zum Klingen, und entrückt gab er sich den Tönen und Worten hin.

«Chaikel, singe, Gott selbst hat dir Seine Stimme geliehen», sagte Nachman und erholte sich zusehends.

Die zweite Kraft, gegen die sich Nachman abhärten musste, war die Kälte. Wenn der Frost die Erde hart fror, der Schnee auf den Baumwipfeln lag und das Eis den Fluss bedeckte, heizte seine Mutter Fejge den Kachelofen mit Holz ein, der wohlige Wärme verbreitete. Nachman kam durchgefroren von der Schule nach Hause, seine Hände und Lippen waren blau angelaufen, da hüllte ihn die warme Luft im Zimmer ein. Schon auf dem ganzen Nachhauseweg hatte er an das geheizte Haus gedacht. Morgens wachte er unter dem bauschigen Federbett auf, und die Kälte hielt ihn davon ab, sofort aufzuspringen. Noch einen Augenblick, noch eine Sekunde wollte der bequeme Körper im warmen Bett verweilen. Wenn er nach dem Aufstehen die ersten Worte sagte: «Ich danke Dir, König der Welt, dass Du mir meine Seele zurückgegeben hast», spürte er eine leise Lüge in den Worten, denn der faule Leib wollte eigentlich wieder unter die Bettdecke kriechen und einschlafen. Und der kleine Nachman begann gegen die Kälte zu kämpfen.

Er verfiel auf die Idee, sich nachts nicht mehr zuzudecken. Der Ofen verlosch, das Zimmer kühlte aus, und Nachman lag auf dem Bett, die Decke neben sich geschoben. Die Kälte kroch in die Knochen und ließ ihn nicht einschlafen. Er zitterte und sein Körper wollte sich zusammenziehen, aber zum Trotz streckte Nachman seine Glieder aus und dachte an Gottes Barmherzigkeit.

«Meine Seele sehnt sich nach Dir, mein Körper nach dem Federbett. Gib mir die Kraft, über meine Glieder zu herrschen», betete er. Und auf einmal wurde ihm warm ums Herz, und diese innere Wärme hüllte seine Knochen ein. Nach dem Aufwachen sprang er sofort aus dem Bett, tauchte seine klammen Hände in das eiskalte Wasser der Waschschüssel, das wie Feuerfunken auf der Haut glühte, und wusch sich die Augen und das Gesicht. Der frisch gefallene Schnee glitzerte in der Morgendämmerung. Nachman lief hinaus, zog seine Unterkleider aus, warf sich auf die Erde und rollte sich in der eisigen Kälte auf dem Boden. Als hätte er sich ins lodernde Feuer geworfen, so sehr brannte seine Haut, aber sein Herz jubelte: «Nichts ist mir zu schwer für Dich, mein Gott.»

Er stand auf und ging ins Haus zurück, und Gottes Wärme hüllte seinen ganzen Körper ein.

Im Erwachsenenalter hörte Nachman mit den Geißelungen des Leibes auf, als Rabbi predigte er die Askese nicht. Aber er selbst hatte sich noch in Kinderjahren gegen die Gelüste des Körpers gefeit. Er maß seinem Leib wenig Bedeutung zu, und sein früher Tod mag mit der Rücksichtslosigkeit gegen sich selbst zusammenhängen. Als maßloser Mensch begriff er, dass die anderen das Maß brauchen, und die Thora einen Weg zeigt, mit und nicht gegen den Körper zu leben. Als er diese Einsicht gewann, war er selbst schon so weit den Bedürfnissen des Leibes entrückt, dass Hunger und Kälte ihm nichts mehr anhaben konnten.

15

In allen Geschöpfen wohnt eine Seele, die sich nach Erlösung sehnt

Seit Kindesbeinen war Nachman daran gewöhnt, sofort nach dem Aufwachen den Tag mit den Worten zu beginnen: «Ich danke Dir, König der Welt, dass Du mir meine Seele zurückgegeben hast.»

Neben dem Bett stand eine Schüssel mit eiskaltem Wasser. Er schöpfte es mit einem Gefäß, goss es zuerst über die rechte, danach über die linke Hand, wiederholte den Vorgang dreimal, benetzte die Augen, wusch das Gesicht und sagte den Segensspruch: «Gelobt seist Du, Herr der Welt, der Du uns das Händewaschen geboten hast.»

Er kleidete sich rasch an und ging mit seinem Vater in die kleine Synagoge, wo die Männer sich im Morgengrauen zum Frühgebet versammelten. Ehrfürchtig beobachtete er, wie sie die Tefillin, die schwarzen Gebetskapseln, auf dem linken Arm und der Stirn anlegten und sich in die weißen Gebetsmäntel hüllten. Neben seinem Vater stehend schlug er sein Gebetbuch auf und begann die vorgeschriebenen Worte in dem überlieferten Singsang zu rezitieren. Er vertiefte sein Gesicht in die Seiten und stimmte mit der Gemeinde ein: «Du warst, bevor die Welt erschaffen wurde. Du bist in dieser Welt und in der zukünftigen Welt. Heilige Deinen Namen über jenen, die Deinen Namen heiligen.»

Nachman kamen die Tränen, weil er die Größe Gottes ahnte. Er strebte nach nichts anderem, als die Heiligkeit Gottes in dem letzten Winkel seiner Seele zu spüren, und ergriffen wiegte er seinen Oberkörper hin und her und schloss die Augen, um die göttliche Gegenwart ohne Ablenkung wahrzunehmen.

Irgendetwas störte ihn in der Betstube in seiner Zwiesprache mit Gott. Die anderen Betenden lenkten ihn ab, und sein wacher Geist konnte sich nur schwer konzentrieren. Er hörte, wie die einen die Gebete schnell herunterrasselten, um ihrer Pflicht Genüge zu tun, und andere die Gebete daherleierten, ohne den Sinn der Worte zu verstehen. Und wieder andere drängten zur Eile, weil sie hungrig waren und zum Frühstück heimgehen wollten.

Alle Gebete kannte er in- und auswendig, aber die Worte drückten nicht seine grenzenlose Liebe aus, und er wusste nicht, wie er diesem überwältigenden Gefühl Ausdruck verleihen sollte. Nicht einen Augenblick während des Tages war er alleine, entweder saß er mit seinem Vater in der Betstube oder lernte mit den gleichaltrigen Jungen die Gemara, den komplizierten Teil des Talmuds. Bewacht vom Vater und behütet von der Mutter, beäugt vom Lehrer und beobachtet von den Nachbarn, gab es während des Tages keinen Augenblick, an dem er nicht den Blicken fremder Augen ausgesetzt war.

Im Elternhaus befand sich ein Speicher, auf dem ausrangierte Möbel, zerrissene Bücher und Kleider herumlagen. Durch eine Luke gelangte man auf den Dachboden, und Nachman hatte herausgefunden, dass an einer Ecke zwei Ziegel lose waren und sich abheben ließen. Durch das Loch konnte man den Himmel sehen. Nachts, wenn die Eltern schliefen, schlich er auf den Speicher, schaute den Mond und die Sterne an, und die Sehnsucht nach Gott überwältigte ihn. Hier betete er mit seinen eigenen kindlichen Worten: «Gott im Himmel, ich liebe Dich aus tiefstem Herzen, alles bin ich bereit für Dich zu tun.»

Auf dem verstaubten Estrich fühlte er sich Gott näher als in der Betstube, inmitten der Gemeinde.

Noch ein anderer Platz zog Nachman des Nachts an: das Grab seines Urgroßvaters Israel Ben Elieser, des Baal Schem Tow. Bei Tag war die Grabstätte umlagert von Gläubigen, die dort Kerzen anzündeten und den Baal Schem Tow baten, für sie Fürbitte im Himmel zu leisten, aber nachts lag der kleine Friedhof verlassen außerhalb von Medzhibozh. Nur das Laub der Buchen raschelte im Nachtwind. Nachman stahl sich hierher, legte seinen schmächtigen Körper auf den Grabstein und weinte: «Urgroßvater, ich möchte mit dir bei Gott sein und zu deinen Füßen im Paradies sitzen.»

Ein Käuzchen krächzte in der Ferne, ein Käfer schwirrte aufgescheucht um Nachmans Kopf, und das Kind überlegte: «In all diesen Geschöpfen wohnt vielleicht eine Seele, die sich nach Erlösung sehnt.»

16

Bar-Mizwa

Dreizehn Jahre war Nachman alt, und zwei wichtige Ereignisse folgten kurz aufeinander: seine Bar-Mizwa und seine Hochzeit.

Bar-Mizwa ist der Tag, an dem die jüdischen Jungen aus dem Stadium des Kindes in den Stand des Erwachsenen übergehen. Dies geschieht bei der Vollendung ihres dreizehnten Lebensjahres. Ab diesem Zeitpunkt sind sie volle Mitglieder der Gemeinde, und in früheren Generationen waren sie damit mündig und heiratsfähig.

Am Tag ihrer Bar-Mizwa werden die Jungen zum ersten Mal zur Thora aufgerufen, und vor der versammelten Gemeinde rezitieren sie einen Abschnitt aus dem Gesetz und lesen ein Kapitel aus den Propheten vor. Monatelang bereiten sie sich auf diesen Auftritt vor. Der schwierige Text wird in Hebräisch vorgetragen und mit einem festgelegten Rhythmus intoniert.

Nachman stand am Almemor vor der aufgerollten Thora, und vor Aufregung versagte ihm fast die Stimme, als er zum ersten Mal in seinem Leben die Segenssprüche vortrug: «Lobet den Ewigen, den Gelobten.»

Die Gemeinde antwortete: «Gelobt sei der Ewige, der Gelobte, immer und ewig.»

Nachman fuhr fort: «Gelobt seist Du Ewiger, unser Gott, König der Welt, der Du uns aus allen Völkern erwählt und uns Deine Thora gegeben hast.»

Tränen rannen Fejge aus den Augen, die in der Frauenabteilung saß und die klaren Worte ihres Sohnes hörte.

War Nachman gestern noch ein Kind, so war er heute ein Mann, mannbar gemacht durch das Wort Gottes. Jetzt durfte er das erste Mal die schwarzen Gebetskapseln auf dem linken Arm und dem Kopf anlegen. In ihnen steht das «Schma Israel», das Credo des Volkes Israel, und in jeder einzelnen Zelle fühlte Nachman die Worte: «Höre Israel, der Ewige, unser Gott, der Ewige ist Einer. Du sollst den Herrn, deinen Gott, lieben mit ganzem Herzen, mit ganzer Seele und allem, was du vermagst.»

Dieses Gebet war für Nachman keine Formel, die man aus Gewohnheit murmelt und gedankenlos herunterleiert, sondern jede Faser seines Leibes zitterte dabei, und der Ernst der Worte durchfuhr ihn immer aufs Neue. Niemals in seinem Leben schlich sich in seine Seele der Zweifel ein, niemals suchte er nach Beweisen der göttlichen Gegenwart. Jedes Mal, wenn er die Gebetskapseln anlegte, durchströmte ihn ein warmes Gefühl der Liebe zum Allmächtigen, dem er sich mit ganzem Herzen, mit ganzer Seele und mit allem, was er vermochte, hingab.

17

Auf verschlungenen Wegen führt der Himmel die rechten Brautleute einander zu

Einen Tag nach der Bar-Mizwa wurde Nachman mit Sossja verheiratet. Den Ehevertrag hatten Nachmans Vater Reb Simcha von Horodenka und der Brautvater Reb Ephraim aus Ussiatyn ausgehandelt. Reb Ephraim war ein wohlhabender Steuerpächter, und es war eine große Ehre für ihn, seine Tochter mit dem Urenkel des Baal Schem Tow zu verheiraten. Ein gelehrter Schwiegersohn steigerte das Ansehen der angeheirateten Familie mehr als ein arbeitender junger Mann, der seine zukünftige Frau ernähren konnte. Der Wert der religiösen Gelehrsamkeit stand über dem Wert des Wohlstandes, denn der eine befasste sich mit den Belangen des Himmels und der andere mit den Belangen der Erde. Bemittelte Väter suchten nach gelehrten jungen Männern für ihre Töchter und waren bereit, für den Lebensunterhalt und das irdische Auskommen des Schwiegersohnes zu sorgen, damit der sich ganz der Thora widmen konnte. Der romantische Begriff «Liebe» spielte bei den Ehevereinbarungen keine Rolle, und es war nicht üblich, dass die Brautleute sich vor der Trauung kennen lernten oder sich auch nur sahen. Nachman wäre nie auf die Idee gekommen, sich selbst eine Braut auszusuchen, so ein Gedanke war geradezu absurd.

Der Ehevertrag ist der wichtigste Vertrag im Leben eines Menschen, weil nicht nur die Seelen der Eheleute, sondern die Seelen der nachfolgenden Generation mit betroffen sind. Die Bratzlawer haben bis heute eine völlig andere Einstellung zur Ehe, als wir sie kennen. Diese wichtige Entscheidung darf man unerfahrenen jungen Menschen nicht alleine überlassen, deswegen wird die Verbindung von einem Heiratsvermittler eingefädelt, der entweder von einer Familie zur anderen geschickt wird oder selbst einen Schidduch, eine Ehestiftung vorschlägt. Die Verhandlungen beginnen zunächst zwischen den Elternpaaren, und wenn eine grundsätzliche Einigung abzusehen ist, werden die Kinder um ihr Einverständnis befragt. Die Brautleute treffen sich in Gegenwart der Familien oder in der Öffentlichkeit, zum Beispiel in einem Café. Sie dürfen nicht gegen ihren Willen verheiratet werden.

In einer Schrift der Bratzlawer steht: «Ihr sollt wissen, dass es bei einer Heirat keinen anderen Weg gibt, als sich ganz dem Willen Gottes, gesegnet sei Er, zu überlassen. Er trifft die Wahl aus großer Liebe und Barmherzigkeit zu euch. Schlagt nicht die- oder denjenigen aus, der für euch bestimmt ist, sondern dankt Gott, dass Er euch einen Partner ausgesucht hat. Stolz und Rechthaberei verhindern, dass das Herz eines Menschen sich einem anderen Menschen zuneigt, denn dieser gefällt ihm nicht und jener hat einen Makel. Und sogar wenn der Überhebliche einverstanden ist, hat er dauernd an dem Partner und der ganzen Welt etwas auszusetzen, bis er selbst zerbricht. Aber wenn der Mensch sich daran gewöhnt, dankbar für die große Gnade zu sein, die Gott ihm erweist, wenn er nichts als selbstverständlich ansieht, sondern in allem Gottes große Barmherzigkeit erkennt, dann wird er sich über den Menschen freuen, den Gott ihm zuführt. Wenn nicht, dann wird er an seinem Starrsinn zerbrechen, denn der eheliche Weggefährte wird im Himmel, lange vor der Geburt, bestimmt. Wer mit Gottes Wahl einverstanden ist, lebt ruhig und friedlich, wer sich dagegen wehrt, bringt Unzufriedenheit und Unannehmlichkeiten über sich. Wenn ihr euch daran gewöhnt, für alles zu danken, was Gott euch gibt, um wie viel mehr werdet ihr Ihm dankbar sein für das größte Geschenk, das ihr auf dieser Erde bekommt, für euren Ehepartner.»

Unendlich vielfältig sind die Geschichten, wie die Ehen zustande kommen, denn der eigentliche Ehestifter ist Gott, und auf verschlungenen Wegen führt der Himmel die rechten Brautleute einander zu. Die weise Ite belehrte mich: «Vierzig Tage vor der Geburt des Kindes wird im Himmel ausgerufen: ‹Diese Frau für diesen Mann und dieser Mann für diese Frau›, und mit all unserem Verstand können wir Gottes Wege nicht durchkreuzen. Akzeptieren wir sein Urteil, dann wird es eine gute Ehe, akzeptieren wir es nicht, dann beginnt der Kampf im Ehebett, ein zermürbender, zerstörerischer und zermalmender Krieg.»

Ite ist achtundsiebzig Jahre alt und hat sechs Kinder zur Welt gebracht. Aus ihren dunklen Augen spricht die lebenslange Erfahrung einer klugen Frau. Meistens sitzt sie in ihrer kleinen Wohnung im obersten Stockwerk eines Mietshauses und blickt aus dem Fenster, wo sich das grandiose Panorama Jerusalems vor ihren Augen ausbreitet. Tag für Tag sieht sie die Sonne im Westen untergehen, sieht, wie sich aus dem gelb gleißenden Licht die rote Kugel schält und langsam am Horizont in die Tiefe schwebt, bevor der Herrscher der Nacht mit seinen Sternenmyriaden die Wacht übernimmt.

«Verschlungen sind Gottes Wege und doch führen sie zum richtigen Ziel», beginnt sie zu erzählen. «Ich war noch jung, als mein Mann unerwartet an einem Gehirnschlag starb, und blieb mit fünf Töchtern und einem Sohn zurück. Meine Töchter sind gute Mädchen, und ich liebe jede einzelne von ganzem Herzen, aber die Sonne meines Lebens ist mein Sohn. Als er noch ein kleines Kind war, wunderten sich alle über seine klare Sprache. In der Talmud-Thora-Schule und später in der Jeschiwa glänzte er durch sein ausgezeichnetes Gedächtnis und seine scharfen Schlussfolgerungen, und ich war überzeugt, hier wächst ein Großer im Volke Israel heran. Aber nicht nur sein Geist war brillant, Gott hatte ihn auch mit Schönheit und Charme ausgestattet. Er war groß und schlank, hatte ausdrucksvolle Augen, und wenn die heranwachsenden Mädchen ihn verstohlen ansahen, setzte ihnen das Herz für einen Moment aus. Trotzdem war er bescheiden, folgsam und fromm. Was soll ich sagen, er war die Quelle meines Stolzes und meiner Liebe, und nur die beste Partie schien mir für ihn gut genug.

Seit Kindertagen hatte ich eine Freundin, die in einer anderen Stadt lebte. Manchmal sahen wir uns jahrelang nicht, wir schrieben uns nicht und hatten keinen Kontakt miteinander, aber immer wenn wir uns trafen, fühlten wir eine Seelenverwandtschaft. Ich lebte in ärmlichen Verhältnissen, während sie reich war, ich trug die abgelegten Kleider anderer Frauen, während sie sich in Samt und Seide kleidete, ich hauste mit meinen Kindern in einem Armenviertel, während sie in einer geräumigen Villa wohnte. Trotzdem lag in unseren Gesprächen eine Vertrautheit des Geistes, und keine Sekunde langweilten wir uns zusammen. Meine Freundin hatte drei Söhne und eine hübsche Tochter. Unsere Kinder sahen sich niemals und wussten nichts von unserer intimen Freundschaft, aber insgeheim erschien mir ihre Tochter die geeignete Partie für meinen Sohn, und auch meine Freundin sah es wohl ähnlich. Ohne dass wir je ein Wort darüber gesprochen hätten, strebten wir beide diese Ehe an und wünschten, dass unsere Seelenverwandtschaft durch die Verbindung unserer Kinder in eine sichtbare Verwandtschaft umgewandelt würde.

Aber es ist nun einmal so, dass der Mensch denkt und Gott lenkt. Mein Sohn, das Licht meiner Augen und die Freude meines Lebens, wurde krank. Er bekam chronische Magengeschwüre, aß immer weniger und fiel vom Fleisch. An manchen Tagen krümmte er sich jämmerlich und wand sich in Krämpfen. Seine Haut wurde gelblich blass, und ich zitterte um sein Leben. Ich lief mit ihm von Arzt zu Arzt, von Rabbi zu Rabbi, aber keiner konnte ihm helfen. Alle Medikamente und Diäten brachten nur eine vorübergehende Besserung, er wurde ängstlich und eigenbrötlerisch, und mein Traum von der hübschen und reichen Schwiegertochter zerfloss wie Wasser, das aus einem zerbrochenen Krug austritt und unaufhaltsam in der Erde versickert.

Die Tochter meiner Freundin heiratete einen gesunden, gut aussehenden Rechtsanwalt, und als mein Sohn dreiundzwanzig Jahre alt war, ging ich zu einer Heiratsvermittlerin, um mich zu beraten, denn der Mensch wird geboren, um zu heiraten und Kinder in die Welt zu setzen. Sie schlug mir die Partie eines mittellosen Mädchens vor. Mit den Eltern traf ich mich bei der Heiratsvermittlerin, wir sprachen über die Mitgift und kamen überein, die jungen Leute einander vorzustellen. Mein Sohn und ich wurden von den Brauteltern eingeladen.

Am Tag der Vorstellung zogen wir unsere besten Kleider an, und beide waren wir aufgeregt, und ich fürchtete, dass er wieder Magenkrämpfe bekommen würde. Es ist doch keine Kleinigkeit, wenn zwei junge Menschen sich das erste Mal sehen. Als ich die Wohnung der zukünftigen Schwiegereltern betrat, blieb mir das Herz stehen. Ich selbst war ja nicht reich, aber was sich hier meinen Augen bot, war bitterste Armut. Die Wände waren von dem winterlichen Regen verschimmelt, die Stühle halb zerbrochen, die kleinen Kinder wuselten mit Rotznasen und löchrigen Kleidern überall herum, der defekte Herd war mit einer Schmutzkruste überzogen, der Boden mit Flecken und Essensresten übersät. Mein Sohn und ich setzten uns auf die wackligen Stühle, die die Mutter schnell mit einem fauligen Lappen abgewischt hatte. Der Vater kam in das Zimmer und verwickelte meinen Sohn in ein Gespräch über den Wochenabschnitt der Thora, während ich mich mit der Mutter unterhielt und mich nach der Braut umsah. ‹Sie badet und füttert gerade mein Jüngstes, sie kommt gleich›, sagte die Mutter, als sie meinen suchenden Blick bemerkte. In dem Moment trat die Tochter mit dem Baby auf dem Arm herein. ‹Setz dich zu uns, mein Augenlicht›, sagte die Mutter und zog das verschämte Mädchen zu sich heran. Die Braut schaute mich an und blickte dann verstohlen in die Richtung ihres Vaters, wo mein Sohn, mein Augenlicht, saß, und er schaute kurz in unsere Richtung. Einen Blick wechselten die jungen Leute miteinander, aber dieser kurze Blick sagte mir alles. Hier hatte eine Seele ihre fehlende Hälfte gefunden. Ich sah die Freude im Herzen meines Kindes und nicht mehr die Armut, und schlagartig verstand ich, dass Gott ihm die Krankheit geschickt hatte, damit er die vom Himmel bestimmte Braut fand, denn ich in meiner Verblendung hätte ihn mit aller Gewalt zu überreden versucht, die Tochter meiner Freundin zur Frau zu nehmen.

Mein Sohn heiratete das arme Mädchen, und mir wurde als Erstes ein Enkelsohn, meiner Freundin eine Enkeltochter geboren. Die Freundschaft zwischen uns alternden Frauen vertiefte sich, und als unsere Enkelkinder geboren wurden, wussten wir beide, dass wir uns im hohen Alter verschwägern werden. Und so war es auch. Mein kluger Enkelsohn heiratete vor einem Jahr die bildschöne Enkeltochter meiner Freundin. Diese Seelen wussten noch vor ihrer Geburt, dass sie füreinander bestimmt waren. Mein Enkelsohn hat niemals eine andere Frau kennen gelernt und die Enkelin meiner Freundin niemals einen anderen Mann. So wunderbar sind Gottes Wege, und als meine Jugendfreundin und ich an der Wiege unseres schlafenden Urenkels standen, fielen wir uns um den Hals und weinten vor Glück und Freude, wie wir vorher niemals zusammen geweint haben.»

«Und was geschah mit dem Magenleiden Ihres Sohnes?»

«Mit den Magengeschwüren? Gott hat geholfen, sie sind verschwunden, wie sie gekommen waren.»

18

Die Hochzeit

Wie Nachmans Hochzeit in Medwedewka gefeiert wurde, wissen wir nicht, aber wir bekommen eine Ahnung von dem Zeremoniell, wenn wir uns eine Hochzeit der Bratzlawer heute ansehen, zu der ich eingeladen werde.

Die Trauung findet vor Sonnenuntergang am späten Nachmittag statt, und die Hochzeitsräumlichkeiten bestehen aus zwei Sälen. In dem einen Raum sitzen die Frauen mit der Braut, im anderen versammeln sich die Männer um den Bräutigam. Die achtzehnjährige Braut trägt ein hochgeschlossenes, mit Perlen besticktes, weißes Kleid. Ihre halblangen braunen Haare werden von zwei Spangen zusammengehalten, und kleine, mit Diamantensplittern besetzte Ohrringe schmücken das blasse, ungeschminkte Gesicht. Um den Hals baumelt eine lange goldene Kette, und ein goldenes Armband ziert das Handgelenk. Sie sitzt auf einem weiß gepolsterten, mit Girlanden geschmückten Sessel und hält auf dem Schoß ein etwa einjähriges Kind und ein kleines Gebetbuch in ihrer Hand. Unsicher blicken die dunklen Augen auf die ankommenden Frauen, die ihr alles Gute wünschen. Manche stecken der Braut Zettelchen zu, und sie liest mechanisch das Geschriebene vor: «Gesundheit und Heilung für Bascha, die Tochter von Mendel» oder «Glück und Segen für Nechama, die Tochter von Schmuel». Heute ist die Jungfrau zum ersten Mal im Tauchbad gewesen, alle Sünden sind ihr vergeben, und Gottes Ohr neigt sich ihr zu. An ihrem Hochzeitstag ist sie Fürsprecherin beim himmlischen Richter, und deswegen wird sie um Segenssprüche angegangen. Sie herzt und küsst das Kind, das man ihr auf den Schoß gesetzt hat. Jetzt ist sie noch Jungfrau, aber ihre Seele muss sich vorbereiten, in Kürze ihr eigenes Kind zu empfangen. Man spürt die Aufregung der Braut und ihre Verwirrung, im Mittelpunkt des Geschehens zu stehen. Zur Rechten und Linken nehmen die Brautmutter und -schwiegermutter mit lächelnden und glänzenden Gesichtern Geschenke und Glückwünsche entgegen.

«Masel tow, Masel tow, Glück und Segen, und möget ihr viel Freude erleben.»

Der Raum füllt sich allmählich. Kleine Mädchen in luftigen, abstehenden Batist- und Satinkleidchen, mit bunten Schleifen auf dem Kopf, laufen zwischen den gedeckten Tischen herum. Sie tragen weiße Strumpfhosen und Lackschuhe, und die Mütter ermahnen sie: «Passt auf, ihr werdet noch die Tische umwerfen.»

Die jungen, unverheirateten Mädchen, zu denen die Braut noch gestern gehörte, sitzen oder stehen in Grüppchen zusammen. Ihre langen Haare haben sie stramm aus dem Gesicht gekämmt und zu einem Zopf geflochten. Die wadenlangen Kleider sind meist aus Kammgarn oder Gabardine und in gedeckten Farben gehalten. Die Gesichter sind ungeschminkt und nur mit kleinen Ohrringen verziert. Die bereits Verlobten stellen ihre goldenen Ketten, die sie von der Familie des Bräutigams erhielten, zur Schau.

«Masel tow, Masel tow, mögen wir bald auf deiner Hochzeit tanzen», begrüßt eine ältere Frau mit lückenhaftem Gebiss ein siebzehnjähriges Mädchen. «Schaut, wie schön die Braut unberufen ist, möge sich das Volk Israel mehren.»

«Amen, amen, mögen wir uns nur auf Feiern sehen», stimmt die Mutter des Mädchens zu.

Die verheirateten Frauen tragen alle entweder weiche, nach hinten fallende Hauben oder Kopftücher, die im Nacken gebunden sind, und die langärmligen Kostüme übertreffen sich an Eleganz und Phantasie. Mit Spitzenblenden appliziert, Perlmuttknöpfen bestickt und farbigen Bändern eingefasst zeugen sie von der weiblichen Putzsucht. Die Frauen lachen, schnattern und schwatzen.

Sie küssen die kleinen Mädchen, wiegen die Säuglinge im Arm und bewundern gegenseitig die Kinder und Kleider.

«Wo hast du das schöne Seidentuch gekauft?»

«Meine Schwägerin hat es mir aus New York geschickt.»

«Das sieht man gleich, so eine Ware gibt es nicht in Jerusalem.»

Plötzlich ertönt eine Klarinette aus dem angrenzenden Männerraum, und schlagartig hören alle auf zu reden. Der Bräutigam, von seinem Vater und dem Schwiegervater eingehakt, wird zur Braut geführt und legt ein Spitzentuch, das mit Taft gefüttert ist, auf das Haupt der Zukünftigen. Er ist sehr schlank, seine Augen werden von dicken Brillengläsern bedeckt, und ein kurzer Bart umrahmt sein ernstes, bleiches Gesicht. Lange dunkelblonde Schläfenlocken baumeln unter dem Streimel, einem pelzumrandeten Hut, und sein schwarzer Kaftanmantel wird mit einem Gürtel zusammengehalten. Nachdem der zwanzigjährige Bräutigam die Braut bedeckt hat, wird er in den Hof geführt, wo sich inzwischen die Männer um einen Baldachin versammelt haben. Neben ihren Vätern warten die kleinen Knaben mit schwarzen Westen und weißen Hemden und blicken mit großen Augen auf den Bräutigam. Halbwüchsige mit schwarzen Filzhüten und noch schütteren Bärten stehen Seite an Seite mit alten Männern, deren Schläfenlocken grau und deren Vollbärte längst weiß sind. Sie machen dem Bräutigam Platz, der sich mit seinem Vater und Schwiegervater unter den Baldachin stellt und wartet, bis die Braut ihm zugeführt wird. Mutter und Schwiegermutter geleiten das verhüllte Mädchen unter den Traubaldachin, wo sie mit ihr siebenmal den Bräutigam umkreisen. Abseits von den Männern finden sich die weiblichen Gäste auf dem Hof ein, viele schluchzen gerührt.

«Möge ich noch erleben, dich unter den Traubaldachin zu führen», raunt eine dicke Frau ihrer erwachsenen Tochter zu und reibt sich die Augen mit einem weißen Taschentuch.

«Gelobt seist Du Ewiger, Herr der Welt, der Du den Wein geschaffen hast», singt der Rabbiner und reicht dem Bräutigam den Kelch. Mit den Worten: «Mit diesem Ring bist du mir angeheiligt nach dem Gesetz von Moses und Israel», streift der junge Mann der Braut den Ring über den Zeigefinger, und nachdem die Segenssprüche gesagt und der Ehekontrakt vorgelesen wurden, tritt der Bräutigam auf ein Glas und zerbricht es.

«Warum zerbricht er ein Glas?», fragt ein Mädchen seine Großmutter.

«Auch bei der größten Freude soll man sich an die Zerstörung des Tempels erinnern», antwortet die alte Frau.

«Bei Mamas Hochzeit hat Vater auch ein Glas zertreten?»

«Nun, was glaubst du, dass er Steine zertreten hat?»

«Masel tow, Masel tow», wünschen die Männer dem Bräutigam und den Vätern und drücken ihnen die Hände, während die Mutter und Schwiegermutter die Braut umarmen und küssen. Jetzt werden die Brautleute mit Musik in ein kleines Zimmer gebracht, wo für sie der Tisch gedeckt ist. Den ganzen Tag haben sie gefastet, und nun nehmen sie ihre erste Mahlzeit als verheiratetes Paar ein. Erst in diesem Augenblick werden sie alleine, ohne elterliche Aufsicht, zusammen gelassen.

Die Gäste kehren in die Hochzeitssäle zurück, die Männer mit den Knaben in den einen, die Frauen mit den Mädchen in den anderen, und nehmen an den Tischen Platz, auf denen kleine Hefezöpfe mit diversen Salaten und Oliven angerichtet sind.

«Setzt euch zu mir, hier ist noch ein Stuhl frei», deutet eine flachbusige Frau auf einen leeren Platz.

«Und die Kinder, wo sollen Sure und Jette sitzen?»

«Setzt euch hin, ich hole Stühle», sagt sie und schleppt vom Nebentisch zwei Stühle und Gedecke heran.

«Kinder, geht euch die Hände waschen, und vergesst nicht die Segenssprüche», fordert die Mutter die Mädchen auf, «ich komme gleich nach.»

Als die Frau vom Händewaschen zurückkommt, nimmt sie den Hefezopf, der neben ihrem Teller liegt, murmelt den Segensspruch und beißt in das Brot. Danach probiert sie den Auberginensalat und verzieht den Mund: «Essig, reiner Essig.»

«Mit heimischem Essen kann man es nicht vergleichen. Nehmt von den gekochten Rüben, die sind nicht schlecht», antwortet ihre Nachbarin.

Nach den Salaten werden mit Pilzen gefüllte Blätterteigtaschen serviert, anschließend gebratene Hühnchen, Reis und Kartoffeln. Hier fällt ein Glas mit Limonade um, dort bekleckert ein Mädchen das Tischtuch mit roter Bete. Keiner stört sich daran oder achtet auch nur darauf. Die Frauen essen, lachen und schieben den kleinen Kindern die besten Brocken in den Mund. Eine junge Mutter wiegt mit dem Fuß einen Kinderwagen, und während sie das Fleisch schneidet, ermahnt sie ihre dreijährige Tochter: «Rifkele, spiel nicht mit dem Brot, andere Menschen haben nichts zu essen.»

Klezmermusik tönt aus dem Männerraum. Die Frauen erheben sich von den runden Tischen, räumen sie ab, klappen die eisernen Fußgestelle ein und rollen die Tische zur Seite. In der Mitte des Saales entsteht ein freier Platz. Jetzt kommt die Braut herein, ihr Haar ist unter eine mit Perlen und Pailletten besetzte Haube geschoben, und die Gäste und Freundinnen umarmen und küssen sie und beginnen mit ihr zu tanzen. Die Spannung ist von ihr abgefallen, sie lächelt und lässt sich in den Kreis der hüpfenden Frauen einbinden.

«Ich habe mich so geschämt, als ich das erste Mal mit Awremel alleine war», erinnert sich eine Dicke und rückt schwitzend ihr geblümtes Kopftuch zurecht.

«Alle schämen sich, aber wie pflegte meine Mutter zu sagen? Wenn man sich schämt, hat man keine Kinder. Komm, tanzen wir mit der Braut.»

19

Nachmans erster Chassid

An Nachmans Hochzeitstag trug sich noch ein anderes, für ihn wichtiges Ereignis zu: Sein erster Schüler schloss sich ihm an.

Von Medzhibozh war der junge Bräutigam mit seiner Familie nach Medwedewka angereist und am Tag der Trauung ging Nachman in aller Frühe in die Synagoge. Nach dem Gebet verließen der Vater Reb Simcha und der zukünftige Schwiegervater Reb Ephraim die Betstube, um sich um die ankommenden Gäste und die bevorstehende Zeremonie zu kümmern, und Nachman blieb in sein Gebetbuch versunken auf seinem Platz sitzen. Ein junger Mann gesellte sich zu ihm: «Du bist doch Nachman aus Medzhibozh, der Bräutigam, der heute verheiratet wird», begann der Unbekannte ein Gespräch und stellte sich vor: «Ich heiße Schimon.»

War es vor Aufregung, war es die fremde Umgebung, gegen seine Gewohnheit sprudelte es aus Nachman heraus: «Wozu leben wir? Was ist der Sinn unseres Daseins? Der Mensch ist geschaffen, um seine Begierden zu bekämpfen, um das Irdische in sich zu brechen, damit er nur Gott und nicht seiner Lust dient. Heute ist mein Hochzeitstag, heute werden mir alle Sünden vergeben, heute ist ein großer Tag für mich. Wohl dem Menschen, der die richtigen Gedanken an diesem Tag denkt, der den eigentlichen Sinn versteht. Man heiratet, um Gott zu dienen, indem man die Gebote der Thora erfüllt, handelt man nach Seinem Wunsch. Nicht in der Befriedigung der menschlichen Begierden liegt der Sinn der Hochzeit, sondern in der Erfüllung des Gebotes ‹Seid fruchtbar und mehret euch›. Nicht um diese Welt geht es, sondern um die eigentliche, die richtige, die Welt jenseits des Lebens. Wir können uns auf Ihn verlassen, dass Er uns die richtige Frau zuführt, die für uns bestimmt ist.»

Erstaunt hörte Schimon zu, und Nachmans Gedanken ergossen sich in seine Seele. Schimon wurde der erste Chassid, der erste Anhänger von Rabbi Nachman. Sein ganzes Leben blieb er seinem Lehrer eng verbunden, und so sehr hing er Rabbi Nachman an, dass er ihn bat: «Lasst mich nicht nur auf dieser, sondern auch in jener Welt euer Diener sein.»

20

Die nächtlichen Andachten in der Natur

Nach der Hochzeit zog Nachman in das Haus seines Schwiegervaters Reb Ephraim ein. Das kleine Dorf Ussiatyn, nahe dem Städtchen Aleksandrovka, lag an einem Teich, und Felder und Wälder erstreckten sich in die weite grüne Flur. Reb Ephraim richtete für Nachman eine Lernstube ein, kaufte eine neue Ausgabe des Babylonischen Talmuds und andere gelehrte Bücher und erwartete von seinem Schwiegersohn, dass er seine Zeit mit dem Studium der Schriften verbrachte. Als direkter Nachkomme des heiligen Zaddiks Baal Schem Tow war er es seinem Schwiegervater und der Welt schuldig, sich mit geistiger Materie zu befassen, mit der Thora, den Propheten, der Mischna und Gemara. Er musste nicht arbeiten und mühsam seinen Lebensunterhalt verdienen, für das Brot des Körpers sorgte Reb Ephraim, für das Brot der Seele sollte Nachman sorgen. Nachmans vornehme Herkunft fiel wie ein Lichtkegel auf das Haus von Reb Ephraim, denn alle in dem Dorf Ussiatyn und in der Gemeinde in Aleksandrovka wussten, mit wem er sich verschwägert hatte.

Zum Verdruss seines Schwiegervaters begann Nachman alleine spazieren zu gehen. Ein schmaler Weg hinter dem Haus führte auf eine Ebene, wo sich Weizenähren im Wind bogen, leuchtend rote Mohnblumen am Wegrand standen und grüne Hirsefelder am Horizont verliefen. Ein stiller See, eingebettet zwischen den Feldern und dem Wald, wurde von einem klaren Bach gespeist. Störche putzten ihr Gefieder, Mauersegler kreisten hoch am Himmel, ein Bussard rüttelte in der Luft und stieß im Sturzflug zur Erde nieder. Gelbe Butterblumen wiegten ihre Köpfe in der lauen Brise, und Bienen suchten in ihnen nach Nektar. Die Goldammern zwitscherten, die Grillen zirpten, und die Ameisen krabbelten emsig auf ihren Erdhaufen herum. Gelegentlich jaulte ein Hund, und in der Ferne schrie ein Esel. Hier entdeckte Nachman Gottes wunderschöne Natur. Weit ab von der muffigen Lernstube und den leblosen Buchstaben fühlte er sich Gott nahe, so beschützt wie ein Kind im Mutterleib, und magnetisch zog es ihn in die menschenleere Gegend, in die Wiesen und Wälder um Ussiatyn.

Nachman suchte nicht die Natur, sondern Gott, aber nicht in den heiligen Büchern fand er Ihn, sondern hier, bei den Bäumen, dem Wasser und der feuchten Erde. Er stellte sich unter eine Eiche oder Buche und holte aus seinem bestickten Samtbeutel die schwarzen Gebetsriemen hervor, legte den weißen Gebetsmantel über den Kopf, bedeckte sein Gesicht und flehte: «Gott im Himmel, lass mich immer bei Dir sein, wende Dich nicht ab von mir. Nur zu Dir allein strebe ich.»

Heimlich stahl sich Nachman in der Nacht aus dem Haus und lief in den stockfinsteren Wald. Er bahnte sich einen Weg durch das Dickicht und Gestrüpp, stellte sich mutterseelenallein zwischen die hohen Bäume und schüttete sein Herz vor dem Schöpfer aus: «Herr der Welt, erbarme Dich meiner und verhülle nicht Dein Antlitz vor mir. Nähere mein Herz zu Dir, lass mich Deinen Willen ausführen, mit meiner ganzen Seele will ich Dir dienen.»

Tiefe Seufzer und Tränen vergoss der junge Mann, taumelnd wiegte er den Oberkörper, und in der Einsamkeit sprach er mit Gott wie ein Kind mit seinem Vater. Er betete laut mit seinen eigenen einfachen Worten. Alles erzählte er dem Schöpfer, jeden kleinsten Gedanken, der ihm während des Tages durch den Kopf gegangen war, jede minimale Verfehlung bekannte er, und die rauschenden Bäume und der Mond hörten schweigend zu. In der Waldeinsamkeit schämte sich Nachman nicht, sich wie ein Kind oder ein Narr zu gebärden, hier beobachteten ihn keine erstaunten Augen, und hier kontrollierten ihn keine misstrauischen Blicke. Eingebettet im Geruch des feuchten Mooses und modernden Laubes, wuchs seine Seele über seinen Körper hinaus und vereinigte sich mit Gott und Seiner Schöpfung. Getröstet und beruhigt kehrte Nachman nach diesen nächtlichen Andachten in das Haus seines Schwiegervaters zurück.

Die heimlichen Ausflüge aber blieben nicht verborgen, und Reb Ephraim fragte ihn tadelnd: «Wo bist du gewesen, Nachman?»

Nachman senkte den Kopf und schwieg. Verdrossen über das sonderbare Verhalten schüttelte der Alte den Kopf und beschloss, seinen jungen Schwiegersohn besser zu kontrollieren.

Die nächtlichen Waldgänge hörten nicht auf und führten zu Zwistigkeiten zwischen Nachman und seinem Schwiegervater.

«Du machst mir Schande», warf ihm Reb Ephraim vor. «Was glaubst du, werden die anderen sagen, wenn man von deinem Tun erfährt? Nur Verrückte benehmen sich so wie du. Kennst du noch jemanden, der in der Nacht wegläuft? Was suchst du im Wald?»

Nachman senkte den Kopf und schwieg, wie es seine Art war. Nach den Auseinandersetzungen fügte er sich wieder für eine Weile und gab seine Wanderungen auf. Aber wie ein Süchtiger vom Gift nicht lassen kann, konnte Nachman von der Natur nicht loskommen. Nur wenn er allein im Freien war, war es ihm möglich sein Herz vor dem Schöpfer auszugießen. Weit ab von den Augen und Ohren der Menschen spürte er die Augen und Ohren Gottes, die ihm zuhörten und ihn trösteten. Er wollte seinen Schwiegervater nicht erzürnen, aber er konnte ihm auch nicht nachgeben, denn sein Herz und seine Seele sehnten sich nach dem himmlischen Vater.

Für Charaktere wie Rabbi Nachman gibt es nur zwei Möglichkeiten: Entweder sie werden gebrochen, oder sie zwingen die anderen nachzugeben. Sie sind widerspenstig, nicht, weil sie jemanden ärgern oder ein Leid zufügen wollen, auch nicht, um sich in den Mittelpunkt eines Geschehens zu rücken, sie buhlen weder um Anerkennung noch um Gunst. Diese Menschen zeigen Widerstand, weil sie sonst innerlich absterben müssen. Vielen geistigen Erneuerern ist der Starrsinn, die Besessenheit, die Irrationalität zu Eigen, und sie setzen sich über gesellschaftliche Normen hinweg, auch um den Preis des Martyriums und Leidens. In ihnen brennt eine leidenschaftliche Idee, und wenn sie ihr nicht nachgeben, stirbt ihre Seele. Martin Luther hat dieses Gefühl auf die prägnante Formel gebracht: «Hier stehe ich und kann nicht anders.»

Auch Nachman konnte nicht anders. Seine Seele brannte nach Gott, aber in der Lernstube konnte sie sich dem Allmächtigen nicht öffnen. Er musste den Schöpfer des Lebens in der lebendigen Natur suchen. Die Auseinandersetzungen mit dem Schwiegervater bedrückten ihn, er wollte Reb Ephraim nicht kränken und verdrießen, aber er konnte sich nicht fügen, weil er sonst verdorrt wäre. Es kam ihm in den Sinn, mit seiner Frau aus Ussiatyn fortzuziehen. Er erwog, irgendwo hinzugehen, wo ihn kein Mensch kannte, und tagsüber an den Türen wie der ärmste Mann sein Brot zu erbetteln, nur damit er nachts ungestört durch den Wald streifen und sein Herz vor dem Schöpfer ausschütten konnte. Er wollte sich vor den Menschen verbergen, um ihnen und ihren Erwartungen zu entgehen, aber er wusste, dass man ihm auflauern würde. Die chassidische Bewegung hatte längst in allen Städten und Dörfern, überall wo es Juden gab, Fuß gefasst. Die Chassidim würden Nachman, den Urenkel des Baal Schem Tow, erkennen und Großes von ihm erwarten. Nirgends konnte er sich verstecken, und unglücklich saß er in der Lernstube über die trockenen Bücher gebeugt und sehnte sich nach Gottes schöner Natur.

21

Der Ausbruch

Wisse», schrieb Rabbi Nachman viele Jahre später, «im Denken liegt eine große Kraft. Wenn wir die Gedanken auf eine Sache konzentrieren, dann rufen wir sie herbei. Aber wir dürfen nicht in der Abstraktion verharren, sondern müssen uns Schritt um Schritt, bis ins kleinste Detail, alles vorstellen.»

Unentwegt überlegte Nachman, wie er dem engen Zimmer im Haus seines Schwiegervaters entkommen konnte, und beschloss, sich zu tarnen. Er würde den Leichtfertigen, den Narren, den Faulen spielen, mochten die anderen sagen, was sie wollten.

Jeden Schabbat pflegte Nachman mit seinem Schwiegervater nach Aleksandrovka zum Morgengottesdienst zu gehen, denn im Dorf Ussiatyn lebten zu wenig Juden. Es gab dort keinen Minjan, und deswegen versammelten sich die Juden des Dorfes an den Feiertagen in der Betstube in Aleksandrovka. Reb Ephraim war ein respektiertes Mitglied der Synagogengemeinde. Galt es Spenden für die Ausbesserung des Daches oder des Gestühls zu sammeln, so war er einer der Ersten, die angegangen wurden, musste eine arme Witwe versorgt oder eine unbemittelte Braut verheiratet werden, verschloss er niemals seine Tasche. Jeden Schabbat wurde er zur Thora aufgerufen, und mit tiefer Stimme sang er: «Gesegnet seist Du, Herr der Welt, der uns vor allen Völkern ausgewählt und uns die Thora gegeben hat.» Reb Ephraim war ein Felsen, auf dem die Gemeinde bauen konnte, und seit er sich mit der edlen Familie des Baal Schem Tow verschwägert hatte, fiel das heilige Licht des verstorbenen Zaddiks auch auf die Betstube in Aleksandrovka.

Umso enttäuschender war Nachman. Ein wortkarger, eigenbrötlerischer Jüngling mit hohlen Wangen und einem zerzausten Bart. Nachlässig hing sein seidener schwarzer Kaftan auf den schmalen Schultern, und das teure pelzverbrämte Streimel, ein Geschenk des Schwiegervaters zur Hochzeit, verdeckte fast die Augen. Aber auf solche Kleinigkeiten achtete keiner in der Betstube in Aleksandrovka, nicht das Aussehen Nachmans interessierte die Männer, sondern wie er die Thora auslegte. Vom Urenkel des heiligen Baal Schem Tow konnte man einiges erwarten. Nach dem Gebet versuchten die Anwesenden den jungen Mann in ein gelehrtes Gespräch zu verwickeln, aber Nachman schwieg.

«Er geniert sich, weil er noch fremd bei uns ist», nahm Reb Ephraim seinen Schwiegersohn in Schutz.

An jedem Schabbat wandte sich der Gemeindevorsteher Reb Gedalja mit einer Textfrage an Nachman, um ihm auf den Zahn zu fühlen oder einen interessanten Disput vom Zaun zu brechen, doch Nachman reagierte nicht. Mit der Zeit gewöhnten sich die anderen an die Fragen von Reb Gedalja und das Schweigen von Nachman. Alle waren sich einig, dass der junge Mann aus Bescheidenheit nicht antwortete.

An einem Schabbat brach Nachman unvermutet sein Schweigen, aber anstatt eine klare Antwort zu geben, verhedderte er sich, zitierte falsch und brachte die Bibelauslegungen von Raschi und Rambam durcheinander, wie einer, der zwar gelernt, aber nichts verstanden hat.

«Wie ist das möglich?», wunderte sich Reb Gedalja. «Der Enkel des Baal Schem Tow kennt nicht die Raschi-Kommentare? Möge er uns das erklären», forderte er Nachman auf. Es stellte sich heraus, daß Nachman Fehler in der hebräischen Grammatik machte, Zeiten und Suffixe durcheinander warf und maskuline mit femininen Verben verwechselte. Wie konnte das sein? Ein Abkömmling einer Familie von Zaddikim sprach die heilige Sprache fehlerhaft? Man wollte eine Erklärung von ihm haben, aber er sah auf seine Schuhspitzen und zuckte mit den Schultern.

Reb Ephraim schämte sich in Grund und Boden und versuchte, die Blamage mit Erklärungen zu vertuschen: «Er war die Woche krank und muss erst zu sich kommen.»

Auf dem Heimweg fuhr er Nachman wütend an: «Wie benimmst du dich? Du beschämst mich und die ganze Familie. Das kommt nur davon, weil du, anstatt die Kommentare zu wiederholen, dich auf dem Feld wie ein ungebildeter Bauer herumtreibst.» Nachman schwieg und senkte die Augen.

Eines Morgens hörte Nachman auf zu reden. Sogar seine Gebete murmelte er lautlos, als wäre die Stimme seinem Körper entflohen. Reb Ephraim war ein friedfertiger Mensch, noch nicht einmal gegen eine Fliege hatte er jemals seine Hand erhoben, aber Nachman reizte ihn zur Weißglut. Hilflosigkeit und Wut rumorten in dem massigen Mann, wenn ihm sein schweigender, abwesend blickender Schwiegersohn unter die Augen kam.

«Zum Sukkotfest fahren wir nach Medzhibozh, dort werde ich deinen Vater über dein Verhalten aufklären.»

Nachman schwieg. Zornig fasste Reb Ephraim mit seinen großen Händen seinen schmächtigen Schwiegersohn an beiden Schultern und schüttelte ihn heftig: «Hör auf zu schweigen, sag endlich ein Wort!»

Sossja warf sich erschrocken zwischen ihren Vater und ihren Mann: «Bitte Vater, tue ihm nichts!»

Reb Ephraim, dem die Ader auf der Nasenwurzel angeschwollen war, ließ von seinem Schwiegersohn ab.

In der Nacht erhob sich Nachman von seiner Bettstatt, wusch die Hände und zurrte seine Gebetskapseln auf dem linken Arm und der Stirn fest. Mit dem weißen Gebetsmantel verhüllte er den Kopf, barg das Gesicht in seinen schmalen Händen und ging im Zimmer auf und ab. Die Dielen knarrten unter seinen Schritten, und Sossja wachte auf. Draußen herrschte noch die nächtliche Dunkelheit, die Sterne glitzerten durch schwarze Wolkenfetzen, und Sossja flüsterte ängstlich: «Was ist los, Nachman? Es ist doch noch nicht die Zeit für das Morgengebet.»

Er antwortete nicht und ging zur Tür. Dort zögerte er einen Moment, als wollte er ihr etwas sagen, überlegte es sich anders und verließ wortlos das Zimmer. Vom Fenster aus beobachtete Sossja, wie er den Hof durchquerte und seine Schritte in Richtung Teich lenkte. Ihr Herz verhieß ihr nichts Gutes, und besorgt blickte sie ihrem Mann nach. Am liebsten wäre Sossja zu ihrer Mutter gelaufen, aber sie wollte die Eltern nicht aufwecken und erschrecken. Schlotternd vor Angst und Kälte stand sie barfuß am Fenster und sah, wie sich die weiße Gestalt im Dunkel verlor.

«Gott im Himmel hilf, dass Nachman auf den richtigen Weg geht», betete sie und Tränen des Mitleids quollen aus ihren Augen.

In der Früh stand Reb Ephraim auf und wartete wie üblich auf seinen Schwiegersohn, um mit ihm gemeinsam das Morgengebet zu verrichten. Als er nicht erschien, ging er in die Küche zu Sossja.

«Ist Nachman noch nicht aufgestanden?», fragte er.

Sossja blickte zur Seite, ihre Augen waren gerötet: «Er ist vor Sonnenaufgang weggegangen.»

Die Nachricht verstimmte den Vater, aber er machte sich keine Sorgen. Es war nicht das erste Mal, dass sein Schwiegersohn, ohne ein Wort zu sagen, das Haus verlassen hatte. Gegen Mittag ärgerte sich Reb Ephraim, dass Nachman immer noch nicht aufgetaucht war. «Der Verrückte steht im Wald und redet mit den Bäumen», brummte er.

Der Tag verging, es wurde Abend, man hatte bereits zu Nacht gegessen, aber Nachman kam nicht nach Hause. Sossja lief mit bedrücktem Gesicht herum und ihre Mutter tröstete sie: «Sorge dich nicht, mein Kind, mit Gottes Hilfe wird er bald wiederkommen.»

Die Nacht brach herein, die Hühner verkrochen sich auf ihrer Stange, der Hund legte sich in einer Ecke nieder, die Vögel verstummten, aber von den Menschen im Haus suchte niemand sein Bett auf. Minute um Minute wälzten sich die Stunden zäh vorbei, und bei jedem Geräusch lief Reb Ephraim mit einer Laterne auf den Hof. Sossja ging in ihrem Zimmer nervös auf und ab, stellte sich alle paar Augenblicke ans Fenster und schaute angestrengt in die Finsternis. Ein Schakal heulte, ein Käuzchen rief in der Ferne, und die Kastanie im Hof rauschte mit ihrer breiten Krone.

«Geh schlafen», sagte die Mutter zu Reb Ephraim, «er wird bald kommen.»

«Ich kann nicht schlafen», antwortete er, «bring mir ein Glas Tee.»

Im Osten färbte die Sonne den Himmel bereits rot, die Lerchen jubilierten, und Reb Ephraim machte sich bitterböse Vorwürfe.

«Wie konnte mich der Zorn so packen, dass ich Nachman besinnungslos geschüttelt habe? Herr im Himmel, vergib mir die harten Worte, die über meine Lippen gekommen sind, und verzeih mir meine verworfene Wut. Lass Nachman gesund wiederkommen, keinen einzigen Vorwurf wird er von mir hören», gelobte er und fuhr sich mit den Händen durch den dichten, grauen Bart.

Am Morgen ging er zu Mottke, dem Fuhrmann.

«Guten Morgen, Reb Ephraim», begrüßte ihn der kurzbeinige Kutscher. «Nach Medwedewka?»

«Nein, wir fahren durch den Wald.»

«Was habt ihr im Wald verloren?»

Wohl oder übel musste Reb Ephraim bekennen, dass sein Schwiegersohn verschwunden war und man ihn suchen musste. Mottke spannte seinen Gaul vor den Karren, und Reb Ephraim saß hinten auf. Sie trabten um den Teich herum, kutschierten durch den Wald, riefen Nachmans Namen, aber der junge Mann blieb wie vom Erdboden verschwunden. Die Sorge schnürte Reb Ephraims Herz zusammen, und er zerzauste seinen Bart, während er an die Gefahren dachte, denen sich Nachman aussetzte. Wilde Tiere konnten ihn zerrissen haben, Räuber ihn überfallen oder er war gar im Teich ertrunken. Wie sollte er das Verschwinden seines Schwiegersohnes Reb Simcha und seiner Frau Fejge erklären? Wie würde er vor Gott und der Welt dastehen, wenn man erführe, dass sein Zorn den Urenkel des Baal Schem Tow fortgetrieben hatte? Den ganzen Tag durchstreifte Reb Ephraim rastlos den Wald und die Felder um Ussiatyn, alle Bauern forderte er auf mitzusuchen und versprach demjenigen, der Nachman finden würde, eine hohe Belohnung.

Die Dämmerung legte sich über die üppige Landschaft, die Sonne verlosch im Westen und die Suche musste eingestellt werden. Die zweite Nacht brach heran. Reb Ephraim kehrte in sein

Haus zurück, und erschöpft ließ er sich auf einen Stuhl fallen. Das Brot und den Hering, die seine Frau für ihn hingestellt hatte, rührte er nicht an. Neben dem Teller lag sein fleckiges Gebetbuch. Mit wundem Herzen schlug er die Psalmen auf und las im Schein eines Kerzenstummels: «Herr, strafe mich nicht in Deinem Zorn und züchtige mich nicht in Deinem Grimm. Ich bin matt geworden und zerschlagen und schreie vor Unruhe meines Herzens. So bekenne ich meine Missetat und sorge mich wegen meiner Sünden. Verlass mich nicht, Herr, mein Gott.» Die Müdigkeit übermannte ihn, sein Kopf fiel auf die aufgeschlagenen Seiten und zermürbt schlief er ein.

Am nächsten Tag, es war ein Freitag, setzte Reb Ephraim die Suche fort, aber je näher der Nachmittag rückte, desto düsterer wurde sein Gemüt. Sossja und ihre Mutter liefen mit verweinten Augen umher. Schabbat stand vor der Tür, und es war eine heilige Pflicht, das Haus für den siebten Tag vorzubereiten. Sossja saß heulend im Küchenwinkel, während die Mutter die Suppe kochte und die Hefezöpfe buk.

«Mit Gottes Hilfe wird er bald wiederkommen. Steh auf, Sossja, und decke den Tisch. Sogar wenn jemand gestorben ist, muss man die Trauer am Schabbat unterbrechen. Geh dich waschen und umziehen, mein Kind, Gott wird helfen», forderte sie ihre Tochter auf.

Sossja holte den fünfarmigen Silberleuchter aus der Vitrine und platzierte ihn auf der Anrichte. Sie glättete eine weiße Damastdecke auf dem Tisch, verteilte behutsam das Porzellangeschirr, stellte den glänzenden Silberkelch neben die Weinflasche und deckte die duftenden Hefezöpfe mit einem Seidentuch zu. In zwei Stunden würde der Schabbat eintreten, aber wie konnte man sich freuen? Eine finstere Wolke lastete über dem Haus und hüllte es mit Angst und Sorgen ein. Reb Ephraim wusste, dass er sich am Sonntag aufmachen und nach Medzhibozh reisen musste, um die bittere Nachricht von Nachmans Verschwinden zu verkünden.

Ein Sturm kam auf, Regen peitschte gegen die Fensterscheiben und verwandelte den ungepflasterten Hof in eine Schlammpfütze. Die Fensterläden klapperten, der Kastanienbaum bog seine Äste im Wind, der Küchenherd rauchte, und der beißende Qualm nahm Sossja den Atem. Die Haustür flog auf, und ein Luftzug warf eine Tasse zu Boden. Im Türrahmen stand Nachman. Er war immer noch angetan mit seinen Gebetskapseln und in den nassen, schmutzigen Gebetsmantel eingewickelt, an dem welkes Laub und Erdklümpchen klebten. Wie einen Geist starrte Reb Ephraim ihn an, und eine Welle der Erleichterung und des Zornes schlug über dem Schwiegervater zusammen. Er stürzte auf seinen triefenden Schwiegersohn zu, die Hand zum Schlag erhoben. Schweigend schaute ihn Nachman an, Reb Ephraims Arm gefror in der Luft, und er sagte nur: «Mach dich bereit, es ist bald Schabbes.»

Reb Ephraim konnte sich an keinen Schabbat erinnern, den er fröhlicher und glücklicher begangen hatte. Sein Herz jubelte, als er nach dem Tischgebet die Psalmen aufschlug und las: «Ich harrte des Herrn, und Er neigte sich mir zu und hörte mein Schreien. Er zog mich aus der grausigen Grube, aus lauter Schmutz und Schlamm und stellte meine Füße auf einen Fels, dass ich sicher treten kann.» Seit jenem Schabbat ließ er Nachman gewähren.

Nacht für Nacht verließ Nachman das Haus, ging in den Wald und schüttete seine Seele vor dem Schöpfer aus. Bei jedem Wetter, bei Regen und Schnee, Wind und Frost, begab er sich in das Gehölz, und laut erzählte er Gott, was ihn bedrückte und worüber er sich freute. Er sang, jauchzte, flehte, schrie, lachte und weinte. Alle Fesseln, die des Menschen Gemüt einschnüren, sprengte er in der Einsamkeit, allen Gefühlen gab er freien Lauf. Er betete mit einfachen Worten und fühlte Gottes Gegenwart wie einen schützenden Mantel, der seine Seele einhüllte und warm hielt.

22

Im wankenden Boot

In den Jahren der einsamen Spaziergänge galt der junge Nachman als wunderlich. Er schloss sich von den Lernzirkeln aus, sprach wenig und hatte kaum Kontakt mit anderen Menschen. Der Einzige, der ihn in jener Zeit begleitete und mit dem er seine Gedanken teilte, war Schimon. Wie ein treuer Diener, der nicht fragt, warum sein Herr dieses oder jenes tut, folgte er Nachman auf den nächtlichen Wanderungen. Dort trennten sie sich, und jeder betete für sich in dem dunklen Wald. Schimon war der Erste, der intuitiv begriff, dass hier ein geistiger Führer heranreifte, und wie ein Schwamm saugte er Nachmans Worte auf.

«Gut ist es, sein Herz vor Gott auszuschütten, denn wir sind Seine Söhne, so wie es in der Thora geschrieben steht: ‹Söhne seid ihr Eurem Gott.› Auch wenn einer meint, dass er aufgrund seiner schlechten Taten kein Sohn ist, und auch wenn er Strafen zu erleiden hat, so bleibt er doch Sein Sohn. Gott möchte uns nichts Böses zufügen, aber so wie man ein Kind lehrt, lehrt Er uns auch. Manches Mal schickt ein Vater sein Kind vor die Tür, um es zu strafen, und hört es dort jämmerlich weinen, dann zieht sich sein Herz vor Mitleid zusammen, und er leidet mit dem bestraften Kind mit. Er wird es wieder zu sich nehmen, denn nichts kann seine Liebe zu dem Kind erschüttern. Wie ein Vater seine Kinder liebt Gott das Volk Israel. Er ist mitleidig und gnädig und erhört uns und nimmt uns mit offenen Armen auf. Er verlässt uns nie, auch wenn wir manchmal wie das Kind vor der Tür das Gefühl haben, verlassen worden zu sein. Wenn wir um Seine Liebe wissen, sind wir immer getröstet.»

Die letzten Sommertage hüllten den Himmel in ihr seidenblaues Tuch ein, und Nachman ging alleine am See entlang. Das Schilf zitterte verhalten, zwei Libellen paarten sich im Flug. Mücken tanzten auf dem Wasser und eine Entenmutter gründelte in der flirrenden Hitze. Behende schnellten Fischchen durch das Wasser, ein Frosch quakte, und die Bäume wiegten ihr grünes Laub, das hie und da bereits mit roten und gelben Blättern durchsetzt war. Federwölkchen schwebten am blanken Firmament und sahen wie gezupfte Watte aus, ein Fischreiher erhob sich in die laue Luft und glitt über die spiegelnde Oberfläche des Sees.

An einem Bootssteg war ein Nachen angebunden, der sachte im Wind schaukelte. Nachman setzte sich in das Boot, die Wellen plätscherten gegen das Holz, und die Sonne glitzerte auf dem Wasser wie ausgestreute Diamanten.

«Herr, wie groß bist Du und Deine Schöpfung, lass mich Dir nahe sein, lass mich Dir dienen, meine Liebe zu Dir ist grenzenlos», betete er und verharrte versunken auf der hölzernen Bank. Stunden mochte er dort gesessen haben, und er merkte nicht, dass sich das Wetter verschlechterte. Die Sonne versank hinter den Bäumen, und aus der Ferne zog ein Gewittersturm heran. Der Nachen fing beängstigend an zu schaukeln, und das nicht festgezurrte Bootstau löste sich aus seiner Halterung. Das Boot driftete vom Ufer ab. Nachman erhob sich, verlor das Gleichgewicht und fiel hintüber. Benommen rappelte er sich hoch und setzte sich auf die Holzbank. Inzwischen stürmte und regnete es heftig, und der Nachen drohte zu kentern. Nachman war alleine auf dem See, er konnte weder schwimmen noch das Boot steuern. Angstvoll glitt er auf den Boden und hielt sich mit der einen Hand am Bootsrand und mit der anderen an der nassen Bank fest. Das leichte Schiffchen tanzte wie eine Nussschale herrenlos auf dem Wasser. Nachman überfiel Todesangst. Er fürchtete zu ertrinken und in seiner Not keuchte er: «Errette mich Gott, hilf mir.» Ein Wasserschwall ergoss sich auf den liegenden Mann und nahm ihm vorübergehend die Luft. «Rette mich!», schrie er, als er wieder zu Atem kam. Aber seine Stimme verhallte in dem tosenden See.

In diesem Moment gab sich Nachman Gott hin, und eine nie gekannte Ruhe zog in seine Seele ein: «In Deine Hände begebe ich mich, mein Gott, nimm meine Seele auf. Höre Israel, der Herr ist unser Gott, der Herr ist Einer», betete er und war bereit, sein Leben auszuhauchen. Die Angst hatte ihn losgelassen, sein Atem wurde ruhiger, und seine Glieder entkrampften sich. Da spürte er, dass das Boot aufhörte zu wanken und auf festem Grund auflief. Der Wind drückte es knirschend in Sand und Kies. Unvermittelt wie das Unwetter eingesetzt hatte, verzog es sich. Bleich entstieg Nachman dem hölzernen Nachen.

«Auf dem See habe ich eine wichtige Stufe der Erkenntnis erklommen», erklärte Nachman seinem Schüler Schimon. «Wenn wir an nichts mehr hängen, auch nicht am Leben, wird die Seele frei, und die Angst hat keine Macht über uns. Dann kommt der Todesengel nicht als Feind, sondern als Freund, als Gottes geliebter Helfer.»

23

Jeremias Klagelied

Es war Tisch'a b'Aw, der Tag, an dem das Volk Israel der Zerstörung des Ersten und Zweiten Tempels gedenkt. Es ist ein Fast- und Trauertag, ein Tag des Weinens und Klagens um das verlorene Heiligtum in der verwüsteten Stadt Jerusalem. Wie jedes Jahr versammelten sich Reb Ephraim und Nachman mit den anderen Juden in der Betstube in Aleksandrovka. Die ganze Nacht saßen sie in Socken wie Trauernde auf dem Boden, streuten Asche auf ihr Haupt und rezitierten im flackernden Kerzenschein die Klagelieder des Propheten Jeremia: «Wie liegt die Stadt so verlassen, die voll Volkes war. Sie ist wie eine Witwe. Sie, die eine Fürstin unter den Völkern und eine Königin unter den Ländern war, muss Fron leisten. In der Nacht weint sie, und Tränen benetzen ihre Wangen, niemand ist da, der sie tröstet, alle ihre Nächsten sind ihre Feinde geworden. Juda ist gefangen im Elend und schweren Dienst, sie wohnt unter fremden Völkern und findet keine Ruhe, alle verfolgen sie.»

Wenn ein Fremder diese Hand voll Menschen betrachtet hätte, hätte er meinen können, erst gestern sei der Tempel zerstört worden und nicht vor 1700 Jahren, so tief waren die Seufzer und so groß der Schmerz. Jeder Einzelne fühlte Jeremias Jammer in seinem Leib. Verfolgt und verachtet, geschmäht und gehasst wurden die Kinder Israel in Aleksandrovka wie überall in der Welt. Sie mussten unermüdlichen Versuchen, sie zu einem anderen Glauben zu bekehren, standhalten. Viele Zweige waren im Laufe der Jahrhunderte vom Stamm Jakobs abgebrochen, aus tausend Wunden blutete der Baum,

Pogrome und Hetztiraden fegten über ihn wie Sturm- und Feuerwalzen hinweg, versengten, zerrütteten, zertraten ihn, aber konnten sein Leben nicht auslöschen. Zu tief steckte in jedem Einzelnen dieser Männer in dem zugigen Raum in Aleksandrovka die Gewissheit, Gottes geliebtes Kind und von Ihm auserwählt worden zu sein, Sein Wort, Seine heilige Thora zu lernen und weiterzugeben.

«Ich will eine Geschichte aus dem Talmud erzählen und uns trösten, wie Rabbi Akiwa getröstet hat», begann der Rabbi der Gemeinde seine Predigt.

«Rabbi Akiwa, der von dem römischen Kaiser Hadrian hingerichtet wurde, weil er die Thora trotz Verbot weiterhin lehrte, war einst mit Rabbi Gamliel, Rabbi Eleasar Ben Asarja und Rabbi Josua auf dem Wege nach Rom. Sie vernahmen, noch hundertzwanzig Meilen vom Kapitol entfernt, das Brausen der großen Stadt. Die drei Rabbiner weinten, Akiwa aber lächelte. Sie sprachen: ‹Akiwa, uns ist zum Weinen, und du kannst lachen?› Er erwiderte: ‹Sagt mir zuvor, warum ihr weint.› Da sprachen sie: ‹Sollen wir nicht weinen, wo diese Heiden, die zu den Sternen beten und vor ihren Götzen niederfallen, so sicher, unbeschwert und friedlich dahinleben?› ‹Das eben ist es, was mich fröhlich macht: Ergeht es schon denen, die den Herrn erzürnen, so herrlich, um wie viel schöner dereinst erst denen, die seinen Willen tun!›

Ein anderes Mal zogen sie zu viert nach Jerusalem hinauf. Am Scopus-Berg angelangt, zerrissen sie ihre Kleider, und wie sie zum Tempelberg kamen und einen Fuchs aus dem Allerheiligsten herausschlüpfen sahen, begannen sie zu weinen, nur Akiwa lächelte. Sie sprachen: ‹Akiwa, du setzest uns in Erstaunen. Wo wir weinen, musst du lachen!› Er fragte: ‹Warum weint ihr?› Sie erwiderten: ‹Das Haus, das unseres Gottes Fußschemel war, ging in Flammen auf, und Tiere hausen in seinen Trümmern, und wir sollten nicht weinen?› Da sprach Akiwa: ‹Aus eben diesem Grunde lächle ich. Da waren zwei Weissagungen, die des Priesters Uria und die des Propheten Sacharja, jener hat gesagt: «Darum wird Zion wie ein Acker gepflügt werden.» Dieser aber verheißen: «Es sollen noch fürder wohnen in den Gassen Jerusalems greise Männer und Frauen, und die Plätze der Stadt sollen voll sein von spielenden Knaben und Mädchen.» Die Worte dieser beiden Gotteszeugen – ist das eine eingetroffen, so muss auch das andere eintreffen. Also ich war fröhlich darüber, dass Urias Weissagung sich erfüllt hat, denn nun wird auch, was Sacharja verkündigt, am Ende Wahrheit werden!› Da sprachen die Rabbiner zu ihm: ‹Akiwa, du hast uns getröstet.›

Glaubt mir, Jerusalems Straßen werden noch voll sein von lärmenden Kindern, und wenn nicht unsere Kinder dort spielen werden, dann unsere Kindeskinder», beendete der Rabbi seine Predigt.

So saßen die Männer die ganze Nacht und gedachten der Zerstörung Jerusalems und des heiligen Tempels.

Es ist Tisch'a b'Aw, und ich begebe mich zur Klagemauer. Der Platz ist mit Betenden überfüllt, und an der Frauenseite bette ich mich in die Menschenmenge ein und setze mich auf den Boden. Die Frauen haben Decken auf der Erde ausgebreitet, und mit untergeschlagenen Beinen lesen sie bei flackerndem Kerzenlicht die Klagelieder des Propheten Jeremia. Neben mir spielen zwei Mädchen mit dem Wachs einer Kerze, und das Baby auf dem Schoß meiner Nachbarin ist eingeschlafen. «Ob irgendwann der Dritte Tempel gebaut wird?», geht es mir durch den Kopf. Aus dem ganzen Land Israel und allen Teilen der Welt versammeln sich Juden an Tisch'a b'Aw an der Klagemauer, und in allen Synagogen werden die Klagelieder Jeremias gelesen. Jahr für Jahr, Jahrhundert um Jahrhundert, Jahrtausend um Jahrtausend. Eine stählerne Kraft liegt in dieser Kontinuität und in dem unerschütterlichen Glauben des Volkes Israel.

Als Nachman in Aleksandrovka auf dem Boden saß, wusste er, dass das Volk Israel eines Tages nach Jerusalem zurückkehren und die verlassene Stadt aufbauen würde. Nicht einen Augenblick zweifelte er an den Worten der Propheten. Auch zu seiner Zeit gab es Rationalisten, die sagten: «Es ist ja gar nicht möglich. Wie soll ein Volk, verfolgt und verstreut über den ganzen Erdball, in das Heilige Land zurückkehren?»

In Nachmans Herzen hatten solche Gedanken keinen Platz. In seiner Seele zog der Wunsch ein, einmal im Leben nach Jerusalem zu reisen, Gottes Stadt zu sehen und an den heiligen Steinen zu beten.

24

Nachman offenbart sich

Wieder hatte sich die kleine Gemeinde in der Betstube von Aleksandrovka versammelt, und es herrschte eitel Freude. Die Tochter des Gemeindevorstehers Reb Gedalja hatte einen gesunden Sohn entbunden. Es war der achte Tag nach der Geburt, und der Junge wurde in den Bund Abrahams aufgenommen. Die Beschneidung war bereits vollzogen, und die Männer saßen an einem langen Tisch, tranken ein paar Gläschen Schnaps, aßen Weißbrot mit Hering, knabberten Nüsse und Kuchen und sangen fröhliche Lieder. In der Frauenabteilung unterhielten sich die Frauen mit der Wöchnerin, erkundigten sich eingehend nach der Geburt, und jede erzählte, wie sie ihre Kinder geboren hatte. Sie schwatzten, lachten, aßen, wiegten die Kleinen und niemandem war es aufgefallen, dass der Flickschuster Schloime und seine Frau nicht zur Beschneidung gekommen waren.

Schloime war ein schweigsamer Mann, mit seinen schwarzen Fingerkuppen blätterte er unbeholfen im Gebetbuch, stets auf der Suche, wo sich der Vorbeter im Text befand.

«Gut Schabbes, gut Schabbes», wünschte er, wenn er nach dem Schabbatgottesdienst nach Hause ging, ansonsten hörte man kaum etwas von ihm. Schloime hatte drei wohlgeratene Töchter, die mit der Mutter an den Feiertagen in der Frauenabteilung saßen. Über Schloime, den Flickschuster, konnte man nur sagen: «Ein anständiger, stiller Mensch.»

Plötzlich ging die Tür auf, und Schloime erschien mit zerzaustem Bart und verschwitztem Gesicht. In seinen knotigen Fingern mit den schwarzen Kuppen hielt er eine blaue Strickjacke und jammerte: «Oj weh, oj weh, oj weh ist mir.» Alle kannten den unauffälligen Schloime, niemals hatte man ihn in so einem aufgelösten Zustand gesehen oder Klagen aus seinem Munde vernommen, es musste etwas Furchtbares geschehen sein.

«Was ist passiert, Reb Schloime?», fragte der Synagogendiener Mendel erschrocken.

«Meine Tochter, meine Tochter Rifke!», rief der Flickschuster und hielt die Jacke vor die Augen.

«Was ist mit Rifke, was ist geschehen?», umringten ihn die Männer.

«Weh ist mir, sie ist nicht da. Den ganzen Morgen habe ich sie gesucht, aber sie ist verschwunden. Keiner weiß, wo sie ist», ächzte der Vater.

«Beruhigt euch, Reb Schloime, wir werden das Mädel suchen gehen», entschied der Gemeindevorsteher Reb Gedalja.

«Ihr braucht sie nicht zu suchen», ließ sich Nachman vernehmen, der neben seinem Schwiegervater saß.

«Was heißt das, wo ist sie?», fragte der Synagogendiener Mendel.

«Beim Pastor», antwortete Nachman.

Alles Blut wich dem Flickschuster aus dem Gesicht: «Meine Tochter beim Pastor?»

«Sie ist doch eine gute jüdische Seele, wie kommt sie zum Pastor?», wandte Mendel ein.

«Manches Mal verirrt sich eine Seele Israels», antwortete Nachman.

«Weißt du, was du sagst, Nachman?», fragte der Schwiegervater Reb Ephraim streng.

«Ich weiß, was ich sage.»

Trotz aller Skepsis brachen der Flickschuster Schloime, der Gemeindevorsteher Reb Gedalja und der Synagogendiener Mendel auf und eilten zum Haus des Geistlichen, das neben der Dorfkirche lag. Unruhig warteten die anderen in der Betstube, gespannt, was sich zutragen würde.

Es war die alte und immer neue Geschichte. Rifke hatte die Gewohnheit, am Waldrand, nicht weit vom Elternhaus, Himbeeren zu pflücken, und dort begegnete ihr Stephan, ein braun gebrannter Bauernbursche mit ebenmäßigen weißen Zähnen.

Alt sind die Religionen, aber jung ist das Blut. Ein Blick kommt zum anderen, ein Wort reiht sich an das nächste, und die jungen Leute verliebten sich ineinander. Sie kamen überein, im Geheimen zu heiraten. Rifke würde von zu Hause weglaufen und sich taufen lassen. Das verliebte Paar hatte sich um Mitternacht in der Kapelle verabredet. Dort wollten sie bis zum Morgen warten, um den Segen des Pastors zu empfangen.

In der Nacht schlich sich das junge Mädchen aus der elterlichen Stube, lief zur Dorfkirche und betrat atemlos das menschenleere Gotteshaus. Ihre Augen suchten in der Dunkelheit Stephan, aber er war noch nicht da. Ihre Schritte hallten neben den leeren Bänken. Im fahlen Mondlicht erblickte Rifke über dem Altar das große Kruzifix mit der gekreuzigten Figur. Eine Kerze flackerte und warf unruhige Schatten auf den angenagelten Körper mit dem bleichen Gesicht. Rifke erschrak und glaubte, hier hinge ein toter Mensch. Niemals hatte sie so etwas Schreckliches gesehen. Eine entsetzliche Furcht überkam das Mädchen, und erschrocken flüchtete sie in einen Winkel. Sie verbarg ihr Gesicht in den Händen, um die Leiche am Kreuz nicht sehen zu müssen, und hockte gelähmt vor Angst und Schrecken auf dem Boden. Stephan kam und fand Rifke erstarrt sitzen. «Was ist geschehen?», fragte er. Aber sie reagierte nicht auf seine Worte, sondern starrte versteinert auf die Erde. Am Morgen führten der Pastor und der junge Mann die verstörte Rifke in das Pfarrhaus.

Rifke wollte weder essen noch trinken und sagte kein Wort. Steif wie ein Eiszapfen rührte sie sich nicht vom Platz. Plötzlich vernahm sie die vertraute Stimme ihres Vaters auf dem Hof: «Rifke, meine Tochter, wo bist du?», rief er, und mit einem Satz rannte sie zum Vater. Eilig nahmen die Männer sie mit in die Betstube und übergaben sie den Frauen.

Ehrfürchtig näherte sich der grauhaarige Flickschuster Schloime dem jungen Nachman: «Rabbi, was soll mit meiner Tochter jetzt geschehen?»

«Verheiratet sie, aber niemand soll ihr etwas vorwerfen. Sie wird jüdische Kinder zur Welt bringen und sie im Sinne der Thora erziehen.»

Alle in der Gemeinde hörten Nachmans Worte. Das war nicht mehr die unsichere Stimme eines Heranwachsenden, dies war die feste Stimme eines Mannes, der seinen Weg gefunden hat und bereit ist, zu entscheiden und zu führen. Der Vorfall machte die Runde in der ganzen Umgebung und alle sprachen voller Bewunderung und Hochachtung von Rabbi Nachman, dem Urenkel des Baal Schem Tow.

25

Rabbi Samuel Cohen lehrt Rabbi Nachmans Geschichten

Nachmans Schwiegermutter starb, und ein Jahr nach ihrem Tod verheiratete sich Reb Ephraim wieder. Nach der erneuten Eheschließung seines Schwiegervaters beschloss Nachman, das Haus in Ussiatyn zu verlassen und sich mit seiner Frau Sossja und den drei inzwischen geborenen Töchtern in Medwedewka anzusiedeln. Die ersten Schüler schlossen sich ihm an, er lehrte Thora durch Geschichten und Gleichnisse. Seine Erläuterungen öffneten den verstellten Blick und seine Frömmigkeit wirkte ansteckend.

Um Rabbis, die lehren können, drängen sich die Schüler heute wie zu allen Zeiten, denn nach wie vor ist das Wort der Schlüssel zur Seele. Durch das Wort wurde die Welt erschaffen. Gott sprach: «Es werde Licht.»

Durch das Wort wird geistiges Licht angezündet und gelöscht, die Seele gelabt oder zerstört. Wir mögen den Körper noch so sehr pflegen, ihn trainieren und schmücken, wenn wir nicht die richtigen Worte hören, bleibt die Seele unausgefüllt, und der Leib verfällt. Der Körper ist das Kleid, in dem die Seele Platz findet, aber erst das Wort belebt die Seele.

Rabbi Nachman war ein begnadeter Lehrer, durch das Wort und sein Tun führte er die Menschen zu Gott. Seine Gedanken greift Rabbi Samuel Cohen auf, der heute in Jerusalem Rabbi Nachmans Lehre verbreitet.

Neugierig habe ich eines Abends die Lernstube aufgesucht. Ungefähr vierzig Zuhörer, in der Mehrzahl Frauen, warten auf Rabbi Samuel Cohen. Ich bin erstaunt, als ein junger Mann am Tisch vor der ersten Stuhlreihe Platz nimmt. Unter Rabbi Samuel Cohen habe ich mir einen älteren Mann mit einem grauen Bart und einer vom Nachdenken zerfurchten Stirn vorgestellt, aber der Mann da vorne sieht ganz anders aus als in meiner Phantasie. Kein graues Haar zieht sich durch seinen vollen Bart, die braunen Augen unter den buschigen Brauen nehmen zufrieden das voll besetzte Zimmer wahr, und lebhaft begrüßt er die Anwesenden. Seine langen, schwarzen Schläfenlocken wippen bei jeder Kopfbewegung, und gelegentlich rückt er sein schwarzes Käppchen auf dem kurzgeschorenen Haar zurecht. Er trägt eine dunkle Hose und ein weißes Hemd, dessen oberster Kragenknopf offen geblieben ist, und über dem Gürtel hängen an vier Seiten weiße Schaufäden. Rabbi Samuel Cohen trägt ohne schriftliches Konzept vor, er spricht nicht abgeklärt und getragen, sondern munter und lustig und lockert den Vortrag ab und zu durch einen Witz auf.

«Heute möchte ich Rabbi Nachmans Geschichte vom Getreide erzählen», beginnt er: «Ein König sagte zu seinem Minister, der ein guter Freund von ihm war: ‹In den Sternen sehe ich, dass jeder, der vom Getreide, das in diesem Jahr reift, essen wird, dem Wahnsinn verfällt. Was rätst du mir?›

Der Minister antwortete: ‹Wir müssen genug Getreide beiseite schaffen, damit wir beide nicht von der diesjährigen Ernte essen müssen.›

Der König widersprach: ‹Dann werden nur wir normal bleiben, während alle anderen wahnsinnig werden, und sie werden denken, dass wir die Verrückten sind. Deswegen wollen wir auch von dem vergifteten Getreide essen, aber wir wollen uns ein Zeichen auf unsere Stirn machen. Immer wenn ich auf deine Stirn schaue und du auf meine, dann werden wir das Zeichen sehen und wissen, dass wir wahnsinnig sind.›»

Eine Frau bringt ein Glas Wasser und stellt es vor Rabbi Samuel Cohen hin. Er macht eine Pause, hebt das Glas hoch, und bevor er trinkt, sagt er: «Gesegnet seist Du, Herr, unser Gott, König der Welt, der alles nach Seinem Wort erschaffen hat.»

«Amen», antworten die Zuhörer.

«Wer ist der König in der Geschichte?», fährt Rabbi Samuel Cohen in seinem Vortrag fort: «Unser Verstand. Jeder, der nachdenkt, gelangt zu der Erkenntnis, dass irgendetwas im Verhalten der Menschen nicht stimmt. Zum Beispiel fahren auf der Erde Millionen und Abermillionen Autos, und jedes Auto vergiftet die Luft. Luft ist das kostbarste Gut, das Gott dem Menschen gegeben hat, keine fünf Minuten kann der Mensch ohne Luft leben, und in Seiner Weisheit hat Gott dieses Gut allen Menschen zur Verfügung gestellt. Wir aber gehen hin und vergiften die Luft durch Abgase und industrielle Emissionen. Geschwindigkeit ist wichtiger als Ruhe, Wechsel wichtiger als Beständigkeit. Weil uns das Unwichtige wichtig und das Wichtige unwichtig geworden ist, verpesten wir die Flüsse und Meere, vernichten die Wälder und zerstören die Erdatmosphäre. Und warum? Weil wir vergiftetes Getreide essen, das heißt, vergiftete Ideen zu uns nehmen. Das alte Getreide sind die alten Werte. Es gab Zeiten, da war Gottes Wort kein leeres Geschwätz und die Thora eine lebendige Lebensanweisung.»

«Was ist eigentlich die Thora?», wirft eine Zuhörerin ein.

«In der Wüste Sinai hat Gott dem Volk Israel die Thora gegeben, es ist Gottes Wort. Moses hat die Thora in der heiligen Sprache Hebräisch niedergeschrieben und als Jahrhunderte später die Thora in andere Sprachen übersetzt wurde, weinten die Weisen Israels. Jedes Wort und jeder Buchstabe haben eine Bedeutung und in ihrer Tiefe ist die Thora nur in der hebräischen Sprache erfassbar. Die Thora darf nicht verändert werden und ist nie verändert worden. Alle Thorarollen werden mit der Hand geschrieben und enthalten den gleichen Text.

Die Schrift ist endlich, aber die Auslegung ist unendlich und immer wieder wird die Thora gedeutet. Die schriftliche Thora beginnt mit der Schöpfungsgeschichte und endet mit dem Tod von Moses. Aber die Thora ist kein Geschichtsbuch, sondern eine Weisung. Sechshundertdreizehn Gebote sind in der schriftlichen Thora enthalten und die bekanntesten Gesetze sind die Zehn

Gebote. Weil die schriftliche Thora verschlüsselt ist, haben wir die mündliche Thora, die Auslegung der Heiligen Schrift. Die mündliche Thora wurde im Talmud niedergeschrieben. Wenn wir von Thora sprechen, dann sprechen wir vom Religionsgesetz insgesamt und den ethischen Grundlagen des Judentums.

Die Thora ist nichts Abgeschlossenes und Starres, das wir nur auswendig lernen können und befolgen müssen, sondern sie ist geistiger Stoff für jeden Menschen in jeder Generation, und Rabbi Nachman lehrt die Thora durch seine Aussprüche und Erzählungen. Gott hat dem Volk Israel aufgetragen, die Thora von Generation zu Generation zu bewahren, zu lernen und zu lehren. So steht es geschrieben: Höre Israel, der Ewige ist unser Gott, der Ewige ist Einer. Du sollst den Ewigen, deinen Gott, lieben von ganzem Herzen, von ganzer Seele und mit allem, was du vermagst. Es seien diese Worte, die ich dir heute gebiete, in deinem Herzen. Schärfe sie deinen Kindern ein und sprich von ihnen, wenn du in deinem Hause sitzest und wenn du auf deinen Wegen gehst, wenn du dich niederlegst und wenn du aufstehst. Aber heute lernen die Menschen nicht mehr Gottes Wort und wissen gar nicht, was Er ihnen aufgetragen hat.

Warum stimmt der König in unserer Geschichte nicht der Idee zu, sich selbst mit gesunden Gedanken zu füttern?», fragt Rabbi Samuel Cohen und fährt fort: «Wenn wir uns nur noch mit der Thora beschäftigen und alles andere außer Acht lassen, dann wird unser Verhalten skurril. Wir werden wie Verrückte sein, die die Welt nicht verstehen, und die Welt versteht uns nicht. Darum dürfen wir den technischen Fortschritt nicht außer Acht lassen, aber wir müssen lernen, mit ihm umzugehen. Wir müssen uns ein Zeichen auf die Stirn machen, und dieses Zeichen ist das Wissen um Gottes Gegenwart. Menschen, für die Gott Gewissheit ist, sollen nicht durch abwegiges Verhalten auffallen, aber wenn sie sich treffen, erkennen sie einander und stärken sich gegenseitig. Wir müssen Gleichgesinnte suchen und anfangen, nachzudenken und das alte, gesunde Getreide zu uns nehmen.»

Eine Zuhörerin meldet sich: «Wenn der König sowieso weiß, was er tun soll, warum fragt er seinen Minister um Rat?»

«Der König und sein Minister sind Bundesgenossen. Rabbi Nachman weiß, wie schwierig es ist, einen spirituellen Weg alleine zu gehen. Deswegen rät er, einen Gleichgesinnten zu suchen, der sich auch ein Zeichen auf die Stirn setzt», antwortet Rabbi Cohen. «Thora kann man nicht glauben, man muss die Gesetze lernen, um den Sinn und die Kraft der Heiligen Schrift zu verstehen. Nicht für sich alleine sollte man Thora lernen, sondern mit einem Lernpartner. Mit ihm bilden wir eine Chewruta, denn erst in der Diskussion eröffnet sich der tiefe Sinn einer Textstelle.»

Lernen in der Chewruta ist eine alte jüdische Tradition. Wenn man an einer Talmud-Thora-Schule oder einer Jeschiwa, einer religiösen Hochschule, vorbeikommt, hört man ein Murmeln und Raunen aus dem Lehrraum, das vom Disputieren der Chewrutas herrührt. Nicht zufällig heißt es in einem Sprichwort: «Hier geht es zu wie in einer Judenschule.» Es hört sich an, als würden alle durcheinander sprechen. In einer Jeschiwa wird nicht durcheinander gesprochen, sondern in Lernpaaren und -gruppen die Schrift erfasst. Es ist nicht wichtig, wie viel gelernt wird, sondern dass das Gelernte durch das Gespräch und entsprechende Beispiele anschaulich wird.

Meine Lernpartnerin ist Esther. Sie ist siebenundvierzig Jahre alt und arbeitet bei einer Bank. Gelegentlich habe ich sie in der Filiale hinter dem Schalter gesehen und manchmal bei ihr Geld eingezahlt, aber wir haben niemals ein privates Wort gewechselt. Sie war Bankangestellte und ich Kundin, ich wusste nichts von ihrem Leben und sie nichts von meinem.

Esther ist korrekt gekleidet und dezent geschminkt, ihre braunen gewellten Haare sind stufig geschnitten und mit blond gefärbten Strähnen durchzogen. Sie ist freundlich und unauffällig, eine moderne israelische Frau in mittleren Jahren. Umso erstaunter war ich, als Esther eines Tages, inmitten einer Lernstunde von Rabbi Samuel Cohen, die Tür öffnete. Zögernd stand sie im Türrahmen und schaute auf die Zuhörer. Ich winkte ihr zu, und sie setzte sich auf den freien Plastikstuhl neben mir.

Nach der Stunde fragte sie mich: «Kommen Sie öfter hierher?»

«Fast jede Woche», erwiderte ich.

Wir stellten fest, dass wir in der gleichen Straße wohnen, und sie bot mir an, mich in ihrem Auto mitzunehmen. Inzwischen sehen wir uns jeden Montag und haben eine Lernpartnerschaft gebildet, aus der sich eine Freundschaft entwickelt hat. Nach jeder Stunde bespreche ich mit Esther das Gehörte und gemeinsam beschreiten wir den Weg des Lernens und Tuns. Wir lernen die Speisegesetze und entdecken den tiefen Sinn in der Trennung von Fleisch- und Milchprodukten, wir lernen die Schabbatgesetze und verstehen, warum Gott dem Menschen Grenzen in seinem Tun gesetzt hat. In den vielen Zufällen des Lebens erkennen wir Fügung und entwickeln gemeinsam eine gesteigerte Sensibilität für Worte und Erscheinungen. Erst in der Diskussion mit Esther erhält die Lernstunde bei Rabbi Cohen für mich ihren tiefen Gehalt.

26

Beten in der Natur

Jeden Morgen nach dem Gottesdienst saß Rabbi Nachman in der Betstube und lehrte. Immer mehr Schüler sammelten sich um ihn. Seine grenzenlose Gottesliebe übertrug sich auf die Zuhörer, die an seinen Lippen hingen.

«In des Menschen Augen ist das wenige gar nichts, in Gottes Augen ist das wenige viel. Wem gleicht die Sache? Einem Menschen, der Geige spielen will. Er träumt davon, wie er mit seiner Fiedel aufspielt und die anderen dazu tanzen und sich freuen. Dann kauft er sich eine Geige und beginnt zu üben, und es kratzt in den Ohren, und die Zuhörer mokieren sich. Erst wenn er sich in der Kunst vollendet hat, ist des Menschen Ohr bereit zuzuhören. Gott hingegen sieht schon seine Absicht, den anderen Freude zu bereiten, noch bevor er sich die Fiedel kauft, und der Ewige versteht, dass der Gedanke schon der Weg zum Spiel ist. So ist es auch mit der Umkehr zu Gott. Alleine der Wunsch, Gott zu finden, ist ein Schritt zu Ihm. Deswegen ist es wichtig, alles, was das Herz bedrückt, dem Allmächtigen zu sagen. In der einsamen Natur übergebe ich Gott, gelobt sei Er, alle meine Zweifel und Sorgen. Meine Freuden und Leiden breite ich vor Ihm aus, und Er versagt seinen Trost nicht.»

Medwedewka wurde zum ersten Sammelpunkt der Anhänger von Rabbi Nachman, und was er jahrelang einsam in den Wäldern von Ussiatyn praktiziert hatte, begann er als Lehre zu verbreiten. Jede Nacht machte sich Rabbi Nachman mit seinen Jüngern auf und wanderte mit ihnen aus dem schlafenden Städtchen hinaus in den finsteren Wald, der nur vom Mondlicht beschienen wurde. Sie zerstreuten sich zwischen den Bäumen und jeder schüttete sein Herz mit seinen eigenen Worten vor dem himmlischen Schöpfer aus.

In der Gemeinde von Medwedewka gab es Juden, die das Tun von Rabbi Nachman und seinen Anhängern misstrauisch beobachteten.

«Wo hat man so etwas gehört, dass man sich nachts in der Wildnis verstreut, um zu beten? Zum Gebet braucht man ein Quorum, eine Betstube, ein Gebetbuch, seit Jahrtausenden sind die Sitten und Texte vorgeschrieben, was ist das für ein verrücktes Treiben?», fragten sie. Die Worte kamen auch Rabbi Nachman zu Ohren, aber er reagierte nicht darauf. Dreimal täglich betete er in der Synagoge, so wie es Sitte und Brauch vorschrieben, aber nachts suchte er mit seinen Schülern die Abgeschiedenheit in der Natur.

Bis heute gehört das laute Beten in der Natur zu den Grundsätzen der Bratzlawer Chassidim. Es ist eine Form der Seelenreinigung. Wichtig ist das hörbare Formulieren aller Gedanken, das Weinen und tiefe Seufzen, die Hingabe an Trauer und Freude. Rabbi Nachman erkannte, dass das laute Aussprechen bei der Bewältigung von Situationen hilft und es nicht genügt, sich nur in Gedanken mit einem Problem zu beschäftigen. Im Gegensatz zum Denken, wo ein Einfall den anderen jagt und vieles amorph im Kopf bleibt, zwingt das Aussprechen zur Bildung von Sätzen. Mögen die Sätze unvollständig und unlogisch sein, so ordnen sie trotz allem den Gedankenablauf. Wenn unsere Ohren hören, was der Mund sagt, nehmen wir unsere Probleme wie ein fremder Zuhörer auf und vermögen eine andere Perspektive zu erkennen. Manches, was uns bedrückt, ist, wenn es ausgesprochen wurde, nicht so entsetzlich, manches, was in der Seele siedet, beruhigt sich, nachdem wir es in Worte gekleidet haben.

Künstler haben die Fähigkeit, Gedanken, Sorgen und Gefühle in kreative Schöpfungen umzusetzen. Diese Möglichkeit haben die meisten Menschen nicht, weil sie die Schranke der Kreativität zu hoch ansetzen. Sie trauen sich nicht, ihre Gedanken hinzuschreiben oder aufzumalen, weil sie es nicht gewohnt sind, mit dem Medium des geschriebenen Wortes oder der Farbe umzugehen. Mit dem gesprochenen Wort hingegen ist jeder vertraut. Aber weil wir in der Regel zu einem anderen Menschen sprechen, bauen wir Zäune um unsere Probleme. Wir wollen besonders gut, klug, ehrlich und gerecht erscheinen, und das, was tief in der Seele lauert, uns bedrückt und beschämt, sprechen wir nicht aus, gerade dies wollen wir vor den Ohren der Mitwelt verstecken.

Hundert Jahre vor Sigmund Freud hat Rabbi Nachman die Kraft des unkontrollierten und assoziativen Aussprechens erkannt. Nicht vor einem menschlichen Ohr, sondern vor Gottes Ohr legte er die Schranken der Scham ab, Ihm sagte er alles, Ihm vertraute er, und von Ihm erhielt er Hilfe.

«Bete mit Inbrunst und Gott wird dich erhören», lehrte Rabbi Nachman seine Jünger. «Geh auf das Feld und bete dort, alle Gräser werden in dein Gebet einstimmen. Ihr Lied wird dir Kraft geben, Gott zu preisen und Ihn um Hilfe zu bitten. Auch wenn dir keine Worte einfallen und du nur beten kannst ‹Hilf mir›, wird Er dir helfen. Auch wenn du keine Worte hast, suche die Einsamkeit. Dein Wille, mit Gott zu sprechen, wird deinen Mund öffnen. Das Gebet aus tiefem Herzen ist der Weg zu Gott. Lerne beten, und du wirst Ihn erfahren, und deine Seele wird sich Ihm anhängen. Bete, bete, bete.»

Der israelische Psychologe Jonathan Schatil kam während seines Studiums an der Hebräischen Universität in Jerusalem in Kontakt mit Bratzlawer Chassidim. Zwei Jahre lang untersuchte er das Verhalten dieser Gruppe, und nachdem er sich in der Methode des einsamen Aussprechens geübt hatte, entwickelte er eine Psychotherapie, deren Wurzeln in der Lehre Rabbi Nachmans liegen.

In einem Zeitungsartikel schrieb er: «Außer der einfachen Tatsache, dass das Aussprechen an und für sich schon zu einer Erleichterung führt, ist ein wesentlicher Gesichtspunkt des einsamen Aussprechens die Bewusstmachung. Wenn ein Mensch sich über seinen Zustand Rechenschaft ablegt und dies in Worten ausdrückt, so zieht er sich aus seiner gegenwärtigen Situation heraus und blickt wie ein Außenstehender auf seine Probleme, vieles wird ihm klarer, und er bekommt seine Gefühle in den Griff. Normalerweise fühlt man sich sofort erleichtert und erlebt eine spürbare Besserung. Es ist eine originelle Methode, die in der Psychologie nicht ihresgleichen hat.

Wochenlang bin ich in die Einsamkeit gegangen und habe mich ausgesprochen, um zu sehen, was das für mich bedeutet. Ich begann, laut mit mir zu reden. Anfangs fühlt man sich ein wenig verrückt oder hat das Gefühl, dass man nichts zu sagen hat, aber irgendwann fängt man an zu sprechen. Und dies ist ein weiterer wichtiger Gesichtspunkt dieser Methode. Beim depressiven Menschen ist die psychische Energie vermindert. Das Sprechen mit sich selbst und besonders die Möglichkeit, sich frei von Angst und Scham über sich selbst Rechenschaft abzulegen, verstärkt die psychische Energie. Das Sprechen mit sich selbst verhütet auch Krisen, in die man hineinschlittern kann, denn man kontrolliert sich besser. Leider kennen wir diese Methode in der modernen Psychologie nicht, und das ist schade.»

«Das Beten in der Natur kam mir zunächst sehr komisch vor», sagt mir Esther. «Alleine wäre ich nie auf den Gedanken gekommen, im Wald zu beten. Fast gegen meinen Willen habe ich das Gebet in der Einsamkeit entdeckt.»

«Wie meinst du das?», frage ich sie.

«Ich bin ein ausgesprochener Frühaufsteher, und jeden Morgen vor der Arbeit pflegte ich mit meinem Fahrrad eine Runde um den Herzl-Berg zu radeln. Danach kettete ich das Rad am Hauseingang fest, duschte, frühstückte und ging in die Bank. Eines Morgens war mein Fahrrad verschwunden. Jemand hatte die Kette durchgesägt und es gestohlen. Was sollte ich tun? Ich ärgerte mich über den Dieb und über mich selbst, weil ich mein Fahrrad so leichtfertig am Hauseingang hatte stehen lassen. In diesem Moment erinnerte ich mich, dass Rabbi Cohen einmal gesagt hatte, alles habe einen Sinn, auch wenn wir ihn im Moment nicht verstünden. Ich überlegte, es habe sicherlich keinen Sinn, mich zu ärgern, denn davon komme das Fahrrad nicht zurück.

Bei meinen Radtouren hatte ich beobachtet, dass andere Frühaufsteher durch den Jerusalemer Stadtwald joggten und ich beschloss, anstatt um den Berg zu radeln, auf ihm zu laufen.

So entdeckte ich den Pfad zur Ben-Gurion-Zeder. Vor vierzig Jahren hatte Ben Gurion diese Zeder gepflanzt, und jeden Morgen besuche ich den Baum. Jetzt im Frühjahr blühen die roten Ranunkeln und der Ladanstrauch mit seinen lila Blüten, die wie zerknitterte Seide aussehen, der weiße Wiesenkerbel und das gelbe Habichtskraut, der wilde Thymian und die Rosmarinbüsche. ‹Guten Morgen›, rufen die Kohlmeisen und der Eichelhäher, und neulich sah ich eine Rehkuh mit ihren drei Kitzen auf dem Berg. Vor ein paar Tagen nahm ich den Tenach mit, setzte mich unter die Zeder und las im Hohen Lied: ‹Denn siehe, der Winter ist vergangen, der Regen ist vorbei und dahin. Die Blumen sind aufgegangen im Lande, der Lenz ist herbeigekommen, und die Turteltaube lässt sich hören in unserm Lande. Der Feigenbaum hat Knoten gewonnen, und die Reben duften mit ihren Blüten.› Es ist genau so, wie es dort steht. Ich schaute mich um und sah die Zypressen, die wie geschlossene Regenschirme um die Zeder stehen, die Kiefern, den Feigenbaum und den Weißdorn, den ganzen blühenden Wald, und ich empfand das große Wunder Gottes. Wie Rabbi Nachman betete ich in der Natur. Überwältigt schaute ich auf die hügelige Landschaft und sang den Psalm: ‹Ich hebe meine Augen zu den Bergen, woher kommt mir Hilfe. Meine Hilfe kommt vom Herrn, der Himmel und Erde gemacht hat.› Ich weiß ganz sicher, dass nur von Ihm Hilfe kommt.»

27

Die Jagd nach dem Gold

An einem winterlichen Morgen saß Rabbi Nachman mit seinen Schülern in der Lernstube, da klopfte ein Soldat an das Fenster und fragte: «Ist jemand vom Militär da drinnen?»

«Nein», antworteten die Männer, «hier ist keiner vom Militär.»

Der Soldat ging fort, kam aber nach einer Weile zurück und klopfte wieder an die Fensterscheibe: «Ist jemand von uns da drinnen?»

«Nein», antworteten die Schüler, «keiner von euch ist hier drinnen.»

So ging es etliche Male. Der Soldat klopfte ans Fenster, fragte, ob jemand vom Militär sich im Raum befinde, und die Männer antworteten, dass keiner vom Militär bei ihnen sei.

«Seht ihr, so ist der böse Trieb», sagte Rabbi Nachman zu seinen Schülern, «er kommt und fragt, ob einer von seinen Soldaten bereits in der Seele Platz genommen hat, und wenn man ihm ‹nein› antwortet, geht er weg, aber er kommt immer wieder und wird nicht müde. Jeden Tag muss man ihm aufs Neue den Einlass verwehren und ‹nein› antworten.»

«Rabbi Nachman kannte den bösen Trieb, dessen Ziel es ist, den Menschen zur Sünde und zum Hochmut zu verführen, damit er seine Sensibilität für Gottes Gegenwart verliert und dumpf und stumpf dahinvegetiert», beginnt Rabbi Samuel Cohen seinen Vortrag.

«Die Klugheit des bösen Triebs ist grenzenlos und seine Phantasie unermesslich. In allen Gewändern kommt er daher, denn endlos ist die Vorstellungskraft des Menschen, so wie Rabbi Nachman es verdeutlichte: ‹Der böse Trieb ist wie einer, der zwischen den Menschen mit einer geschlossenen Faust herumläuft und keiner weiß, was darin verborgen ist. Jeden fragt er: «Was habe ich hier versteckt?», und jeder glaubt, er hat genau das, was er haben will. So laufen sie ihm ein Leben lang nach, am Ende öffnet er die Faust, und siehe, es ist dort gar nichts drin.› Die Jagd nach dem Gold ist ein guter Diener des bösen Triebs, aber letzten Endes bleibt von dieser Jagd nichts übrig, so wie Rabbi Nachman sagte: ‹Die Sucht nach Gold gleicht den Sonnenstrahlen in einem abgedunkelten Zimmer. Du meinst, du siehst Gold, aber wenn du nach ihnen greifst, hast du nichts in der Hand.»

Die Sucht nach dem Gold hat heutzutage neue Namen bekommen. Sie nennt sich Lebensstandard, Wohlstand, Konsum und Sicherheit. Unendlich vielfältig sind die Bezeichnungen, gemeint ist immer dasselbe. Der Mensch hört auf, den anderen Menschen zu sehen, sondern sieht nur noch seine Funktion. Und so gibt es zwei Lebenshaltungen, die vollkommen konträr, aber gleichzeitig zwei Seiten der gleichen Medaille sind. Die eine geht davon aus, dass unser Schicksal in unserer Hand liegt. Wir planen und ordnen es, im Großen wie im Kleinen. Wir lernen einen Beruf, und wenn wir Glück haben, finden wir einen lebenslangen Arbeitsplatz, zahlen für Alters- und Krankenversorgung, schließen Lebensversicherungen ab und betten uns die Zukunft weich aus, damit wir im Alter gut schlafen. Wem gleichen wir? Einem, der von einem schönen Ort mit einem wunderbaren Luxushotel gehört hat und dort hinreisen will. Bevor er hinfährt, schaut er sich die Prospekte an, vergleicht die Preise bei verschiedenen Reiseveranstaltern und errechnet die Unkosten. Er spart viele Jahre fleißig, und dauernd ist er in Gedanken mit dieser Reise beschäftigt. Seine Gedanken sind auf die Zukunft gerichtet, und die Gegenwart erscheint ihm fad und mühsam. Wenn er das Geld gespart hat, begibt er sich auf die Reise. Und da er alles gut durchdacht und alle Eventualitäten berücksichtigt hat, muss alles so klappen, wie er es sich vorgenommen hat. Eine Zugverspätung, ein unvorgesehener Aufenthalt, ein nicht eingehaltener Termin bringen ihn auf die Palme und machen ihn nervös. Und dann kommt er in das Hotel und stellt fest, dass es nicht so schön ist, wie er es sich vorgestellt hat, das Bett nicht so bequem ist wie im Prospekt beschrieben und das Essen nicht so gut schmeckt, wie er es sich gedacht hat. Er ärgert sich über den Kellner, der nicht schnell genug serviert, über das Zimmermädchen, das einen Fleck im Badezimmer übersehen hat, über ein Kind, das im Nebenraum weint, und seine ganze Mühe endet in einer Enttäuschung.

Die andere Möglichkeit, sich auf die Lebensreise zu begeben, ist, überhaupt kein Ziel im Auge zu haben. Dieser Mensch entscheidet nicht, sondern lässt das Schicksal entscheiden. Er arbeitet mal hier, mal da, heute liebt er den einen, morgen den anderen, er sorgt nicht für die Zukunft, sondern nur für den Augenblick, er will frei sein von Verantwortung und Verpflichtung. Wem gleicht dieser Mensch? Einem, der sich in einen Zug setzt und ziellos durch die Gegend fährt. Zuerst genießt er die schöne Landschaft, streckt die Beine aus und fühlt sich wunderbar und leicht. Aber auf einmal wird er hungrig und durstig, und nun kann er die satte Gegend, die an seinen Augen vorüberfliegt, gar nicht ansehen, denn sein Magen zwingt ihn, sich auf die Suche nach Essen zu begeben. Er muss die Mitreisenden anbetteln und sich erniedrigen, und weil er kein Billett hat, wirft ihn der Schaffner aus dem Zug. Er weiß nicht, wo er sich befindet und wo er seinen Kopf zum Schlafen hinlegen kann. Diese Reise führt ins seelische und finanzielle Chaos. Worin ähneln sich die beiden Reisenden? Beide haben sie nur sich selbst im Kopf. Der eine bezahlt für die Dienstleistungen, darum verlangt er, dass alles so klappt, wie er es sich vorgestellt hat, und der andere Reisende versucht die Mitmenschen auszunutzen. Er bastelt sich eine Lebensphilosophie von der schlechten Gesellschaft zurecht, aber dass er selbst jemandem helfen könnte, sieht er gar nicht. Beiden ist das Leben schwer und ihr Weg auf dieser Welt mit unnötigen Mühen gepflastert, denn beide sind Egoisten. Der eine sammelt das Geld, um sich einen sinnlosen Luxus zu leisten, und der andere muss um die Münzen betteln, weil er nicht arbeiten will. Nur scheinbar verachtet er das Geld, in Wirklichkeit verehrt er es wie einen Götzen, dessen Gunst er nicht erreichen kann.»

Rabbi Samuel Cohen macht eine kurze Pause, schließt die Augen und reibt sich mit der rechten Hand die Stirn, als wolle er sich an etwas erinnern. Dann fährt er fort: «Zu einem Rabbi kam einmal ein Schüler, und der Gelehrte führte ihn an das Fenster.

‹Was siehst du?›, fragte er ihn.

‹Ich sehe Menschen, Rabbi›, antwortete der Schüler.

Danach führte der Rabbi ihn vor einen Spiegel und fragte: ‹Und was siehst du jetzt?›

‹Ich sehe mich.›

‹Wenn man auf Glas nur eine dünne Schicht Silber legt, hört man auf, die anderen zu sehen, und sieht nur sich›, sagte ihm der Rabbi.

Alle, die das Silber im Kopf haben, sehen nur sich, völlig gleichgültig, ob sie reich oder arm, Millionäre oder Bettler sind. Nur wer diese tote Silberschicht beiseite räumt, beginnt die Seele des anderen wahrzunehmen, und nichts ist so spannend wie die Welt der Seelen. Jede Seele hat eine Bestimmung auf dieser Welt, und erst wenn wir diese Bestimmung, unser eigentliches Lebensziel, gefunden haben, werden wir reich, und unser Weg auf dieser Erde wird leicht und mühelos.»

Ich verstand nicht, was Rabbi Samuel Cohen mit der Bestimmung auf dieser Welt meint. Letzten Endes sucht doch jeder nach einem Sinn im Leben, aber wo findet man ihn?

28

Der Busfahrer Mosche fand einen Sinn im Leben

Seit ich in Jerusalem wohne, habe ich aufgehört, ein eigenes Auto zu fahren. Die engen Straßen in der Innenstadt sind Nadelöhre, wo sich die breiten Zufahrtsstraßen und ihr Verkehr in die alten Gassen einfädeln müssen. In den Hauptverkehrszeiten kommt es zu Staus und langen Wartezeiten. Nervös hupen die Autofahrer, wenn ein ungeübter Fahrer ängstlich an einer Kreuzung zögert, sich forsch in die Blechschlange einzureihen, dauernd wird man von rechts und links geschnitten und unvermutet scheren Autos aus ihren Fahrspuren aus. Ich bewältige kurze Strecken zu Fuß und längere mit dem Bus.

Die israelischen Busfahrer haben die Eigenschaft, ununterbrochen das Radio laufen zu lassen, und auf dem Weg zur Arbeit oder zum Einkaufen wird man pausenlos von seichter Musik und den Nachrichten berieselt. In Mosches Bus hingegen läuft nicht das Radio auf Hochtouren, sondern ein Kassettenrekorder mit Moralreden. Aus dem Lautsprecher tönt entweder Klezmermusik, oder jemand spricht über Gott, über den Wochenabschnitt der Thora und welche Pflichten das religiöse Gesetz dem Menschen auferlegt.

«In Mosches Bus muss man sich schon wieder das Geschwätz von den Rabbinern anhören», bemerkt eine Frau, die hinter mir in den Bus eingestiegen ist. In der einen Hand hält sie drei voll gepackte Plastiktüten, und mit der anderen kramt sie in ihrer Tasche nach dem Fahrausweis. Ich setze mich in die erste Reihe hinter dem Fahrer. Die Frau, die Mosche anscheinend kennt, bleibt neben ihm stehen und beschwert sich: «Schon wieder steht man bei dieser Hitze im Stau.»

«Und warum hast du es so eilig?», fragt der Busfahrer.

«Was heißt hier eilig, stundenlang steht man an jeder Kreuzung.»

«Und du meinst, dass du im Leben etwas versäumst?»

«Du redest schon genauso wie die Rabbiner auf deinen Kassetten», wirft sie ihm vor.

«Ich will dir etwas erzählen», antwortet Mosche, während er Gas gibt und den Bus langsam in Bewegung setzt. Nach wenigen Metern bleiben wir wieder stehen, und er beginnt seine Ausführungen: «Früher war ich ungeduldig und habe beim Fahren nur daran gedacht, wann die Strecke zu Ende ist und ich endlich eine Pause machen kann. Sobald ich mich hinter das Lenkrad setzte, sah ich auf die Uhr, wann endlich der Tag herum ist. Die Arbeit war unangenehm und schwer, der Bus überfüllt, die Menschen drängelten, der Verkehr war zäh, und heiß war es außerdem. Jedes Mal, wenn ich mein Gehalt bekam, ärgerte ich mich, wie wenig ich verdiente. Aber mit der Arbeit aufhören konnte ich nicht, denn ich habe eine Frau und Kinder, die ich versorgen muss.

Eines Tages unterhielt ich mich mit einem Fahrgast, und der Mann schlug mir vor, einmal in der Woche bei ihm Thora zu lernen.

‹Was soll ich mit der Thora?›, fragte ich ihn. ‹Wird sie mein Gehalt erhöhen oder meine Arbeitsbedingungen verbessern?›

‹Vielleicht wird sie dein Leben verbessern›, antwortete er.

Der Rabbi fuhr jeden Tag meine Strecke, und irgendwann habe ich mir gedacht, was kann es schaden, wenn ich, statt mich vor den Fernseher zu setzen, einmal zu ihm gehe, mal sehen, was er zu sagen hat. An diesem Abend sprach der Rabbi von dem großen Wunder, dass Gott Sein Volk Israel in das Land Israel zurückgeführt hat, und er zitierte die Propheten, die vor Jahrtausenden alles vorausgesehen haben. Darüber hatte ich vorher niemals nachgedacht. Meine Großeltern sind in den zwanziger Jahren aus Russland eingewandert, aber ich habe mir niemals Gedanken gemacht, warum ich in Jerusalem lebe. Ehrlich gesagt, hat mir die Lernstunde beim Rabbi besser gefallen als das Fernsehprogramm, und so begann ich, einmal in der Woche bei ihm zu lernen.

Eines Tages sprach der Rabbiner davon, daß jeder Mensch eine Bestimmung auf dieser Welt habe, und ich fragte mich: Mosche, was ist deine Bestimmung auf dieser Welt? Muss ich ein Leben lang diese Arbeit am Lenkrad verrichten? Anscheinend ja, denn ich habe nichts anderes gelernt. Eines Nachts kam mir eine Idee. Ich werde in meinem Bus nicht mehr das Radio mit der Musik und den Nachrichten einschalten, sondern Kassetten von Rabbinern einlegen, und meine Fahrgäste werden auf ihrem Weg Thora lernen. Mag von fünfzig nur einer zuhören, mag an einem Tag oder in einem Monat nur einer auf andere Gedanken kommen, ich erfülle eine wichtige Aufgabe.

Seit jener Nacht verstehe ich, dass ich nicht nur einen Bus zu führen habe, sondern auf meine Weise auch einen Weg zu Gott ebne. Und auf einmal geschah etwas Wunderbares. Nicht mehr die Pausen sind mir wichtig, sondern die Fahrten, nicht der Feierabend, sondern die Arbeit, und jeder Stau freut mich, weil meine Fahrgäste dann länger zuhören können. Den ganzen Tag freue ich mich an den Worten, die mich stärken, und für diese Freude bekomme ich am Ende des Monats auch noch Lohn. Darum sage ich dir, setz dich hin und höre zu, nichts läuft uns davon. Du siehst, der Stau löst sich schon auf, es geht weiter.»

29

Der Weg zu Gott führt über die Wohltätigkeit

Rabbi Nachman lehrte: ‹Das Anbeten des Geldes ist Götzendienst, und seine Wurzel ist der fehlende Glaube an Gott. Je weniger wir das Geld anbeten, desto mehr vermehren wir Seine Liebe›», beginnt Rabbi Samuel Cohen die Lehrstunde. «Viele Wege finden wir, das Geld anzubeten, ohne dass wir uns dessen bewusst sind. Der breiteste Weg, dem Geld zu dienen, ist der, dass wir dafür arbeiten. Arbeit ist wichtig, wir leben nicht mehr im Paradies und müssen für unser Auskommen sorgen, aber wenn wir nur für das Geld arbeiten, dann wird die Arbeit zum Götzendienst. Nehmen wir zum Beispiel eine Kindergärtnerin. Solange sie in ihrer Arbeit eine Aufgabe sieht, die kommende Generation zu erziehen, damit die Kinder eines Tages Gottes Wort aufnehmen und weitergeben, baut sie an einem großen Werk mit, und ihr Lohn dient dazu, sich und ihre Familie zu ernähren. Wenn sie aber nur ihr Gehalt im Kopf hat, dann wird sie unzufrieden, weil ihre Nachbarin, die Lehrerin, mehr verdient, ein größeres Auto fährt und jedes Jahr ins Ausland reist.

Ein anderer Weg, dem Geld zu dienen, ist, wenn wir kaufen, um zu zeigen, wie viel wir haben. Gegen ein neues Kleid ist nichts einzuwenden, ganz im Gegenteil, es ist sogar eine religiöse Pflicht, sich zu den Feiertagen festlich zu kleiden, aber wer kauft, um den anderen zu zeigen: ‹Sieh her, ich habe schon wieder etwas Neues›, der betreibt Götzenanbeterei. Dieser Weg ist ziel- und endlos, denn sobald das neue Kleid gezeigt wurde, wird es wertlos, und es muss ein neues her. Das Gleiche gilt für alle Dinge, mit denen wir uns umgeben. Ein Mensch, der auf diesem Weg geht, muss immer wieder Neues kaufen, denn er glaubt, nur dadurch könne er die Achtung und Anerkennung der Mitmenschen erwerben, in Wahrheit erwirbt er Missgunst und Neid.

Aber auch derjenige, der sich nichts gönnt, sein Geld auf der Bank hält und sich über jeden Pfennig ärgert, den er zu viel ausgegeben hat, ist dem Götzendienst verfallen. Er braucht die Sicherheit des Geldes, weil er keine Sicherheit in Gott findet. Deswegen blühen in unserer gottfernen Zeit die Versicherungsgesellschaften. In allen Städten stellen sie ihre Glaspaläste hin und predigen: ‹Seht her, wir stehen auf festem Grund, uns könnt ihr vertrauen.› Aber das Vertrauen in sie ist das Vertrauen in den Wind, denn wenn die Zeit des Todes kommt, kann sich keiner auf sie stützen.

Sollte man nun hingehen und sein Geld an die Armen verteilen, damit man sich vom Geld befreit? Das verlangt die Thora nicht. Von dem, was du verdienst, musst du ein Zehntel den Armen geben, nicht alles, damit du nicht selbst arm wirst und den anderen zur Last fällst. Aber wir müssen begreifen, dass wir auf dieser Welt nur Sachverwalter des Vermögens sind und dass Gott uns materielle Güter zukommen lässt, damit wir damit gute Werke tun. Wer für uns arbeitet, dem sollen wir mit Freude seinen Lohn geben. Nun kann man einwenden: ‹Wir sind doch keine Arbeitgeber, welchen Lohn zahlen wir?› Täglich zahlen wir Lohn: den Bäcker, von dem wir das Brot kaufen, bezahlen wir für die Mühe, die er beim Backen hatte, das Kleid, das wir anziehen, hat jemand genäht, die Schuhe, die wir tragen, hat jemand geschustert. Aber wer? Das Brot wird in der Brotfabrik gebacken, das Kleid in der Textilfabrik geschneidert, die Schuhe in der Lederfabrik hergestellt. Dort arbeiten Menschen, aber die Fabrik stellt sich zwischen uns und den Menschen. Die Industrie ist ein gewaltiger Götze, der uns vom arbeitenden Menschen abschneidet. Das Gesetz dieses Götzen lautet: viel und billig produzieren. Das Produkt ist wichtig, aber den Menschen, der es herstellt, sehen wir nicht mehr. Der leblose Gegenstand steht im Mittelpunkt, der lebendige Mensch wird überhaupt nicht mehr wahrgenommen. Wir wissen nicht mehr, wer unser Essen herstellt, unser Kleid schneidert oder unsere Möbel zimmert, Hauptsache wir kaufen viel. Darum ist uns alles wertlos geworden.

Sind wir hoffnungslos verloren? Nein, aber wir müssen einen Ausweg suchen. Rabbi Nachman sagte: ‹Bei jedem Anfang müssen wir neue Türen öffnen. Der Schlüssel ist das Geben und Tun, sei wohltätig und barmherzig.›

Der Weg zu Gott führt über die Wohltätigkeit. Den Glauben an Gott kann man nicht herbeizwingen, aber durch die gute Tat wird etwas in der eigenen Seele gelockert und gibt Kraft für neue Taten. Wir müssen nichts Weltbewegendes tun, es reicht schon, die Augen zu öffnen und hier und da zu helfen oder etwas von der Fülle abzugeben, die wir selbst haben. Wohltätigkeit ist der Schlüssel zu Gott.»

Während ich zuhöre, kommt mir Fejge Jeruschalmi in den Sinn. Fejge Jeruschalmi ist ein altes, verhutzeltes, dürres Weiblein. Auf ihrem faltigen Kinn sprießen weiße Stoppeln, und ihr schütteres Haar ist mit einem Kopftuch bedeckt.

Die Sammelbüchse in der Hand steht sie im Ge'ula-Viertel und ruft: «Zedaka, Zedaka – Wohltätigkeit, Wohltätigkeit», und klimpert mit den Münzen. So steht sie dort, sommers wie winters, mag die Sonne brennen oder der Regen strömen. Woher nimmt diese schmächtige Frau die Kraft, tagaus, tagein auf der Straße zu stehen und zäh Schekel um Schekel zu sammeln? Nur an einem Tag in der Woche, am Schabbat, gönnt sie sich eine Pause. Wie geldgierig oder arm muss sie sein, dachte ich, dass sie die Bettelei niemals unterbricht. Achtlos habe ich hier und da eine Münze in die Büchse geworfen, meistens ging ich gleichgültig an ihr wie an den vielen Straßenbettlern Jerusalems vorbei. Niemals habe ich mit ihr ein Wort gewechselt. Sie weiß nichts von mir, aber ich weiß etwas von ihr.

Es war Purim, das Fest, an dem die Errettung der Juden im Perserreich gefeiert wird. Die Kinder liefen verkleidet auf den Bürgersteigen herum, kleine Königinnen Esther und Könige Ahasveros lärmten mit ihren Rasseln. Ich schlenderte durch die belebten Gassen. Es war am frühen Abend, am Tag hatte es geregnet, die Luft war kühl, und ich fröstelte in meinem Trenchcoat. Vor einem schulähnlichen Gebäude strömten Frauen, Mädchen und Kinder zusammen, und von allen Seiten tönte es: «Purimspiel, Purimspiel». Was konnte mir Besseres passieren, als mir am Purim ein Purimspiel anzusehen, dachte ich und reihte mich kurzerhand in die Menge ein. In der Aula standen Plastikstühle aufgereiht, vorne befand sich eine niedrige Bühne, die mit einem abgeschabten Velourvorhang, der sich an den Seiten von der Verankerung gelöst hatte, verdeckt war.

Im Raum waren nur Frauen und Kinder anwesend, und es herrschte ein ohrenbetäubender Lärm. Maskierte Mädchen kicherten und rannten mit Keksen und Schokolade in den Händen zwischen den Plastikstühlen herum und beschmierten ihre Kostüme. In einem Kinderwagen weinte ein Säugling, die Mutter nahm ihn hoch und versuchte, ihn zu beruhigen: «Still, still, ich gebe dir schon den Tee», und sie schob ihm eine Nuckelflasche in den Mund. Ältere Frauen schwatzten miteinander: «Dieses Jahr habe ich zum ersten Mal die Hamantaschen nicht selbst gebacken, sondern auf dem Markt gekauft. Was soll ich dir sagen, gebacken ist gebacken, und gekauft ist gekauft.»

Das Licht im Saal ging aus, ein paar Scheinwerfer beleuchteten die Bühne und der Lärm verebbte. Zwei als junge Burschen verkleidete Teenager zogen vorsichtig den Vorhang auf, und als einzige Kulisse stand auf dem Podest ein gepolsterter Stuhl. Eine beleibte, vierzigjährige Frau mit einem roten Gesicht und einem Doppelkinn kam seitlich die Stufen herauf. Ihr Haar war unter einem grünen Tuch, das zur Farbe ihres Kostüms passte, verborgen, sie stellte sich in die Mitte der Bühne vor ein Mikrophon und begann etwas aufgeregt und kurzatmig die Begrüßung: «Liebe Gäste, wir freuen uns, dass ihr alle zu dem Purimspiel gekommen seid. Bevor wir aber mit der Vorstellung beginnen, will ich einen Ehrengast auf die Bühne rufen: Fejge Jeruschalmi.»

Die Versammelten klatschten in die Hände, als die alte, dürre Bettlerin in ihrem Schabbatkleid, untergehakt von einem schwarzhaarigen Mädchen, unsicher die Bühne betrat und schüchtern auf dem Sessel Platz nahm. Sie lächelte verlegen wie eine, die sagen will: «Ich weiß gar nicht, was mir diese Ehre soll.»

«Fejge Jeruschalmi sammelt unermüdlich für Hachnasot Kallot, für arme Bräute, um ihnen eine Mitgift und eine Hochzeit zu ermöglichen. Was soll ich zu Fejge Jeruschalmi sagen, ihr Name *Jeruschalmi* sagt alles», begann die Frau in Grün die Bettlerin zu preisen. «J steht für jung. Wie ein junger Mensch arbeitet sie unermüdlich, bei jedem Wetter steht sie draußen, sie kennt keine Müdigkeit und keine Erschöpfung. E steht für Ehre. Nicht wir ehren sie, sondern sie ehrt uns. R steht für Reichtum. Reich ist ihre Seele wie ein Wasserquell, der erfrischt und hilft. U steht für Unbescholtenheit. Kein schlechtes Wort sagt sie über einen anderen, und kein schlechtes Wort kann man über sie sagen. Sch steht für Schönheit. Ihr Gesicht leuchtet, und in ihren guten Augen spiegelt sich die wahre Schönheit. A steht für Anmut. Ihre Anmut strahlt auf die Bräute, die sie unter den Trauhimmel geleitet. L steht für Liebe. Jedem Menschen bringt sie Liebe entgegen. M steht für Mitleid. Ihr weiches Herz öffnet sie den Bedürftigen. I steht für Ideal. Mögen unsere Töchter so ideal wie sie werden.

Jetzt habe ich euch gesagt, wer Fejge Jeruschalmi ist.»

Alle im Saal applaudierten, und Fejge, geblendet von den Scheinwerfern und den Worten, wusste gar nicht, wo sie hinschauen sollte. Die grüne Dame ging auf sie zu, umarmte und küsste sie auf die Wangen und führte die Greisin von den Stufen der Bühne herunter. Beschämt schaute ich der alten Frau nach. Fejge hat ihr Ziel im Leben gefunden, und diese Aufgabe gibt ihr Kraft und Zähigkeit. Jeder Tag und jeder Schekel sind ein Schritt auf dem Weg, noch einer Braut zu helfen und noch eine Familie in Israel zu gründen. Was können die Sonne und der Regen ihr anhaben? Nicht sie ist die Bettlerin, sondern ich müsste bei ihr betteln, wie man lernt: «Zedaka, Zedaka – Wohltätigkeit, Wohltätigkeit», zu rufen.

30

Am Grabe Schimon bar Jochais

Tief in der Seele von Rabbi Nachman war das Land Israel eingegraben. Seit frühester Kindheit lebte er in den Zelten mit Abraham, Isaak und Jakob, wanderte mit Moses durch die Wüste, eroberte mit Josua die Stadt Jericho, sprach Recht mit Gideon und Jeftah, kämpfte mit Saul und David, errichtete den Tempel mit Salomon, klagte mit Jesaja und Jeremias. Rabbi Nachmans Sehnen und Hoffen war Israel, und wie der spanische Dichter Jehuda Halevi sang er: «Mein Körper ist im Westen, mein Herz im Osten.»

Sein Urgroßvater, der Baal Schem Tow, hatte sich einmal auf die Reise begeben, musste aber umkehren und starb wie Moses, ohne das Heilige Land betreten zu haben. Sein Großvater Nachman aus Horodenka war nach Tiberias gepilgert und dort gestorben. Mit aller Macht zog es Rabbi Nachman zu den heiligen Gräbern der Weisen und zum Grab seines Vorfahren.

Am Pessachfest im Jahre 1798 gab Rabbi Nachman seinen Entschluss bekannt, ins Heilige Land zu reisen. Seine Frau Sossja erschrak: «So eine Reise ist viel zu gefährlich, und was sollen wir hier alleine machen? Wer wird für uns sorgen?»

«Solange Atem in mir ist und solange die Seele in meinem Körper verweilt, sehne ich mich nach dem Land Israel, nur dort kann ich eine neue geistige Stufe erklimmen. Du und die Töchter, ihr werdet euch schon zu helfen wissen», antwortete er.

Rabbi Nachman ahnte nicht, dass zur gleichen Zeit ein anderer ebenfalls den Weg in das Gelobte Land plante, nicht mit einem

Pferdewagen und einem Fährschiff, sondern mit einer Armee und einer Flotte, nämlich Napoleon Bonaparte. Das Heilige Land befand sich unter türkischer Herrschaft und gehörte zu dem großen Osmanischen Reich. Napoleon begann von Ägypten aus seinen Feldzug gegen die Türken, nahm Gaza und Jaffa ein und kam mit seiner Streitmacht bis zur alten Hafenstadt Akko. Er forderte die Juden auf, sich gegen den Sultan zu stellen, und proklamierte die Wiederherstellung des Königreiches Jerusalem.

Von all dem hatte Rabbi Nachman nicht die geringste Ahnung, als er im Mai 1798 mit seinem treuen Schüler Schimon die beschwerliche Reise antrat. Mit einem Pferdewagen gelangten sie über Nikolayev in die Hafenstadt Odessa, um von dort über das Schwarze Meer in die Türkei zu segeln. Dies war eine gefährliche Route, denn das Meer war für seinen stürmischen Wellengang bekannt, weswegen die meisten Reisenden den umständlichen Landweg nach Istanbul vorzogen. Rabbi Nachman ließ sich nicht abschrecken. Wie so häufig in seinem Leben schlug er einen ungewöhnlichen Weg ein, und erst als die anderen sahen, dass er gangbar war, betraten sie ihn auch. Nachdem Rabbi Nachman die Strecke von Odessa nach Istanbul mit dem Schiff zurückgelegt hatte, erschien sie den anderen sicher und wurde zur bevorzugten Route auf dem Weg in das Heilige Land.

In Istanbul legt Rabbi Nachman ein merkwürdiges Verhalten an den Tag. Er rannte barfuß, ohne Hut und ohne Gürtel durch die Gassen, lief wie ein kleines Kind ohne Sinn und Verstand durch den Bazar, sang und lachte grundlos, sprach zusammenhanglose Sätze und machte sich zum Gespött der Leute. Entsetzt beobachtete Schimon seinen von Sinnen gekommenen Rabbi, der sich wie ein Narr durch die Straßen von Istanbul bewegte. Später erklärte ihm Rabbi Nachman sein wunderliches Benehmen: «Wisse», sagte er, «dies ist meine Vorbereitung auf das Heilige Land. Dort wird die Seele bis zum Himmel erhöht, deswegen muss sie vorher in den Staub fallen. Sie muss die Kraft haben, Verachtung und Gespött, Lächerlichkeit und Abscheu zu ertragen und darf nicht danach streben, von den Menschen mit Ehre überhäuft zu werden. Ganz im Gegenteil, die Seele darf keine Angst vor Missachtung haben, sondern muss sich in Demut üben. Erst dann kann sie sich aus Staub und Schmutz erheben und zum Flug in geistige Höhen ansetzen.»

Inzwischen trafen die ersten Nachrichten aus Palästina über die Zusammenstöße der Franzosen mit den Türken ein, und der reguläre Schiffsverkehr von Istanbul nach Jaffa wurde eingestellt. Ein schlechtes Omen hätte dies für Rabbi Nachman sein müssen, aber in jedem Hindernis sah er eine Herausforderung, in jeder Hürde eine Aufforderung, an ihr zu wachsen. Ihn schreckten Beschwernisse und Mühsal nicht ab, sondern sie beflügelten ihn. Er war so sehr von der Notwendigkeit dieser Reise überzeugt, dass er bereit war, sein Leben diesem Zweck zu opfern, aber das Leben seines Begleiters wollte er nicht aufs Spiel setzen.

«Fahr zurück», riet er seinem Freund und Anhänger Schimon.

«Nein Rabbi, wenn ihr fahrt, fahre ich auch», antwortete sein treuer Diener und ließ sich nicht wegschicken. Nach mühevollem Suchen fanden sie einen Kutter, dessen Kapitän für einen überhöhten Preis einige Passagiere an Bord nahm und die gefährliche Fahrt in das Kriegsgebiet antrat. Zwei Tage vor dem Neujahrsfest gelangte das Schiff nach Jaffa. Von dort aus wollte Rabbi Nachman nach Jerusalem weiterreisen.

In Jaffa ließen ihn die Türken nicht an Land, denn sie vermuteten, dass er ein französischer Spion sei. Wegen des hohen Wellengangs segelte das Schiff nach Haifa weiter. Dort betrat Rabbi Nachman die geweihte Erde, das Gelobte Land, nach dem er sich seit Kindertagen gesehnt hatte. Das biblische Land, Eretz Israel, auf das so viele seiner Wünsche und Hoffnungen gerichtet waren, bereicherte und beflügelte ihn für den Rest seines Lebens. Nicht nur mit dem Land kam er in Berührung, sondern mit einer Heiligkeit, wie er sie vorher niemals gefühlt hatte, und indem er die Erde betrat, war es ihm, als würde er alle Gebote der Thora erfüllen. Das Chaotische in seiner Seele ordnete sich, ganz so, wie der Ewige aus dem Chaos eine harmonische Schöpfung schuf.

«Vor meiner Reise», erzählte er später, «hatte ich einen unruhigen Schlaf, denn es war mir, als wären alle sechshunderttausend Buchstaben der Thora zerfallen, und ich konnte die Fülle nicht zusammenhalten. Seit meine Füße das Land Israel betraten, glätteten sich die Buchstaben zu einer Ordnung.»

Mit großer Freude feierte Rabbi Nachman das Neujahrsfest Rosch Haschana. Er gedachte aller seiner Chassidim, die er in Medwedewka zurückgelassen hatte, nannte in höchster Konzentration und Andacht ihre Namen, um für sie den spirituellen Kontakt mit dem Heiligen Land herzustellen. Nach den hohen Feiertagen machte er sich mit seinem Schüler nach Tiberias auf. Die Kunde von ihrem Kommen eilte ihnen voraus, und die chassidische Gemeinde in Tiberias bereitete dem Urenkel des Baal Schem Tow einen großartigen Empfang. In Tiberias besuchte er das Grab seines Großvaters Nachman von Horodenka, und von dort fuhr er weiter nach Meron zum Grabmal von Rabbi Schimon bar Jochai.

Rabbi Schimon bar Jochai lebte im zweiten Jahrhundert, als das Heilige Land unter der römischen Herrschaft litt. Er war ein bedeutender talmudischer Gesetzesausleger, und ihm wird die Urheberschaft des mystischen Buches Sohar, auf das sich die Kabbalisten berufen, zugeschrieben. Sein kompromissloser Charakter konnte sich mit der römischen Herrschaft nicht abfinden. An all ihren Bauwerken nahm der Weise Anstoß, und von ihm ist der Satz überliefert: «Alles, was die Römer gemacht haben, haben sie nur für sich gemacht. Sie bauen Straßen für ihre Huren, Brücken, um Brückenzoll zu erheben, und Landhäuser, um sich zu amüsieren.»

Seine Kritik kam der römischen Obrigkeit zu Ohren, die ihn zum Tode verurteilte. Da ergriff Rabbi Schimon mit seinem Sohn Elasar die Flucht, und sie versteckten sich dreizehn Jahre in einer Höhle. Während dieser Zeit ernährten sie sich von Quellwasser und einem Johannisbrotbaum und studierten von Sonnenaufgang bis Sonnenuntergang die Thora.

Rabbi Schimon bar Jochai starb am Lag Baomer in Meron, und sein Grabmal ist seit jeher ein Wallfahrtsort für gläubige Juden. Ergriffen betete Rabbi Nachman eine ganze Nacht am Grab des Weisen und fühlte eine tiefe Seelenverwandtschaft. Sein ganzes Leben hatte ihn das mystische Buch Sohar beschäftigt.

Bis heute ist die Grabstätte in Meron ein wichtiger Wallfahrtsort geblieben und am Lag Baomer, dem 33. Tag nach dem Pessachfest, pilgern viele Israelis nach Meron, um des Todestages von Rabbi Schimon bar Jochai zu gedenken. Ich möchte nachempfinden, was Rabbi Nachman am Grabe des großen Gelehrten gefühlt hat, und entschließe mich kurzerhand, nach Meron zu fahren. Es ist 20 Uhr und bereits dunkel, als ich in den Bus einsteige, der von Jerusalem zum Grabmal fährt. Im vorderen Teil sitzen die Männer, im hinteren die Frauen, und erwartungsvoll sehe ich den kommenden Stunden entgegen. Um Mitternacht wird am Grabmal ein Lagerfeuer entfacht, um der Größe Rabbi Schimon bar Jochais zu gedenken, der mit seiner Weisheit die Thora erhellt hat.

Wir fahren durch die Jordansenke in Richtung Norden, und ich schaue aus dem Fenster, aber im dunklen Glas spiegelt sich nur schwach mein eigenes Gesicht wider. Die junge Frau, die neben mir sitzt, holt ein Päckchen Kekse aus ihrer Handtasche. «Wollen Sie ein Plätzchen?», fragt sie mich, und dankend greife ich zu.

«Waren Sie schon in Meron?», beginnt sie das Gespräch.

«Nein, ich fahre zum ersten Mal hin.»

«Als ich noch nicht verheiratet war, wohnte ich bei meinen Eltern in Tiberias und bin jedes Jahr am Lag Baomer nach Meron gefahren. Nach meiner Hochzeit zog ich nach Jerusalem, und seit die Kinder da sind, müssen mein Mann und ich abwechselnd fahren, in einem Jahr er, in dem anderen ich.»

«Was macht man in Meron?», frage ich.

«Man betet am Grab von Rabbi Schimon bar Jochai, und am Morgen werden den kleinen Jungen, die drei Jahre alt geworden sind, das erste Mal die Haare geschnitten. Meinem kleinen David hat man auch die Haare in Meron geschnitten. Im nächsten Jahr werden mein Mann und ich, so Gott will, mit Abraham hinfahren und die anderen Kinder bei der Schwiegermutter lassen. Haben Sie eine Kerze mitgenommen?»

«Wozu eine Kerze?»

«Am Grabmal zündet man Kerzen an. Ich habe genug mitgenommen, nehmen Sie eine von mir. Und beten Sie, alles, worum

Sie bitten, wird in Erfüllung gehen. Rabbi Schimon bar Jochai war ein heiliger Mann und sein Grab ist ein heiliger Platz.»

Gegen 23 Uhr erreicht der Bus den Berg Meron, und die Fahrgäste steigen aus. Es ist fast Mitternacht, aber hier herrscht ein Rummel wie auf einem Jahrmarkt. Der Weg zum Grabmal ist mit Buden gesäumt, in denen alles, was das religiöse Herz begehrt, angeboten wird. Bücher von Rabbi Nachman und anderen Thoragelehrten, Amulette gegen den bösen Blick, geweihtes Öl und süßlich riechende Essenzen, Kerzen und Glück bringende Anhänger, bestickte Käppchen und gerahmte Bilder von bedeutenden Rabbis, in Honig getauchte Kuchen und klebrige Zuckerwatte, kalte Getränke und heißer Kaffee.

Ratternde Generatoren erzeugen Strom, der die Verkaufsstände erhellt, und aus den Kassettenrekordern dröhnen Lieder und Moralpredigten. Auf einer großen Leinwand spricht der verstorbene Rabbi Schnerson wie aus dem Jenseits, drei junge Männer mit weißen Käppchen und heraushängenden Schaufäden singen und hüpfen im Takt einer Trommel, ein Greis mit einem wirren Bart ruft durch ein Mikrophon das Volk zur Umkehr auf, Frauen mit Spendenbüchsen sammeln für arme Bräute und Kranke. Die Menschen lachen, rufen, diskutieren, und langsam schiebt sich die Masse auf das Grab Schimon bar Jochais zu.

Am Grabmal teilt sich die Menge, links ist der Eingang für die Männer, rechts für die Frauen. Der weiß getünchte Raum mit Kreuzgewölbe und Steinfußboden ist voll betender Frauen und Mädchen, die eng nebeneinander stehen, sich auf die Brust klopfen, seufzen und murmelnd die Lippen bewegen. An den Wänden entlang sitzen und liegen ältere Frauen mit zerfurchten Gesichtern und geschwollenen Beinen. Manche lesen in Gebetbüchern, andere schlafen oder essen Fladenbrote und Obst. Von den Ausdünstungen der vielen Menschen ist die Luft im Grabmal, das von Neonlicht erhellt wird, dumpf und stickig. Eingekeilt in der Menge bewege ich mich zum Ausgang. Neugierig wie ein unbeteiligter Beobachter habe ich mich durch das Grabmal geschoben, habe keine Spur von einem Sarkophag gesehen und nichts gefühlt. Ich wollte in Meron einen Hauch von Rabbi Nachmans Ergriffenheit einfangen, aber es kommt mir vor, als sei ich teilnahmslos durch ein Museum gegangen, und außer einer leisen Enttäuschung empfinde ich gar nichts.

Auf dem Hof hinter dem Grabmal stehen Steintische und -bänke und seitlich in den Mauernischen brennen Tausende von Kerzen und erhellen mit ihrem flackernden Licht den dunklen Hof. Mädchen mit zurückgekämmten Haaren verteilen Kekse und Getränke, Kinder laufen herum und spielen unter den Tischen, und die Mütter schieben ihnen Kuchenreste in den Mund. Frauen unterhalten sich und lachen, andere zünden Kerzen an, und auch ich hole die Kerze, die ich geschenkt bekommen habe, aus meiner Tasche und stecke sie an.

«Bete!», fordert eine dürre Frau mich auf.

«Was soll ich beten?», frage ich.

«Wenn es dir so gut geht, dass du um nichts mehr bitten willst, dann danke Gott im Himmel, dass es dir so gut geht.»

«Ich fühle nichts.»

«Dann bitte Gott, dass du fühlst.»

«Wie macht man es, damit man fühlt?»

«Sei wohltätig. Denke nicht nur an dich, sondern an die anderen. Wohltätigkeit öffnet das Herz.»

«Es sagt sich leicht, aber es tut sich schwer», antworte ich.

Ich verlasse das Grabmal und gehe zum Bus, da kommt mir ein Greis mit einer Sammelbüchse entgegen, und anstatt einer Münze stecke ich einen Schein in den Schlitz.

«Gott segne dich und deine Kinder mit Gesundheit und Wohlstand, und mögest du immer nur geben können und niemals nehmen müssen», dankt er und wendet sich einem anderen Passanten zu. Ich freue mich über seinen Segensspruch und überlege, vielleicht sind es die Segenssprüche, die uns helfen, den Weg der Wohltätigkeit zu beschreiten. Diese kleine Freude war es schon wert, den Weg nach Meron zum Grabmal Rabbi Schimon bar Jochais angetreten zu haben.

31

Mein Ort ist Eretz Israel

In Galiläa brach die Pest aus. Rabbi Nachman und sein Schüler Schimon flüchteten nach Akko, um dort ein Schiff für die Rückfahrt zu finden. In der Hafenstadt herrschte große Unruhe, denn pausenlos liefen besorgniserregende Nachrichten ein. Napoleon war mit seiner Flotte auf dem Weg nach Akko, und die Türken bereiteten sich auf einen harten Verteidigungskampf vor. Handelsschiffe durften nicht mehr anlegen, Fremde mussten die Stadt verlassen, Schutzwälle wurden errichtet und Befestigungen gebaut.

Wie betäubt bewegten sich Rabbi Nachman und sein Schüler Schimon zwischen den gereizten und hektischen Menschen und gelangten zum Hafen. Ohne lange nachzudenken bestiegen sie eine Fregatte, die gerade ablegte. Niemand hinderte sie, und keiner fragte etwas, erst als sie sich auf dem offenen Meer befanden, stellten sie fest, dass es sich um ein türkisches Kriegsschiff handelte. Die Matrosen sperrten die blinden Passagiere kurzerhand in eine Kajüte ein.

In der Nacht kam ein Sturm auf, und Wasser drang in das Schiffsinnere. Wie ein Spielzeugschiffchen tanzte der Dreimaster auf dem tobenden Meer, nicht nur von oben, sondern auch durch ein Leck drang das Wasser ein. Besessen suchten die Matrosen die schadhafte Stelle, und der Kapitän fürchtete, dass sein Schiff dem Untergang geweiht sei. Aufgelöst riss er die Tür zur Kajüte der Gefangenen auf und schrie: «Betet für uns. Wir sinken.»

Niemals vorher hat Rabbi Nachman seine Vorfahren um Beistand gebeten, aber in diesem Moment bat er den Baal Schem Tow und Nachman aus Horodenka, Fürbitte beim himmlischen Richter zur Rettung des Schiffes einzulegen. Das Wunder geschah. Die See beruhigte sich, die Matrosen fanden das Leck und reparierten die schadhafte Stelle, und als das Schiff bei Tagesanbruch wieder ruhig auf dem Wasser segelte, hatte der Kapitän vergessen, wem er dieses Wunder zu verdanken hatte. Er dachte nur noch an das Lösegeld, das er für seine zwei Gefangenen in Rhodos würde kassieren können.

Zu Beginn des Pessachfestes legte die Fregatte in der Hafenstadt Rhodos an, und der Kapitän ließ seine blinden Passagiere nicht an Land. Er war mit den Gepflogenheiten der jüdischen Gemeinden vertraut, die Gefangene gegen Lösegeld freikauften. Nur einem gestattete er, das Schiff zu verlassen, damit er den Rabbiner der Stadt Rhodos aufsuchen und das Geld eintreiben konnte.

«Geh du», forderte Rabbi Nachman seinen Schüler Schimon auf, der sich sofort auf die Suche nach der jüdischen Gemeinde machte.

Gemeinsam mit dem Rabbiner und den zwei Gemeindevorstehern kehrte Schimon zum Schiff zurück. Sie zahlten die geforderte Summe und befreiten Rabbi Nachman.

Nach vielen Schwierigkeiten und Umständen kamen die beiden Reisenden im Frühsommer 1799 in Medwedewka an.

«Alles, was ich vor Eretz Israel wusste, ist gar nichts», pflegte Rabbi Nachman zu sagen. «Mein Ort ist Eretz Israel, und wohin ich auch fahre, ich fahre nach Eretz Israel. Ich lebe nur davon, dass ich in Eretz Israel war.» Und er fügte hinzu: «Als ich in Eretz Israel war, traf ich Pilger, die erstaunt waren, dass das Heilige Land ein Land wie alle Länder sei, mit Erde, Bäumen und Bergen. Aber so ist es nicht. Wer die Heiligkeit des Landes erkennt, kann den Unterschied spüren, und gelobt ist der, dessen Füße dieses Land betreten haben.»

32

Du sollst dich freuen

Die Freude, dass er das Gelobte Land betreten und an den heiligen Gräbern beten durfte, begleitete fortan Rabbi Nachman. Er hatte erkannt, dass die Freude ein Weg zu Gott ist, und sie steht im Mittelpunkt seiner Lehre. Viele Aussprüche des Rabbis kreisen um die Freude: «Es ist die Pflicht des Menschen, sich immer zu freuen. Die Freude ist keine nebensächliche Angelegenheit, sondern auf unserer spirituellen Reise ist sie wesentlich. Traurigkeit führt zu schweren seelischen Schäden, darum tue alles, um dich zu freuen.»

«Weswegen sollen wir uns freuen?», beginnt Rabbi Samuel Cohen seinen neuen Vortrag. «Ist die Welt denn nicht furchtbar? Überall gibt es Kriege, Hunger, Not und Leiden, haben wir überhaupt einen Grund uns zu freuen? ‹Gewöhne dich daran, zu singen und zu tanzen und lächle stets›, lehrte Rabbi Nachman. Er ging sogar so weit, dass er sagte: ‹Sogar wenn du dich nicht freust, tu so, als würdest du dich freuen. Die Freude wird sich dann schon einstellen.›

Nun frage ich euch, wenn wir traurig sind, wird die Welt dann besser? Schaffen wir mit unserer Traurigkeit Leiden und Not aus der Welt? Nein, ganz im Gegenteil, wir vermehren nur das Unglück. Wir leben in einer Zeit, in der wir uns angewöhnt haben, das Negative zu sehen und das Positive als selbstverständlich zu betrachten. Ist es selbstverständlich, dass ich alle meine Glieder schmerzfrei bewegen kann? An der Krankheit leiden wir, für die Gesundheit aber danken wir niemandem. Jede Sekunde des Tages müssten wir dankbar sein, dass uns nichts fehlt, stattdessen ärgern wir uns über Kleinigkeiten. Wir haben einen Bus verpasst, oder das Kind hat Kakao auf dem neuen Teppich verschüttet, und schon rumort etwas in der Magengegend und macht uns nervös. Der dauernde Ärger macht uns krank.

Wie selbstverständlich nehmen wir das Essen hin. Alltäglich ist die Situation, dass ein Mann sich an den gedeckten Tisch setzt und ohne ein Wort zu sagen die Mahlzeit verzehrt, während er die Zeitung liest. Er meckert höchstens, wenn ihm etwas nicht schmeckt, sieht seine Frau kaum an und dankt weder ihr noch Gott für die Speisen. Die Kinder kommen hinzu, jeder greift nach dem Essen, keiner verliert ein gutes Wort darüber. Gedanken- und und freudlos schlingen sie alles herunter, und was geschieht? Die Frau beginnt die Küche zu hassen, kocht immer seltener selbst und kauft immer häufiger vorgefertigte Lebensmittel. Wenigstens kann sie dann keiner für die schlechte Mahlzeit verantwortlich machen. Der Mann, anstatt mit den Gedanken beim Essen zu sein, ist mit seinen Gedanken bei fremden Schicksalen oder wirtschaftlichen Problemen. Sein Essen schmeckt ihm immer weniger, deswegen meckert er immer mehr. Sie schimpft mit ihm, er mit ihr, und beide befinden sich in einer zerstörten, traurigen Welt. Er merkt nicht, dass er die unglücklichen Geschehnisse, mit denen er seine Seele durch das Zeitunglesen pausenlos belastet, an seinen Tisch bringt.

Nun lehrt Rabbi Nachman: ‹Wenn du glaubst, dass man etwas kaputt machen kann, dann glaube auch daran, dass man es wieder heil machen kann.› Wie kann man diese zerstörte Welt heilen, was ist der Kitt, der sie wieder zusammenfügt? Der Klebstoff ist Gott. Aber wenn man nicht an Gott glaubt, was tut man dann? Man kann die Mizwot, die Gebote der Thora, trotzdem halten. Als die Kinder Israels am Berge Sinai die Thora erhielten, sagten sie: ‹Wir werden tun und hören.› Das klingt im ersten Moment ganz unlogisch. Logisch wäre es, wenn sie gesagt hätten: ‹Wir werden hören, verstehen und dann tun.› Das Volk Israel weiß, dass der Weg zu Gott über die Gebote der Thora führt, wir lernen nicht nur durch den Verstand, sondern durch das Tun.

Was ist das erste Gebot beim Essen? Das Händewaschen vor dem Brotsegen. Ich wasche und heilige meine Hände mit dem Segensspruch: ‹Gelobt seist Du, Herr, König der Welt, der Du uns durch die Pflicht heiligst und uns das Händewaschen aufgetragen hast.› Dieser kurze Moment des Nachdenkens beim Händewaschen, ein Blick auf meine gesegneten Hände, lassen mich innehalten und vielleicht ein klein wenig Dankbarkeit empfinden, wenn ich anschließend das Brot anfasse und mit den Worten: ‹Gelobt seist Du, Herr, König der Welt, der Du das Brot aus der Erde wachsen lässt›, segne. Und wenn die Anwesenden mir zustimmen und ‹Amen›, sagen, fühle ich, dass ich nicht allein am Tisch bin.

Warum sollte man seine Hände und das Brot segnen, wenn man nicht an eine höhere Macht glaubt? Weil im Segen die Dankbarkeit enthalten ist. Durch die Segenssprüche wird mit dem leiblichen Vorgang des Essens ein geistiger Akt der Dankbarkeit verbunden. Und weil alle Familienmitglieder in diesen Ablauf eingebunden sind, wird aus dem individuellen Herunterschlingen eine gemeinsame Mahlzeit, und diese wenigen Worte kitten ein klein wenig die Seelen der Anwesenden und bringen ein wenig Freude an den Tisch.

Wie mit dem Essen geht es uns mit allem. Wir lenken uns pausenlos ab. Wir hören uns eine Oper an, aber singen nicht, wir sehen uns eine Ballettaufführung an, aber tanzen nicht, wir betrachten Kunstausstellungen, aber malen nicht. Wir zerstreuen uns, damit wir die große Leere nicht wahrnehmen müssen, die sich in uns breit gemacht hat. Ohne Gott ist die Seele freudlos, und die leere Stelle füllen Angst und Langeweile aus.

Ich will euch die Geschichte von Mordechai erzählen. Mordechai arbeitete als Techniker in einer großen Weberei. Eines Tages hörte er in den Nachrichten, dass die Textilindustrie in Schwierigkeiten geraten sei. Diese Firma hatte zugemacht und jene war Pleite gegangen, und Mordechai begann sich große Sorgen zu machen, was geschehen würde, wenn sein Betrieb auch in die roten Zahlen käme. Er wusste noch gar nicht, ob er seine Arbeit verlieren würde oder nicht, aber die pausenlosen Nachrichten über die schlechte Wirtschaftslage verunsicherten ihn. Wie der stete Tropfen den stärksten Stein aushöhlt, gruben die Nachrichten ein Loch in seine Seele, und in diese Höhle nistete sich die Angst vor der Arbeitslosigkeit ein. Die Angst ist geschmeidig wie das Wasser, sobald sie einen Freiraum findet, ist sie zur Stelle und füllt ihn aus. Und je größer dieses Loch wird, desto größer wird die Angst. Weil Mordechai nicht wusste, womit er seine Gedanken beschäftigen sollte und in seiner freien Zeit stets den Fernseher anschaltete, das Radio anmachte und die Zeitung aufschlug, höhlten die schlechten Nachrichten seine Seele weiter aus und machten der Sorge und der Unsicherheit Platz, die sich bequem einnisteten und sein Leben verdunkelten. Er sah nicht mehr den hellen Tag, sondern nur die trübe Finsternis, nicht die wärmende Sonne, sondern nur die düsteren Wolken. Er saß bereits in der Mausefalle. Weil seine Seele auf Dauer den Stress nicht ertrug, suchte Mordechai einen Ausweg und fand ihn im Alkohol. Ein Gläschen Schnaps vertrieb die Angst und machte ihn lustig. Zuerst reichte ein Gläschen aus, um sich zu erheitern, dann musste es schon ein Glas sein und danach mehrere und später eine ganze Flasche. Je mehr Alkohol er trank, desto arbeitsunfähiger wurde er, und eines Tages musste man ihn wegen Trunksucht entlassen. Die unnötige Sorge hatte erreicht, was sie wollte: Er hatte seine Arbeit verloren. Darum muss man seine Gedanken im Griff haben. So wie der Reiter das Pferd lenkt, so müssen wir unsere Gedanken lenken, damit sie nicht die Macht über uns, sondern wir die Macht über sie behalten.

Wie entzieht man sich der unnötigen Sorge? Mordechai hätte jeden Tag nach der Arbeit einen Spaziergang machen können. Wenn er nur einen Augenblick stehen geblieben wäre, ein Gänseblümchen oder einen Löwenzahn betrachtet hätte, dann hätte sich ihm die Größe Gottes offenbart. Auf einer Wiese oder im Wald hätte er das Konzert der Natur wahrnehmen können, in dem jedes Geschöpf auf seine Weise Gott preist. Zuerst wären ihm vielleicht die Töne und Stimmen wie ein disharmonisches Durcheinander vorgekommen, und manches Kreischen hätte ihn erschreckt, aber langsam hätte er die herrliche Symphonie gehört, in der alles Lebendige zum Ewigen spricht.

Und wenn er dann das Aroma der Blumen und Bäume eingeatmet und den Segensspruch: ‹Gelobt seist Du, Herr, König der Welt, der Du den Duft erschaffen hast›, gesagt hätte, dann wäre die Dankbarkeit in sein Herz eingezogen, dass er diese Schönheit erleben darf.

Aber wir Menschen haben den lebendigen Ton mit mechanischem Lärm und das göttliche Aroma mit chemischen Ausdünstungen durchsetzt. Durch die Landschaften brausen Autos und schallen Flugzeuge, rumpeln Lastwagen und rattern Züge. Trotz allem kann jeder innehalten und einen Flecken in der Natur suchen. Es kann ein Baum in einem Park sein, Schilf an einem Weiher, ein Rosenbusch im Garten oder ein Ginsterstrauch im Wald, die wir jeden Tag besuchen. Wie einem guten Freund können wir den Pflanzen guten Tag sagen und sehen, wie sie wachsen und blühen, ihren wunderbaren Duft verbreiten, Früchte tragen und verwelken, und den ewigen Kreislauf des Lebens wahrnehmen. Sage nicht, dass du keine Zeit hast. Wenn du keine Zeit hast, dann willst du keine Zeit haben und willst in der geistigen Unruhe bleiben. Rabbi Nachman lehrt: ‹Du befindest dich an jenem Ort, wo sich deine Gedanken befinden. Und wisse, deine Gedanken befinden sich an dem Ort, wo du willst, dass sie sich befinden.› Eine ruhige Stunde täglich in der Natur wird unsere Gedanken reinigen, mit Vertrauen in Gottes Herrlichkeit ausfüllen und das Loch mit Freude stopfen, das die unnötige Sorge in unsere Seele gebohrt hat.»

33

Rabbi Nachman lehrt in Bratzlaw

Steht bei den Gründern einer Bewegung die Idee im Vordergrund, so verfestigt sie sich bei den Nachfolgern zu einer Organisation und versteinert sich Generationen später zu einem Machtinstrument. So erging es auch der chassidischen Bewegung. Die Nachkommen und Schüler des Baal Schem Tow richteten in vielen Städten eigene Betstuben ein. Ehrfürchtig wurden die chassidischen Rabbis Zaddikim, die Gerechten, genannt, und die Anhänger entwickelten geradezu einen Heiligenkult um ihren Zaddik. Bei allen Lebensfragen wurde der Zaddik angegangen, bei Ehevermittlung und geschäftlichen Entscheidungen, bei Krankheit und Kinderlosigkeit. Die Zaddikim umgab eine Aura der Wunder, und es wurden ihnen übernatürliche Kräfte zugesprochen. Ihren einfachen Aussprüchen maßen die Chassidim tiefe Bedeutung bei, und jedes ihrer Worte wurde, ohne es zu hinterfragen, geglaubt.

Waren die Schüler des Baal Schem Tow noch von der Persönlichkeit des Gründers und seiner Idee beseelt und etablierten sie in den verschiedensten Orten Zentren, die chassidischen Höfe, so versuchten die späteren Generationen ihre Macht nur noch zu halten, und es kam zu Rivalitäten und Streitereien. Je mehr Anhänger ein Zaddik hatte, desto größer war sein Einfluss und sein Einkommen, denn seine Chassidim spendeten und sammelten Gelder für ihn. Mancher Zaddik führte einen geradezu feudalen Lebensstil. Es entwickelten sich Dynastien, die Macht des Zaddiks ging auf seinen Sohn über. Eitelkeit und Sucht nach Ruhm machten sich breit. Dieses Verhalten erfüllte Rabbi Nachman mit Abscheu. Sein ganzes Leben lag er im Streit mit anderen Zaddikim, aber er verurteilte seine Gegner nicht, sondern nahm sie in Schutz: «Bin ich es denn, den sie hassen? Sie haben sich einen Menschen ausgeschnitzt und streiten wider ihn.»

Rabbi Nachman entwickelte eine Theorie von der Notwendigkeit des Konflikts. Nicht durch die Bewunderung und Anerkennung gelangt der Mensch in höhere Sphären, sondern die Schicksalsschläge und die Erschwernisse des Lebens läutern die Seele. So wie rohes Metall durch Feuer in eine edle Form gebracht wird, braucht die Seele das Feuer der Ablehnung und des Streites, um ihre Vollendung zu finden.

Die Kompromisslosigkeit im Denken und Handeln kennzeichnet Rabbi Nachmans Weg. Er war von seinem messianischen Auftrag erfüllt, die Erlösung des Volkes Israel herbeizuführen, und die Erlösung führt durch Erniedrigung und geistigen Kampf. Menschen wie Rabbi Nachman sind nicht verführbar, weil sie nicht den bequemen, sondern den steinigen Weg suchen. Ihr Heil liegt nicht in der Anerkennung, sondern in der Erkenntnis. Sie suchen keine Bewunderung, sondern verharren im Eigensinn. Es war nicht einfach, sich Rabbi Nachman zu nähern. Er war nicht zuvorkommend, nicht gesprächsbereit und konziliant, im Gegenteil, es machte ihm nichts aus, die Erwartungen seiner Anhänger zu enttäuschen. Wenn sie an Rosch Haschana, dem jüdischen Neujahrstag, von weit her angereist kamen, sich bei ihm versammelten und mit verhaltenem Atem auf seine Thoraauslegung warteten, konnte es passieren, dass er in brütendes Schweigen verfiel, und unzufrieden löste sich die Gesellschaft auf.

Einmal traf sich eine Schar Chassidim bei Rabbi Baruch, dem Onkel von Rabbi Nachman, und die Rede kam auf seinen Neffen. Sie ereiferten sich über Rabbi Nachman und lachten sogar über sein sonderbares Verhalten. In einer Ecke saß Rabbi Baruchs Enkel und hörte zu. Rabbi Baruch mischte sich nicht in das Gespräch ein und schwieg. Als die Gruppe gegangen war, fragte der Enkel: «Großvater, warum hast du nichts gesagt und Rabbi Nachman nicht in Schutz genommen?»

«Wisse», antwortete Rabbi Baruch, «er muss sich mit den anderen streiten, und die anderen müssen sich mit ihm streiten. Durch Zerwürfnisse erklimmt Rabbi Nachman Stufe um Stufe, sein Weg zur Erlösung führt durch den Streit.»

Kurze Zeit nach seiner Rückkehr aus Israel zog Rabbi Nachman von Medwedewka nach Slatopolje, und hier begann seine Auseinandersetzung mit Rabbi Ariel Lejb von Shpola, der Rabbi Nachman nicht in seiner Nähe dulden wollte. Zwei Jahre später, im Spätsommer 1802, ließ sich Rabbi Nachman in Bratzlaw nieder, in der Stadt, die mit seinem Namen untrennbar verbunden bleibt. Bis heute wird er «der Bratzlawer» und seine Chassidim werden «die Bratzlawer» genannt. In Bratzlaw sammelte sich eine große Schar von Schülern um ihn, hier erzählte er seine großartigen Geschichten, und hier stieß sein bedeutendster Schüler Nathan Sternharz aus Nemirow zu ihm.

34

Rabbi Nathan, die schreibende Hand Rabbi Nachmans

Vielen ist der Name Rabbi Nachman geläufig, aber nur wenige kennen den Namen Rabbi Nathan Sternharz aus Nemirow, und doch wäre Rabbi Nachman ohne seinen Schüler Nathan in Vergessenheit geraten, wie viele große Denker, deren Worte nicht niedergeschrieben wurden. Rabbi Nathan war die schreibende Hand des Bratzlawers, er hielt die Gedanken seines Meisters für die kommenden Generationen fest. Geduld und Genauigkeit zeichneten Nathan aus Nemirow aus, der sich gegen alle familiären Widerstände Rabbi Nachman anschloss und seinen Zaddik bis zu dessen Tod nicht mehr verließ.

Im Gegensatz zu den meisten Bratzlawer Chassidim kam Nathan aus einer wohlhabenden Familie. Sein Vater, Reb Naftali Hirz, war ein vielbeschäftigter Kaufmann, der sich mehr um die Belange der Erde als um die Belange des Himmels kümmerte. Als rationaler Denker waren ihm die Chassidim mit ihren verzückten Tänzen, ekstatischen Gebeten und Seelenwanderungsgeschichten suspekt. Er legte Wert auf das Talmud-Studium und die Schulung des Denkens durch sophistische Auslegung. Sein begabter Sohn Nathan lernte in einer Talmud-Thora-Schule, war ein ausgezeichneter Schüler, und der Vater hoffte, dass er zu einer geistigen Größe im Volke Israel heranwachsen und ein angesehenes Rabbinat übernehmen würde.

Reb Naftali Hirz hatte sich aus kleinen Verhältnissen emporgearbeitet. Er kannte die Armut, den Kampf um das tägliche Brot und die mitleidige Verachtung der Wohlhabenden. Deswegen war ihm sein Ruf wichtig, und er hoffte, dass sein kluger Sohn Nathan das Ansehen der Familie noch steigern würde.

Wie so häufig in Familien, in denen der Vater aus armen Verhältnissen stammte und durch Fleiß und Mühe Wohlstand erwarb, würdigte die nachfolgende Generation den Reichtum nicht, sondern erlebte ihn als selbstverständlich. Sah der Vater im Anhäufen von weltlichen Gütern noch einen Lebenszweck, so erscheint dem Sohn die Welt innerhalb des Luxus leer, musste der Vater noch um die Bewunderung der Gesellschaft ringen, so begegnen dem Sohn die anderen von Anfang an devot, war der Vater noch auf seine Reputation bedacht, so sieht der Sohn gar keinen Grund dafür. Ebenso erging es Nathan. Vom Vater hatte er die schnelle Auffassungsgabe und den gradlinigen Verstand geerbt, aber er suchte weder Anerkennung noch Bewunderung, sondern verborgene Weisheit und mystische Erfahrung, und alle Gespräche, die sich um Geld und Geschäft drehten, waren ihm zuwider.

Schon als Kind zeigte Nathan einen Hang zum Grübeln und Nachdenken. Sein Großvater nahm ihn stets zum Beten mit, und er saß zwischen den alten Männern. Eines Tages kam einer der Greise nicht mehr und Nathan fragte, warum der Alte nicht mehr in die Synagoge komme.

«Er ist gestorben», erklärte der Großvater.

«Was ist das, gestorben?», wollte der fünfjährige Nathan wissen.

«Gestorben ist gestorben», antwortete der Großvater.

Das Kind gab sich damit nicht zufrieden. «Wo wohnt er jetzt?», fragte Nathan.

«Wenn ein Mensch stirbt, dann legt man ihn in ein Grab und schüttet Erde darauf. Seine Seele kommt zu Gott in den Himmel», erklärte der Großvater.

Viele Jahre grübelte Nathan über das Sterben nach. Die Vorstellung, dass man in eine Grube gelegt wird, ließ ihm keine Ruhe. Wozu lebt man, wenn das Ende des Lebens das Grab ist? Wozu war er auf der Welt, wenn er doch eines Tages verschwinden würde wie die alten Männer in der Synagoge?

Wie damals üblich, wurde er mit dreizehn Jahren verheiratet. Sein Schwiegervater, der angesehene Rabbiner David Zwi Auerboich, nahm den jungen Mann in sein Haus, und Nathan lernte bei ihm den Talmud, die Gemara und Mischna, das klare logische Denken und die Deutungen der schwierigen Texte. Rabbiner David Zwi Auerboich war ein ausgesprochener Gegner der Chassidim, er gehörte zu den Mitnagdim, die den Chassidismus bekämpften. In seinen Augen konnte man Gott nur dienen, indem man sein Wort verstand und befolgte und nicht durch aufwühlendes Beten, Tanzen und stundenlange Gesänge. Nathans Vater und sein Schwiegervater sahen in dem jungen Mann einen rationalen Denker, der sich nicht wie das gemeine Volk um einen Wunderzaddik scharen, sondern seinen Weg innerhalb des althergebrachten Judentums finden würde. Sie kamen überein, dass Nathan eines Tages die Rabbinatsstelle seines Schwiegervaters übernehmen solle.

Nathans Lebensweg war klar vorgezeichnet. Reb Naftali Hirz richtete dem jungen Paar einen Schnittwarenladen ein, und Nathans umsichtige und kluge Ehefrau führte den Haushalt und das kleine Geschäft, damit sich ihr Mann dem Thorastudium widmen konnte. Sie bat Nathan nur, ihr beim Einkauf und bei der Buchhaltung zu helfen, und widerwillig übernahm er diese Aufgaben, die ihn vom Thorastudium ablenkten und ihm vollkommen nebensächlich und unwichtig erschienen. Er vertiefte sich in die heiligen Schriften, lernte den ganzen Tag, versenkte seinen Verstand in den Talmud, aber irgendetwas in seinem Herzen blieb leer. Nathan sollte sich auf die Führung einer Gemeinde vorbereiten und in die Fußstapfen seines Schwiegervaters treten, aber der ausgetretene Weg erschien ihm sinnlos. Mit allen Schätzen hatte das Schicksal Nathan bedacht, mit einem reichen Vater, einem angesehenen Schwiegervater, einer liebenden Frau, einem schönen Haus, mit Zeit zum Thorastudium, und doch hatte er an nichts Freude. Das Tor zum Himmel war ihm verschlossen.

In Nemirow lebte kein chassidischer Zaddik, aber in der Synagoge gab es einige junge Leute, die beim Zaddik Rabbi Mordechai in Kremenets waren und wahre Wunderdinge über seinen Gottesdienst erzählten. Langsam träufelten sie die Neugier in

Nathans Seele und obwohl er wusste, dass sein Vater und Schwiegervater erbitterte Gegner der Chassidim waren, fuhr er eines Tages mit seinen Freunden nach Kremenets zum Zaddik. Hier erlebte Nathan zum ersten Mal, dass die Gebete nicht ruhig gesprochen wurden, sondern herausgeschrien, herausgesungen, herausgeweint und herausgetanzt. Sein ganzes Gefühl legte der Zaddik in die Worte, er weinte und jubelte, er schluchzte und jauchzte und öffnete einen Spalt in Nathans Seele. Den Unterschied zwischen Mitnagdim und Chassidim definierte Nathan später mit den Worten:

«Die Mitnagdim und Chassidim essen dieselbe Suppe mit den gleichen Zutaten. Aber bei den Mitnagdim ist die Suppe kalt, bei den Chassidim ist sie heiß.»

Die heiße Suppe bei den Chassidim schmeckte Nathan, und er begann, zu den verschiedenen chassidischen Höfen zu fahren. Zum Zaddik Sussja nach Hanipol und zum Zaddik Levi Itzchak nach Berdichev, zum Zaddik Mordechai nach Kremenets und zum Zaddik Baruch nach Tulchin. Dort trafen sich die Männer an den Feiertagen, beteten, sangen und tanzten, und die Zaddikim erzählten die Geschichten des Baal Schem Tow. Seinem Vater war die mystische Verzückung, die Nathan nun an den Tag legte, ein Dorn im Auge, und mit allen Mitteln versuchte er, seinen Sohn von den Chassidim fern zu halten.

Heute gehören die Mitnagdim und Chassidim zur Gruppe der orthodoxen Juden, und der Streit zwischen ihnen ist längst verraucht. Aber zu Beginn des neunzehnten Jahrhunderts kochten die Mitnagdim und Chassidim noch in keiner gemeinsamen Küche, und der ideologische Streit trennte Freunde und Ehen. Die Auseinandersetzung zwischen den Anhängern der einen und der anderen Glaubensrichtung tobte in den Gemeinden und in den Familien. Bei Nathan ging er so weit, dass seine Frau sich von ihm scheiden lassen wollte und zu ihrem Vater fuhr, um sich mit ihm zu beraten.

«Hat er sich vom Thorastudium abgewandt?», fragte Rabbi David Zwi Auerboich.

«Ganz im Gegenteil, außer Thora hat er überhaupt nichts mehr im Sinn. Dauernd fährt er zu den chassidischen Rabbis und vernachlässigt alles andere.»

Der Vater begriff, dass er seinen Schwiegersohn an die chassidische Bewegung verloren hatte und sich wohl eher würde scheiden lassen, als seinen neuen Weg aufzugeben.

«Bleib bei ihm, sorge du für das Haus und das Einkommen», riet David Zwi Auerboich seiner Tochter.

Es gibt Menschen, die allein einen neuen Weg beschreiten müssen und in sich die Kraft zu führen tragen, und es gibt Menschen, deren Größe sich erst zeigt, wenn sie sich einem geistigen Führer anschließen. Nathan spürte, dass er einen Meister brauchte, um sein Talent zu entwickeln. Und er wollte einem Zaddik dienen, aber er wusste nicht welchem. Einmal hatte er einen Traum, der ihn verstörte und lange beschäftigte. Ihm träumte, er stiege eine Leiter hinauf, aber nach der ersten Sprosse fiel er herunter. Danach stieg er zwei Sprossen empor, aber wieder fiel er herunter, noch einmal stieg er etwas höher, und wieder fiel er zu Boden. So stieg er immer höher, aber jedes Mal stürzte er von neuem. Da erschien ein fremder Mann und sagte: «Versuche es immer wieder, bis du dich oben halten kannst.»

Im Herbst 1802, zu den Hohen Feiertagen, Rosch Haschana und Jom Kippur, fuhr Nathan mit zwei Freunden nach Bratzlaw, zum Zaddik Rabbi Nachman, der erst seit kurzer Zeit in dieser Stadt residierte. Sie kamen in die Lernstube und hörten den Rabbi sagen: «Wenn der Mensch eine höhere Stufe der göttlichen Erkenntnis erklimmen will, muss er fallen, denn er fällt, um zu steigen. Daraus kann man erkennen, wie sehr der Mensch seine Seele im Dienste Gottes stärken muss, damit sie nicht dauernd fällt. Aber auch wenn sie schwach wird und in Tiefen gefallen ist, kann sie sich wieder erheben und Gott dienen.»

Ein Zittern überfiel Nathan. Rabbi Nachman deutete seinen Traum. Dies war der Mann, der ihm in der nächtlichen Vision erschienen war, hier saß sein Lehrer, sein Meister, sein Zaddik. Nathan wurde ein bedingungsloser Anhänger und treuer Chassid Rabbi Nachmans, er wurde die schreibende Hand des Bratzlawers. Alles, was jener sagte und predigte, erzählte und deutete, hielt Nathan aus Nemirow fest. Ihm ist es zu verdanken, dass ein umfangreiches schriftliches Werk geschaffen wurde und die Aussprüche und Erzählungen von Rabbi Nachman erhalten geblieben sind. Bis heute faszinieren Rabbi Nachmans Geschichten die Menschen, und sie sind inzwischen in viele Sprachen übersetzt worden. So wie der Begründer der neueren Kabbalistenschule, Isaak Lurja ohne seinen schreibenden Schüler Chaim Vital vergessen worden wäre, so kann man Rabbi Nachman nicht von Nathan aus Nemirow trennen, denn zu dem denkenden Geist muss sich die geduldige Hand gesellen, die das flüchtige Wort für die kommenden Generationen festhält.

35

Der Prinz, der glaubte, ein Truthahn zu sein

Heute will ich Rabbi Nachmans Geschichte vom Truthahn erzählen», beginnt Rabbi Samuel Cohen seinen Vortrag.

«Ein Prinz wurde verrückt und dachte, er sei ein Truthahn. Nackt setzte er sich unter den Tisch und pickte Krumen und Körner wie ein Truthahn. Die königlichen Ärzte versuchten mit allen Mitteln, seinen Wahnsinn zu kurieren, und der König versank beim Anblick seines Sohnes in tiefe Traurigkeit.

Da kam ein weiser Mann daher und sagte: ‹Ich werde ihn kurieren.›

Der Weise zog sich nackt aus und setzte sich neben den Prinzen und pickte wie dieser Krumen und Körner.

‹Wer bist du?›, fragte der Prinz, ‹und was tust du hier?›

‹Und du?›, antwortete der Weise, ‹was tust du hier?›

‹Ich bin ein Truthahn›, sagte der Prinz.

‹Ich bin auch ein Truthahn›, antwortete der Weise.

So saßen sie eine lange Zeit zusammen, bis sie sich angefreundet hatten.

Eines Tages befahl der Weise den königlichen Dienern, ihm ein Hemd zu geben und zum Prinzen sagte er: ‹Warum sollen Truthähne keine Hemden tragen? Wir können Hemden tragen und trotzdem Truthähne sein.› Und beide zogen sich Hemden an.

Danach verlangte der Weise nach Hosen, und wie beim ersten Mal sagte er zum Prinzen: ‹Warum sollen Truthähne keine Hosen tragen? Wir können Hosen tragen und trotzdem Truthähne sein.›

So fuhr er fort, bis sie beide vollständig angekleidet waren. Danach verlangte der Weise nach Essen, und wieder sagte er: ‹Warum glaubst du, werden wir keine Truthähne sein, wenn wir normales Essen zu uns nehmen? Wir können essen, was wir wollen, und trotzdem Truthähne sein.›

Danach sagte der Weise: ‹Warum glaubst du, ein Truthahn muss unter dem Tisch sitzen? Wir können am Tisch sitzen und trotzdem Truthähne sein.›

So fuhr der Weise fort, bis der Prinz sich wie jeder Mensch benahm und geheilt war.

In dieser Geschichte geht es vordergründig um einen psychisch kranken Menschen», beginnt Rabbi Samuel Cohen zu erklären. «Der psychisch Kranke leidet unter Realitätsverlust, er glaubt niemandem mehr und vertraut keinem. Er baut sich eine eigene Welt auf, seine Ängste und Befürchtungen nehmen überhand. Die Unruhe lässt ihn nicht schlafen, seine Gefühle verwirren sich, aber mit seiner Not trifft er auf Verständnislosigkeit und Abwehr.

Nur wenige Menschen sind so krank, dass sie ein völlig abwegiges Verhalten zeigen. Aber viele von uns sind einem seelischen Leiden ausgesetzt, und die Zunahme an psychosomatischen Krankheiten ist ein alarmierendes Zeichen dafür, dass etwas in uns und in unserer Umgebung nicht stimmt. Die gestörten Familienbeziehungen, das Suchtverhalten vieler Menschen, Unruhe und Unzufriedenheit zeigen, dass uns etwas Wesentliches fehlt, nämlich Vertrauen. In der Geschichte macht Rabbi Nachman deutlich, dass man die Seele nicht durch Ärzte, Medikamente, gute Ratschläge oder Strafen heilen kann. Erst als der Königssohn Vertrauen zu dem Weisen gefasst hat, wird er gesund. Rabbi Nachman gibt uns zu verstehen, dass man eine kranke Seele nur heilen kann, wenn man es ihr ermöglicht, sich an eine andere Seele zu heften. Der Weise nimmt den Kranken ernst, er wohnt mit ihm, isst mit ihm und spricht mit ihm, mit anderen Worten, er teilt sein Leben mit ihm. Nur so kann die kranke Seele Vertrauen schöpfen und Selbstbewusstsein aufbauen. Der Weise in Rabbi Nachmans Erzählung erfüllt das göttliche Gebot der Nächstenliebe. ‹Wer eine Seele rettet, rettet eine ganze Welt›, lehren unsere Weisen. Nicht vom Kranken und nicht vom irdischen König wird er seinen Lohn erhalten, sondern vom König der Könige, von Gott im Himmel, gelobt sei Er.

Woher weiß der Weise, wie er sich verhalten muss? Das lehrt ihn die Thora. Er ist ein kluger Mann, ein Mann, der Gottes Gebote gelernt hat, und er geht auf einem Weg, der Jahrtausende alt ist. Wie alt sind die Psychologie und die Psychoanalyse? Hundert Jahre. Wie alt ist die Thora? Dreitausenddreihundert Jahre. Die Gebote, die Halacha, die Gott dem Menschen gegeben hat, dienen nicht dazu, ihn zu unterdrücken und zu unterjochen, sondern sie lehren uns, in Freude zu leben, damit wir nicht wie Truthähne unter dem Tisch nach Körnern picken, sondern am gedeckten Tisch des Lebens sitzen. Wir müssen uns nicht nackt und armselig fühlen, sondern begreifen, dass wir Königssöhne sind und diese wunderschöne Welt der Tisch ist, den Gott für uns bereitet hat. Solange wir zum Ewigen kein Vertrauen haben, sind wir arme Verrückte und Gott selbst wird von Traurigkeit befallen, wenn Er uns sieht.»

36

Die Ehe ist ein Heiligtum

Im Mittelpunkt der Thora stehen die Zehn Gebote», beginnt Rabbi Samuel Cohen seinen heutigen Vortrag, «und zwei der Zehn Gebote beschäftigen sich mit Ehebruch. Im siebten Gebot fordert Gott den Menschen auf: Du sollst nicht ehebrechen, und im zehnten ermahnt Er ihn: Du sollst nicht begehren deines Nächsten Weib. Was ist so schlimm am Ehebruch, dass gleich zwei Gebote ihn verbieten? Warum ist sogar der uneheliche Geschlechtsverkehr nicht erlaubt, weswegen schränkt die Thora unser Sexualverhalten so ein?

Machen denn Seitensprünge und wechselnde Beziehungen auf die Dauer Spaß? Sicherlich nicht, denn die siamesische Schwester der Promiskuität ist die Langeweile, der fade Geschmack, der nach einem gefühllosen Beischlaf zurückbleibt. Kühl wendet sich der Mensch von dem gegenwärtigen Partner ab und hält Ausschau nach einem neuen, und so torkelt er ziellos von einem Abenteuer ins nächste. Es ist, als ob er trinkt und der Durst bleibt, als ob er isst und der Hunger nicht gestillt wird, denn wem die Gefühle des anderen gleichgültig sind, der wird empfindungslos gegen sich selbst. Unglücklich und leer werden diejenigen, dic laufend ihre Partner wechseln, und vergebens suchen sie weiter in der Hoffnung beim nächsten Mal etwas Aufregendes, Schönes, Erhabenes zu erleben, aber sie finden nichts und in ihren Augen spiegelt sich die Trostlosigkeit. Zu keiner Freude und keinem Leid mehr fähig, begegnen sie jedem mit Spott und Zynismus.

Wie sieht es mit einem dauerhaften Verhältnis neben der Ehe aus? Da ist Spannung dabei und verbotene Früchte schmecken ja bekanntlich besonders gut. Auf die Dauer geht das nicht, denn die Seele lässt sich nicht belügen, und eine der beiden Beziehungen muss zerbrechen. Man kann keine Ehe führen und einen außerehelichen Partner lieben, denn entweder wird die Ehe oder das Verhältnis unerträglich. Nun beginnt für den Ehebrecher die Zerreißprobe. Welchen Weg schlägt er ein? Verlässt er den Ehepartner oder den Geliebten, die Geliebte? Sogar wenn die Ehe bestehen bleibt, so ist sie fadenscheinig geworden, wie ein Stück Stoff, an dem zwei Kräfte zu lange in die entgegengesetzte Richtung gezerrt haben.

Was geschieht, wenn derjenige, der untreu geworden ist, sich scheiden lässt und seine neue Liebe heiratet? Auch das ist problematisch, denn wer den Reiz im Verbotenen gesucht hat, kann ihn im Erlaubten nicht finden. Das Zusammenleben mit einem Menschen ist kompliziert. Nun sind es keine kurzen spannenden Stunden mehr, sondern man muss Tag für Tag miteinander auskommen. Sein bisheriges Leben kann man nicht wie ein benutztes Taschentuch wegwerfen, und besonders schwierig ist ein Partnerwechsel, wenn Kinder da sind. Instinktiv wollen sie, dass Vater und Mutter zusammenbleiben, nicht zufällig handeln viele Märchen dieser Welt von der bösen Stiefmutter und dem schlechten Stiefvater. Sie drücken die innere Verlustangst des Kindes aus.

Du sollst nicht ehebrechen, lehrt die Thora, nicht weil wir damit Gott kränken, sondern weil wir durch den Ehebruch unsere eigene Seele antasten und das Leben der Menschen, die uns am nächsten stehen, zertrümmern. Zerstörte Seelen können keine Familie mehr bauen. Genauso wie man auf Sand kein Haus bauen kann, kann man mit einer zerrissenen Seele kein geistiges Haus errichten, und so wie ein Haus aus Stein die Bewohner vor der brennenden Hitze und dem eisigen Sturm schützt, behütet eine Familie die Seele vor den rauhen Winden des Lebens. Vater und Mutter sind die Wände und das Dach, und in ihrem Schutz kann die nächste Generation heranwachsen, aber wenn Vater und Mutter auseinander streben, zerfällt das Haus, und die kommende Generation ist allen Einflüssen hilflos preisgegeben. Das beobachten wir heute. Die Elterngeneration hat sich von den moralischen Normen der Thora befreit, und die Kinder sind haltlos. Sie wissen nicht mehr, was erlaubt und verboten ist, viele wollen keine Ehen mehr eingehen und lehnen Verantwortung ab.

Der Ehebruch zerstört das Vertrauen der nachfolgenden Generation, darum müssen wir die Gedanken und Begierden zügeln und dürfen ihnen keinen freien Lauf lassen. Tausend Zäune haben die Weisen Israels aufgebaut, um den Menschen vor der Versuchung zu schützen. Zucht ist kein Wort der vergangenen Generationen, sondern eine geistige Disziplin, in der wir uns zu unserem Wohle üben müssen. Der Ehebund im Volke Israel wird vollzogen, indem der Mann zu der Frau vor Zeugen bekennt: ‹Du bist mir angeheiligt.› Das Zusammensein von Mann und Frau ist ein heiliger Akt, und dieser Heiligkeit müssen wir uns immer bewusst sein. Unsere Weisen lehrten: ‹Gesegnet ist derjenige, der mit der Gefährtin seiner Jugend alt geworden ist.› Diesen Segen müssen wir erhalten und dürfen ihn nicht zerstören. Die Ehe ist ein Heiligtum, und in diesem Heiligtum kann der Mensch Gott dienen und der nächsten Generation Gottes Wort weiterreichen.»

37

Wie Esther den Weg in die Lernstube fand

Ich will dir meine Lebensgeschichte erzählen», eröffnet Esther nach der Lernstunde das Gespräch mit mir. «Ich habe einen um vier Jahre älteren Bruder und eine um zwei Jahre jüngere Schwester. Mein Bruder war der Liebling der Mutter, meine Schwester die des Vaters, und ich lief sozusagen in der Familie mit. Meine Eltern waren eigentlich nicht schlecht zu mir, es waren ganz normale Eltern, die sich um mich kümmerten, wie man sich eben um ein Kind kümmert, aber ich wurde in meiner Kindheit von Eifersucht zerfressen. Mein Bruder, ein hervorragender Schüler, wurde mir stets als Beispiel hingestellt, und meine attraktive Schwester zog die Aufmerksamkeit aller Bekannten und Besucher auf sich, während ich mich verlassen und einsam fühlte. Es war mir, als könne ich es niemanden recht machen, und ich litt unter einem furchtbaren Minderwertigkeitskomplex.

Mit zwanzig Jahren verliebte ich mich in einen jungen Mann. Ich habe ihm wohl auch gefallen und wir schliefen miteinander im Auto oder im Park unter dem nächtlichen Sternenhimmel, und das erste Mal in meinem Leben fühlte ich mich richtig glücklich. Besonders glücklich war ich, als ich feststellte, dass ich schwanger war. Mein Freund war von der Mitteilung entsetzt und verlangte, dass ich das Kind abtreiben lassen sollte, aber ich wollte nicht, und so haben wir halt geheiratet. Die Hochzeit war schon furchtbar und die Ehe eine Qual. Auf Schritt und Tritt ließ mich mein Mann spüren, dass er mich gar nicht hatte heiraten wollen. Kein gutes

Wort hörte ich von ihm. Er kam und ging, wie es ihm passte, meckerte über das Essen und den Haushalt, und nichts konnte ich ihm recht machen. Als meine Tochter in den Kindergarten kam, begann ich bei der Bank zu arbeiten, und zwei Jahre später habe ich die Scheidung eingereicht. Es war mir lieber, mit meiner Tochter allein unter schwierigen wirtschaftlichen Verhältnissen zu leben, als mit ihm weiter zusammenzubleiben.

Ein Jahr später heiratete mein Ex-Mann zum zweiten Mal, bekam zwei Söhne und bezog mit seiner neuen Frau ein luxuriöses Penthouse in einem Neubauviertel. Freunde erzählten mir, wie exklusiv und kostspielig sie die Wohnung eingerichtet hätten, dass sie häufig Auslandsreisen machten, während mir die paar Kröten, die mir für das Kind zustanden, genau abgezählt wurden. Wieder, wie schon in meiner Kindheit, fraßen mich der Neid und die Eifersucht auf. Warum werden die anderen geliebt und ich nicht?

Irgendwann erhielten wir einen neuen Abteilungsleiter in der Bank. Ein sympathischer, kluger Mann, verantwortungsbewusst und schnell in seinen Entscheidungen. Er war mein direkter Vorgesetzter, und wir mussten täglich eng zusammenarbeiten. Das ging wunderbar, und wir wurden ein ausgesprochen erfolgreiches Arbeitsteam. Obwohl viele arbeitstechnische Probleme anstanden und wir häufig Überstunden machen mussten, fühlte ich mich ausgesprochen wohl. Er war verheiratet und hatte drei Kinder, trotzdem funkte es zwischen uns, und ich wurde seine Geliebte.

Nun fing die schönste und gleichzeitig die schwerste Zeit in meinem Leben an. Niemand durfte wissen, dass wir ein Liebespaar waren. Nach außen hin gingen wir korrekt und sachlich miteinander um, aber jeder gemeinsamen Minute glühten wir entgegen. Wir konnten es kaum erwarten, abends allein in der Bank zu sein, und suchten dauernd nach weiteren Vorwänden für Überstunden. Mittags aßen wir zusammen in einem Restaurant, wir besuchten gemeinsam Fortbildungskurse und betreuten Klienten zusammen. Ich arbeitete freudig bis zum Umfallen. Gleichzeitig brachte es mich fast um, wenn ich sah, wie er nach Feierabend in sein Auto stieg und zu seiner Familie heimfuhr, und die Qual, die ich an den Wochenenden durchzustehen hatte, kann ich gar nicht beschreiben. Eine Scheidung kam für ihn nicht in Frage. Seine herzkranke Frau hätte das nicht überlebt, und seinen drei unmündigen Kindern wollte er nicht das Zuhause zerstören. So blieb mir die Arbeitswoche und das Leiden, das sich vergrößerte, als er Leiter einer anderen Filiale wurde und ich auf meinem Arbeitsplatz in der Bank blieb.

Zehn Jahre steckte ich in dieser Falle. Ab und zu sahen wir uns, und er besuchte mich in meiner Wohnung, telefonisch sprachen wir, schon aus beruflichen Gründen, täglich miteinander, ansonsten wartete ich. Ein klein wenig Trost fand ich im Klavierspielen, aber allmählich wurde ich krank. Meine Haut reagierte allergisch, ich bekam Schuppenflechte, und es juckte mich am ganzen Körper. Nun begann meine Odyssee von einem Hautarzt zum andern und von einer Kur zur nächsten. Nach kurzfristigen Besserungen kehrten die Beschwerden jedes Mal zurück, und man riet mir, eine Psychotherapie zu machen. Ich suchte eine Psychologin auf, und in den Gesprächen fand ich heraus, dass mein Grundproblem die Eifersucht ist, weil ich mich schon als Kind von meinen Eltern zurückgesetzt fühlte. Sie zogen stets meine Geschwister vor und diese Situation des abgelehnten Kindes wiederholte sich in meinen Beziehungen zu Männern.

Ich begann meine Eltern zu hassen und kümmerte mich nicht mehr um sie. Als mein Vater krank und ins Hospital eingeliefert wurde, besuchte ich ihn nicht. Er starb, und in seiner Sterbenacht hatte ich den ersten asthmatischen Anfall. Die Luft blieb mir einfach weg. In Todesangst rang ich um Atem. Ich fühlte, ich muss etwas ändern, und wusste nicht wie.

Am nächsten Morgen fuhr ich zu meiner Mutter und fiel ihr weinend um den Hals. Sie küsste und tröstete mich, und gemeinsam mit meinen Geschwistern trauerte ich um unseren Vater. Keinen Vorwurf hörte ich von meiner Mutter, im Gegenteil, ich hatte das Gefühl, dass sie sich um mich ganz besondere Sorgen machte. Eine Freundin gab ihr die Adresse eines Dermatologen und meine Mutter legte mir nahe, ihn aufzusuchen.

‹Ich war schon bei so vielen Ärzten, Mama, sie helfen mir nicht›, wandte ich ein.

‹Gib nicht auf. Irgendein Arzt wird schon Heilung für dich finden.›

Meiner Mutter zuliebe rief ich bei dem Hautarzt an und machte einen Termin am Nachmittag aus. Bevor ich losfahren wollte, klingelte das Telefon, und die Arzthelferin war am Apparat: ‹Der Doktor lässt sich entschuldigen, er muss dringend weg, aber er kann Sie am Abend in seiner Praxis empfangen.› Irgendwie war es für mich ein schlechtes Omen und eine Bestätigung, dass ich wieder einmal vergebens um Hilfe bitten würde, aber weil ich am Telefon nun schon um einen Termin gebeten hatte, stieg ich, als es dunkel wurde, in mein Auto und fuhr zu ihm. Ich fand ohne weiteres die Straße, aber weil es so dunkel war, konnte ich die Hausnummern schlecht lesen und irrte mich in der Eingangstür.

Plötzlich stand ich in einem Raum voller Menschen und hörte, wie Rabbi Samuel Cohen sagte: ‹Nur *ein* Arzt kann uns helfen, und dies ist der Ewige, gesegnet sei Er.› Diese Worte trafen mich wie ein elektrischer Schlag, und als ich dich in dem Raum sah und du mir zuwinktest, tat ich etwas, was ich sonst niemals tue. Ohne die Verabredung beim Arzt abzusagen, setzte ich mich einfach auf den freien Platz neben dir. So begann meine erste Lernstunde bei Rabbi Samuel Cohen.

Bei mir im Haus wohnt eine Nachbarin mit einem mongoloiden Sohn. Immer, wenn ich dieses Kind sah, schaute ich peinlich berührt zur Seite und wusste nicht, wie ich mich verhalten sollte. Nach einigen Lernstunden begegnete mir, als ich gerade vom Supermarkt heimkam, die Mutter mit dem dreizehnjährigen Jungen im Treppenhaus. Das Kind war gestolpert und hatte sich das Knie aufgeschlagen. Sie tröstete ihn, und ich sagte zu ihm: ‹Das ist doch nicht schlimm, schau, hier habe ich eine Tafel Schokolade für dich.›

Freudig griff er zu, und so kam ich mit der Mutter ins Gespräch und lud sie mit dem Jungen zum Nachmittagskaffee ein. Die beiden kamen, und während wir Frauen uns unterhielten, begann Udi, so heißt das Kind, auf meinem Klavier zu klimpern. Die Mutter wollte ihn fortziehen, aber ich fragte ihn: ‹Gefällt dir das Klavier?›

‹Ja›, antwortete er.

‹Dann kann ich dir ja Klavierunterricht geben.›

Ein großer Klavierspieler wird aus Udi nicht werden, aber ein wenig lernt er, mit den Tasten umzugehen. Durch Udis Mutter erfuhr ich von einem Verein, der Eltern unterstützt, deren Kinder an dem Down-Syndrom leiden. In diesem Verein wurde ich aktiv. Wir organisieren Wochenendausflüge für Eltern und Kinder, suchen Schüler und Studenten, die den mongoloiden Kindern Nachhilfeunterricht erteilen, und lassen uns von den Eltern die Schwierigkeiten berichten, die sie in der Gesellschaft mit ihren Kindern haben. Durch diese freiwillige Tätigkeit bekam mein Leben einen neuen Sinn.

Meine Wochenenden verbringe ich nicht mehr mit Warten auf meinen Geliebten und sinnlosen Grübeleien, und meine Haut dankt es mir. Mit jeder neuen Pflicht, die ich übernahm, heilte sie langsam, und heute weiß ich, wie wichtig die Gebote der Thora sind, die unser Leben in eine Bahn bringen und uns Pflichten gegenüber den Mitmenschen und uns selbst auferlegen.»

«Wie ging es mit deinem Freund weiter?»

«Ich habe endlich die Kraft gefunden, mich von ihm zu trennen.»

38

Wir müssen stillstehen und den Himmel betrachten

Eines Tages fuhren Rabbi Nachman und sein Bruder Rabbi Chaikel durch den Wald und dabei schlief Rabbi Nachman ein. Da erinnerte sich Rabbi Chaikel, dass in der Nähe ein armer Vetter wohnte, und er bat den Kutscher, seine Pferde zu der Hütte des Verwandten zu lenken, damit sich Rabbi Nachman bei ihm ausruhen konnte. Der Vetter war überrascht und erfreut über den unerwarteten Besuch und lud die Gäste in das Haus ein. Die Armut schaute aus jeder Ecke. Um einen wackligen Tisch scharten sich die hungrigen Kinder, durch das undichte Dach tropfte der Regen und der Wind pfiff durch die Ritzen. Der Gastgeber musste beschämt bekennen, dass er nichts im Haus hatte, um die Gäste zu bewirten.

«Geh zum Krämer, und hol ein wenig Branntwein und Brot», forderte ihn Rabbi Chaikel auf.

«Ich habe kein Geld», antwortete der arme Vetter.

«Dann versetze etwas aus deinem Haushalt.»

Gehorsam nahm der Vetter den einzigen wertvollen Gegenstand, der sich im Zimmer befand, den Schabbatleuchter, und lief zum Pfandleiher. Für das Geld kaufte er Speisen und Getränke für seine Gäste.

Angesichts der Armut empfand Rabbi Chaikel tiefes Mitleid und die hungrigen Kinder dauerten ihn. Er bat Rabbi Nachman: «Segne den Vetter, damit er zu ein wenig Wohlstand kommt.»

«Segne du ihn», antwortete Rabbi Nachman.

Rabbi Chaikel nahm einen Eimer, füllte Wasser hinein und schüttete es in die Mitte des Zimmers. Mit einem Reisigbesen kehrte er das Wasser in alle vier Himmelsrichtungen: «Wohlstand sei im Osten, im Süden, im Westen und Norden.» Danach verabschiedeten sie sich und setzten ihren Weg fort.

Kurze Zeit darauf klopfte eine Gruppe von Reisenden an die Tür des Vetters: «Habt Ihr Branntwein und etwas zu essen für uns?»

Der Vetter bat die Wanderer einzutreten und tischte ihnen die restlichen Speisen auf. Die Fremden bezahlten ihn großzügig. Von diesem Tag an klopften stets Vorbeiziehende an der Hütte, aßen und tranken dort und entlohnten den Vetter. Die Armut wich, der Wohlstand zog ein, und der Mann widmete sich immer größeren Geschäften. Jedes Mal, wenn er nach Bratzlaw kam, kehrte er beim Zaddik ein und dankte ihm und seinem Bruder für den Segen.

Der arme Vetter wurde reich und reicher, seine Unternehmungen immer wichtiger, und er verlor die Zeit. Er empfing bedeutende Kaufleute und einflussreiche Regierungsbeamte, hastete von einem Geschäft zum nächsten, und wenn sein Weg ihn nach Bratzlaw führte, konnte er keine Minute mehr für Rabbi Nachman erübrigen. An einem Markttag sah der Zaddik nach draußen und erblickte seinen vorbeieilenden Vetter.

«Komm herein», rief er ihm zu und jener sah sich gezwungen, bei ihm und Rabbi Chaikel einzutreten.

«Hast du dir heute schon den Himmel angesehen?», fragte Rabbi Nachman.

«Nein», antwortete der Vetter.

«Dann blicke nach draußen, und sage mir, was du siehst.»

Der Mann trat ans Fenster und sagte: «Ich sehe Pferde und Wagen und Menschen, die hin und her eilen.»

Rabbi Nachman nickte und sagte: «In fünfzig Jahren wird es einen ganz anderen Markt geben. Alles, was du jetzt siehst, wird nicht mehr hier sein. Die Pferde werden andere sein, die Wagen werden andere sein, die Menschen werden andere sein, und auch ich und du werden nicht mehr hier sein. Nun frage ich dich, warum hast du es so eilig, dass du nicht einmal mehr Zeit hast, dir den Himmel anzusehen?»

Und zu seinem Bruder Rabbi Chaikel bemerkte er: «Sieh, was du diesem Mann mit dem Reichtum angetan hast. Er hat nicht einmal mehr die Zeit, sich den Himmel anzusehen.»

«Was lernen wir aus dieser Geschichte?», fragt Rabbi Cohen. «Dass der Wohlstand schlecht ist und die Armut gut? Nein, die hungrigen Kinder um den wackligen Tisch erheitern uns nicht. Wir lernen, dass der Mensch kein Ende in seinem Tun findet. Er wird so sehr von den Erfordernissen des Lebens eingenommen, dass er keine Zeit mehr findet, abzuschalten und sich den Himmel anzusehen. Er kommt gar nicht mehr dazu, sich mit dem eigentlichen Sinn des Lebens zu beschäftigen, sondern wird pausenlos von den Geschehnissen getrieben. Weil der Mensch aus sich heraus keine Grenzen findet, hat Gott uns den Schabbat und die Feiertage gegeben. Die Thora lehrt uns: ‹Sechs Tage kannst du arbeiten und all deine Arbeit tun, aber der siebte Tag ist ein Ruhetag, dem Ewigen, deinem Gott.› Am Schabbat und an den Feiertagen darf der Mensch nicht arbeiten, und auch in Gedanken darf er sich nicht mit der Arbeit beschäftigen. Gott fordert von dem Menschen, an den Feiertagen die Seele vom Joch der Arbeit zu befreien. Die Schabbatgebote, die die Aktivität einschränken, dienen nicht zur Gängelung der Seele, sie sind keine Zwangsjacke, die wir uns widerwillig anziehen müssen. Die Thora hilft uns, einen Weg zur Befreiung zu finden, damit wir innehalten können, um den Himmel anzusehen. Seit ewigen Zeiten und bis in alle Ewigkeit ist Gott. Nur wenn wir ein wenig von dieser Ewigkeit erfahren, erkennen wir, wie unwichtig unsere Hektik und unsere Sorgen sind. Sechshundertdreizehn Gebote hat uns Gott in der Thora gegeben, das sind keine sechshundertdreizehn Probleme, sondern sechshundertdreizehn Stufen, um sich Ihm, gelobt sei Er, zu nähern. Ohne die Thora verlieren wir uns im Leben, wie sich der Vetter in der Geschichte in seinem Wohlstand verliert.

Ist dies nicht typisch für unsere Zeit? Alles muss schnell erledigt, jeder Brief sofort beantwortet und jede Nachricht auf dem

Anrufbeantworter sofort abgehört werden. Und damit wir nichts verpassen, sind wir durch das Handy jederzeit erreichbar, unterwegs im Auto und beim Essen im Restaurant, im Konzert wie im Wartezimmer des Zahnarztes. Im Fernsehen und auf unserem PC fließen die Nachrichten der Welt zusammen, und wozu brauchen wir das alles? Wir wissen es nicht mehr, weil wir nicht mehr die Zeit haben nachzudenken. Die Thora fordert uns auf am Schabbat innezuhalten. Erst wenn die Seele zur Ruhe kommt, kann sie sich dem Gebet hingeben, das Essen genießen und mit der Familie singen und sich freuen. So wie Rabbi Chaikels Bitte um Wohlstand zum Fluch ausartet, artet inzwischen unser Wohlstand zum Fluch aus. Darum müssen wir gelegentlich stillstehen und den Himmel betrachten, damit wir das, was wir uns angeschafft haben, genießen können und nicht zu Sklaven der Arbeit und des Konsums werden.»

39

Der leere Stuhl

In Bratzlaw wurde jede Woche ein großer Markt abgehalten, und die Bauern und Händler der Umgebung brachten ihre Waren in die Stadt. An den Jahrmarktstagen tummelten sich die jüdischen Kaufleute in Bratzlaw, und der eine oder andere suchte Rabbi Nachman auf und bat um Rat in einer Familienangelegenheit oder um Segen für einen anstehenden Handel. Unwirsch wies Nachman sie ab und verstand es nicht, wenn man ihn um weltliche Ratschläge anging. «Ich weiß nicht, wozu ihr mir mit all diesen Dingen den Kopf verdreht. Ich bin wie einer, der Tag und Nacht in einer Wüste wandert und versucht, dort etwas zum Blühen zu bringen. In jedem Herz ist eine Wüste und die Heiligkeit Gottes findet dort keinen Platz. Meine Aufgabe ist es, die Herzen zu öffnen, damit das Vertrauen in Gottes Größe und Gnade dort einzieht.»

Für alle weltlichen Sorgen hatte er nur eine Antwort bereit: «Vertraue auf die Hilfe Gottes.»

Es dauerte nicht lange, und die Kaufleute mieden ihn, und er erhielt von ihnen keine Geldspenden mehr.

«Ich bin nur auf die Welt gekommen, um das Volk Israel in seinem Glauben zu festigen», sagte er und seine Schüler forderte er auf, jeden Tag die Psalmen herzusagen, Thora zu lernen und die Pflichten der Thora zu erfüllen. «Sammelt gute Taten, sie werden euch im Buch des Lebens gutgeschrieben. In der Stunde der Not werden sie eure Fürsprecher sein.»

Einmal machte sich eine Gruppe seiner Chassidim aus Nemirow auf den Weg nach Bratzlaw und irrte vom Weg ab. Nachdem sie eine unbequeme Nacht in einem Pferdewagen zugebracht hatten, stellten sie am Morgen fest, dass sie wieder in Nemirow angekommen waren. Eine Weile später machten sie sich erneut auf den Weg zum Rabbi nach Bratzlaw, und als sie ankamen, erzählten sie, wie sie beim vorigen Mal vom Weg abgekommen seien.

«Das kam daher», erklärte Rabbi Nachman, «dass einer von der Gruppe nicht zu mir kommen wollte.»

Für Rabbi Nachman war es wichtig, dass die Schüler so oft wie möglich zu ihm oder einem anderen Zaddik fuhren, um sich im Glauben zu stärken. Er wusste, jedes Wort, das der Mensch aufnimmt, und jeder Gedanke im Kopf beeinflussen die Seele und damit das Weltgeschehen. Worte führen zum Ewigen, und Worte führen weg vom Ewigen. Die Tat ist das Ergebnis des Denkens und Redens, darum ist der Gedanke der Tat ebenbürtig.

Ein Mann brachte Rabbi Nachman einen Stuhl, den er selbst geschnitzt und kunstfertig mit verschiedenen Figuren verziert hatte. Der Zaddik fragte ihn: «Wie lange hast du an dem Stuhl gearbeitet?»

«Ein halbes Jahr», antwortete der Mann.

«Hast du den ganzen Tag an dem Stuhl gearbeitet?»

«Nein, jeden Tag eine Stunde.»

«Dann warst du während eines halben Jahres jeden Tag eine Stunde bei mir», sagte Rabbi Nachman.

Nicht der Stuhl war für den Zaddik wichtig, sondern dass der Mann jeden Tag eine Stunde in Gedanken bei ihm verweilt hatte.

Einmal fragte Rabbi Nachman einen Schüler: «Kann es sein, dass der Stuhl, auf dem du sitzt, leer ist?»

«Das kann nicht sein», antwortete der Schüler.

«Du hast Recht, das kann nicht sein, denn du sitzt auf ihm», bestätigte der Zaddik. «Aber kann es nicht sein, dass ein Mensch, der auf einem Stuhl sitzt, innerlich leer ist? Wenn dem so ist, dann kann ein Stuhl, auf dem man sitzt, leer sein.»

Der Mensch ohne Glauben an den Schöpfer war für den Zaddik leer, und mit Schmerz beobachtete er, wie der Unglaube und mit ihm die Leere in die Welt einzogen.

«Ich sage euch, eine große Welle des Unglaubens überschwemmt die Welt», pflegte er zu sagen. Er sah das Volk Israel weniger durch einen anderen Glauben als durch den Unglauben gefährdet.

«Es war einmal ein weiser Mann. Der Kaiser seines Landes war ein großer Ungläubiger, der sein ganzes Land in den Unglauben führte. Darauf rief der Weise seine ganze Familie zusammen und sprach: ‹Ihr seht, dass der König ein großer Ungläubiger ist, der das ganze Land dazu bringt, vom Glauben abzufallen. Ja, selbst einige aus unserer Familie hat er zu Ungläubigen werden lassen. Lasst uns darum in die Wüste ziehen, auf dass wir in unserem Vertrauen auf Gott, gelobt sei Er, stark bleiben›», erzählte Rabbi Nachman. Für ihn war die äußere Wüste, die materielle Armut, nichts im Vergleich zu der inneren Wüste, der seelischen Armut, in der der Mensch ohne Gottvertrauen lebt.

Rabbi Nachman lebte an einem Wendepunkt der Geschichte. Der menschliche Geist, durch Religion und Feudalherrschaft gebunden und wie in einer Flasche gefangen, sprengte im 18. Jahrhundert den Korken. Althergebrachte Lebensformen gerieten ins Wanken. Die Französische Revolution köpfte die Monarchien Europas, Newtons mechanisches Weltbild setzte sich durch, es entstand die Philosophie der reinen Vernunft und das Zeitalter der Erfindungen brach an. Noch steckte der Siegeszug der Naturwissenschaften in den Kinderschuhen, noch wurde die meiste Arbeit mit Muskel- und Pferdekraft geleistet, und der Mensch nutzte wie seit alters her die Energie des Windes und des Wassers, aber das Zeitalter der Technik war bereits eingeläutet. Die Dampfmaschine war erfunden, und die Gesetze des Stroms waren entdeckt. Der mechanische Webstuhl, das Symbol der Industrialisierung, ersetzte die Fingerfertigkeit, die Arbeitsprozesse wurden schneller und genauer. Adam Smith hatte die Grundlagen der modernen Wirtschaftssysteme durchdacht und Pascal das duale Zahlensystem entdeckt. Je wissenschaftsgläubiger die Menschen wurden, desto mehr verloren sie ihr Vertrauen in Gott.

40

Na Nach Nachma Nachman aus Uman

Mag die Welt noch so wissenschaftsgläubig sein, die göttliche Eingebung kann niemand verdrängen. Manchmal setzt sich eine Idee, die völlig absurd ist, durch und verändert die Menschen. So eine Eingebung hatte der Bratzlawer Chassid Israel Bär Odesser, dem wir den Schriftvers Na Nach Nachma Nachman aus Uman, den wir überall sehen, verdanken.» Ich sitze wieder in Rabbi Samuel Cohens Lernstunde.

«Es war am 17. Tammus im Jahre 1912, an dem Fastentag, an dem das Volk Israel der Belagerung Jerusalems durch die Babylonier und Römer gedenkt, da spürte Rabbi Israel Bär Odesser eine große Schwäche. Er aß ein paar Bissen Brot und trank ein Glas Wasser, aber danach fühlte er sich noch schlechter, und eine schreckliche Traurigkeit befiel ihn. Er sprach mit niemandem ein Wort. Es war, als würde das Leben aus ihm herausfließen, und einige, die ihn sahen, sagten: ‹Was ist mit Israel Bär los? Das ist doch nicht der Israel Bär, den wir kennen.›

Andere sagten: ‹So geht es den Bratzlawern, die nachts in die Wälder gehen, um in der Einsamkeit zu beten, ein Tier oder ein Mensch erschreckt sie, und sie verlieren den Verstand.›

Rabbi Israel Bär sah die verwunderten und mitleidigen Blicke und betete zu Gott: ‹Herr im Himmel, hole mich aus der Finsternis der Trauer, heile meine Seele.›

Plötzlich sagte eine innere Stimme zu ihm: ‹Steh auf und geh in dein Studierzimmer, öffne den Bücherschrank und hol ein

Buch hervor. Schau hinein, dort findest du die Rettung für deine Seele.›

Israel Bär tat, was die Stimme ihm gesagt hatte, und fand in dem Buch einen Zettel, auf dem stand: ‹Es war sehr schwer zu dir herunterzukommen, mein lieber Schüler, und dir zu sagen, dass dein Tun mich erfreut. Mein Feuer wird brennen, bis der Messias erscheinen wird.

Deine Aufgabe: Na Nach Nachma Nachman aus Uman.

Ich werde dir das Geheimnis von der Sprengkraft Gottes entdecken. Den Wert der Aufgabe wirst du verstehen, und das Zeichen ist, dass man sagen wird: Am 17. Tammus hast du nicht geantwortet.›

Als Rabbi Israel Bär Odesser den Zettel gelesen hatte, fiel die Traurigkeit von ihm ab, und eine große Freude erfüllte ihn. Er ging in die Betstube und fing an zu tanzen, und die anderen sagten: ‹Der Verrückte ist fröhlich geworden.›

Israel Bär tanzte den ganzen Tag und die ganze Nacht. Die anderen wurden müde, aber er hüpfte weiter im Kreis, nach dieser schrecklichen Traurigkeit hatte ihn eine große Freude befallen, denn er hatte seine Aufgabe entdeckt: Na Nach Nachma Nachman aus Uman dieser Welt bekannt zu geben und den Namen Rabbi Nachmans zu verbreiten und zu ehren.

Was lernen wir von Rabbi Israel Bär Odesser? In einer Sekunde kann Gott die schreckliche Traurigkeit von uns nehmen und uns mit Leben erfüllen, wenn wir auf unsere innere Stimme hören. Die meisten Menschen hören keine innere Stimme mehr, denn ihre Gefühle sind mit Rationalismus, Sorgen und unwichtigem Wissen verstopft. Wenn wir der Traurigkeit und der Freude freien Lauf lassen, dann wird man schnell als eigenartig oder verrückt abgestempelt. Aber wir müssen unsere seelischen Antennen ausfahren, um Gottes Kraft zu entdecken.

Rabbi Israel Bär Odesser hätte seiner inneren Stimme nicht folgen müssen, oder er hätte sagen können: ‹Was für ein Unsinn ist dieser Zettel, wer weiß, wer ihn da hineingelegt hat.› Aber er hat das Zeichen erkannt und den Rest seines Lebens arbeitete er daran, den Namen Rabbi Nachmans in der Welt bekannt zu machen. Wenn wir heute durch Jerusalem gehen, sehen wir an jeder Straßenecke, an den Toreingängen, auf den Autos den Schriftzug: «Na Nach Nachma Nachman aus Uman». Das haben wir Rabbi Israel Bär Odesser zu verdanken, der in den Augen der Welt zuerst in tiefste Traurigkeit verfiel und anschließend wie ein Verrückter tanzte.

Menschen, die Gottes Auftrag in sich spüren, können nicht gleichgültig, berechnend und kalt sein, sie werden durch Eingebung, Phantasie und schöpferischen Geist gelenkt. Aber weil die Phantasie grenzenlos ist und die Eingebungen von Gut und Böse in die Seele fließen können, hat Gott uns die Pflichten der Thora auferlegt. Sie öffnen unsere Sinne und verbinden uns mit dem Göttlichen, aber sie regeln auch auf die klügste Weise unser Leben. Die Thora setzt uns Grenzen und zieht die nötigen Zäune um unser Verhalten. Obwohl Rabbi Israel Bär Odesser in jenen Tagen todtraurig war, musste er beim Morgengrauen aufstehen, sich waschen und die Tefillin anlegen, denn das religiöse Gesetz erlaubt nicht, dass der Mensch sich bis zur Bewegungslosigkeit der Trauer ausliefert. Und als Israel Bär sich später freute, musste er sein Tanzen unterbrechen und mit dem Minjan beten, denn die Thora erlaubt auch nicht, dass man sich der Freude bis zur Besinnungslosigkeit hingibt. Das Volk Israel weiß genau, warum es die Thora über die Jahrtausende so hoch in Ehren hält. Die Griechen, die Römer, die Christen und zuletzt die Nazis haben mit Gewalt versucht, die Thora aus den Händen Israels zu reißen. Sie verbrannten die heiligen Buchstaben und wollten die Thora aus der Welt schaffen, aber zäh und verbissen hat das Volk Israel an ihr festgehalten, denn sie erfüllt die Seele mit Leben, Freude und Liebe.»

41

Ehre Vater und Mutter

Rabbi Nachman lehrte: «In den Augen der Welt ist das Vergessen ein großer Nachteil, in meinen Augen jedoch ein großer Vorteil. Wenn wir nicht vergessen würden, könnten wir Gott nicht dienen, denn wenn wir uns dauernd erinnern würden, was in unserer Vergangenheit war, könnten wir uns auf keinen Fall Gott zuwenden. Der Mensch würde verwirrt sein von all den Dingen, die ihm widerfahren sind, aber durch das Vergessen befreit er sich von ihnen.

Das Vergessen ist dem Menschen gegeben, damit er immer wieder die Thora wie zum ersten Mal lernt. Auch wenn er wiederholt, was er schon gelernt hat, durch das Vergessen erscheint es ihm neu. Dies ist wie in dem Gleichnis von den Arbeitern, die durchlöcherte Fässer mit Wasser füllen sollten. Die Dummen sagten: ‹Unnütz ist unser Tun, denn das Wasser fließt wieder ab, warum sollten wir uns ermüden und Fässer füllen, die nicht zu füllen sind?›

Aber die Klugen sagten: ‹Man bezahlt uns den Tag, und unser Verdienst wird von Tag zu Tag nicht geschmälert, was kümmert es uns, dass das Wasser wegfließt?›

So geht es auch dem, der vergisst, was er gelernt hat. Er verdient den Tag, und sein Verdienst wird nicht geschmälert.»

Rabbi Samuel Cohen erklärt dazu: «Rabbi Nachman drückt eine völlig andere Einstellung zum Lernen aus als die, die wir kennen. Wir lernen, um Konkretes zu erreichen, beispielsweise um eine Prüfung zu bestehen, einen Beruf zu erlernen oder mit unseren Kenntnissen zu glänzen, deswegen ist das Vergessen ein großer Nachteil. Unser Wissen ist ein abfragbares Wissen und je mehr Fakten wir in unserem Gehirn speichern und zur richtigen Zeit wiedergeben können, desto gescheiter und gelehrter erscheinen wir. Aber wie gut unser Gedächtnis und wie ausgezeichnet unsere Erinnerung auch sein mögen, der kleinste Computer hat eine größere Speicherkapazität, und wir versagen im Wettbewerb mit der Maschine.

Anders ist es beim Thoralernen. Da ist es weder wichtig, wie viel der Mensch lernt, noch wie viel er vergisst. Nicht die Menge des Gelernten ist wichtig, sondern dass man sich mit der Thora, dem Wort Gottes, beschäftigt. Der Lohn ist dem Lernenden gewiss, denn durch das Lernen öffnet er seine Seele für heilige Gedanken und barmherziges Tun. Die Thora schärft den Blick für den Mitmenschen, für Eltern, Ehepartner, Kinder, Nachbarn und Gemeinde. Sie lehrt uns zu sehen. Jeder Mensch hat eine Seele, und jede Seele ist einzigartig im Universum. Mögen wir ein ganzes Leben nur einen einzigen Satz lernen wie: Ehre Vater und Mutter, und wenn wir nur diesen einen Satz verstanden haben, so hat sich das lebenslange Lernen gelohnt.»

«Um den Satz: Ehre Vater und Mutter zu lernen, braucht man eine Minute», wendet eine Zuhörerin ein.

«Wenn dieser Satz aus der Thora so einfach wäre, würde unsere Gesellschaft nicht so aussehen, wie sie aussieht. Wir würden die Alten ehren und ihre Lebenserfahrung achten. Aber wir leben in einer verkehrten Welt, nicht die Jungen lernen von den Alten, sondern die Alten von den Jungen. Genauso wie Kinder schneller eine Sprache lernen, erlernen sie schneller die Sprache der Technik, und heutzutage bringen die Söhne den Vätern bei, wie man einen Computer oder ein Handy bedient. Weil die Jungen die Technik schneller verstehen, glauben sie das Leben besser zu verstehen und suchen nicht bei den Älteren Rat, sondern bei den Gleichaltrigen. Dabei müssten wir von den Erfahrungen der Alten lernen, denn um Jahrzehnte sind sie uns voraus.»

Mir fällt Trude Frenkel ein, die hundertdrei Jahre alt ist und die ich für einen Beitrag in einer Mainzer Broschüre interviewte. Bevor ich sie kennen lernte, fragte ich mich, wie sieht eine Frau aus, die über hundert Jahre alt ist? Kann man sich mit ihr unterhalten, hört und reagiert sie oder ist ihr Geist bereits abwesend? Ein gelebtes Jahrhundert, ist es ein Segen oder ein Fluch?

Bei der Telefonauskunft erfuhr ich die Nummer des Altersheimes, in dem sie in Jerusalem lebte, und rief dort an. Die Hausmeisterin verband mich mit der alten Dame.

«Entschuldigen Sie bitte, dass ich Sie störe, Frau Frenkel, ich habe gehört, dass Sie aus Mainz stammen, und würde gerne persönlich mit Ihnen sprechen. Sie sind doch aus Mainz?»

«Ich bin ä echt Maanzer Mädche», tönte es aus der Hörmuschel. Sofort war Trude Frenkel bereit, mich zu treffen. Ich sollte am nächsten Tag zu ihr kommen, und sie beschrieb mir detailliert, wie ich in ihr Zimmer im ersten Stock gelange.

Vor dem Eingangstor des Altenheimes blieb ich stehen. Beth Awot, Haus der Väter, heißt Altersheim in Hebräisch. Es ist die letzte Station, bevor man sich bei den eigentlichen Vätern, den Vorfahren im Himmel, versammelt. Um das Wohnhaus war ein Garten mit einer gepflegten Rasenfläche angelegt, und vor der gläsernen Eingangstür, im Schatten einiger Bäume, standen weiße Korbstühle. In der klimatisierten Lobby saßen an niedrigen Tischen ein paar ältere Frauen. Einige unterhielten sich und andere warteten. Neugierig wandten sie ihre Köpfe in meine Richtung, als ich an ihnen vorbeiging.

Trude Frenkel wartete schon in ihrem Zimmer auf mich. Sie war eine kleine, schmale Frau mit wachen, blauen Augen. Zusammengesunken saß sie in einem Sessel und forderte mich auf, Platz zu nehmen. Sie hörte gut, ich musste nicht laut reden. Eine Stunde saß ich bei ihr, eine Stunde, in der sie ihr über hundertjähriges Leben aus der Erinnerung hervorholte und mich nach Mainz mitnahm, wie es sich in ihrem Gedächtnis eingegraben hatte.

«Wenn Sie sich an das Mainz Ihrer Kindheit erinnern, was fällt Ihnen ein?», fragte ich als Erstes.

«Das Bimmelbähnchen. Wir Kinder riefen immer: Das Bimmelbähnchen kommt», antwortete sie.

Die Antwort verblüffte mich. Wieso hatte die Bimmelbahn einen solchen Eindruck auf sie gemacht, dass sie sich nach fast hundert Jahren daran erinnerte? Was war an einem Verkehrsmittel so Besonderes? Das Bimmelbähnchen klingelte, und dieser Lärm fiel damals auf. Vor hundert Jahren gab es keine hupenden Autos und keine anfahrenden Busse, keine quietschenden Straßenbahnen und keinen Verkehrsstau. Die Straße war noch ruhig, und das Bimmelbähnchen läutete das Zeitalter der akustischen Umweltverschmutzung ein. Aber das wusste damals keiner, die Kinder freuten sich über den ungewohnten Klang und schauten sehnsüchtig auf das Bimmelbähnchen, das in unbekannte Stadtteile fuhr.

Trude Frenkel, die mittlere von drei Schwestern, stammte aus einer gutbürgerlichen Familie. 1913 begann sie ein Medizinstudium in Freiburg. Dies war für Mädchen in jener Zeit noch außergewöhnlich. Sogenannte «höhere Töchter» wurden auf ihre künftige Rolle als Hausfrau und Mutter vorbereitet, lernten zu repräsentieren, zu konversieren und sich korrekt zu benehmen, aber die ersten Frauen machten sich auf, die Welt des Intellekts zu erobern, und verschafften sich Zugang zu Medizin und Wissenschaft. Ermutigt vom Beispiel Marie Curies streckten sie ihre Hände nach der Krone der Lehre aus. Durchsetzungsfähig und klug war Trude und sicherlich fiel diese schmale kleine Person im medizinischen Hörsaal auf. Misstrauisch beäugt wurden die Pionierinnen des Geistes, die daran gingen, den Weg für die nachkommenden weiblichen Generationen zu ebnen. Ihre Leistungen mussten herausragen, denn allein ihr Geschlecht war ein Makel in der Welt der Wissenschaft, der Domäne der Männer.

In Freiburg lernte Trude den Medizinstudenten Adolf Frenkel aus Berlin kennen, sie verliebten sich ineinander und heirateten. Der Erste Weltkrieg brach aus, Trude kehrte heim nach Mainz, Adolf folgte ihr und wurde Sanitäter.

1918 kamen die Franzosen in die Stadt und besetzten das Schloss. Die spanische Grippe brach aus und raffte sechzigtausend Menschen dahin, unter ihnen die ältere Schwester Trudes, und 1921 starb die jüngere Schwester an Paratyphus.

Aber das Leben ging weiter. Adolf hatte sein Studium in Frankfurt am Main als Hals-Nasen-Ohren-Arzt abgeschlossen. Trude hatte, wie lange Zeit üblich, nach der Heirat ihr Studium abgebrochen. In den folgenden Jahren half sie ihrem Mann, seine Praxis aufzubauen und gebar zwei Söhne. Nun wäre der Weg eigentlich vorgezeichnet gewesen. Nach einigen Jahren wäre man in das eigene Haus gezogen, die Praxis hätte sich vergrößert, man hätte als angesehene Bürger in Mainz gelebt. Aber dann kam Adolf Hitler an die Macht und erklärte den Juden Adolf Frenkel zur unerwünschten Person.

Nach 1933 kamen die Patienten zwar immer noch, aber sie wurden ängstlich. Als einmal Adolf Frenkel zu einer Kranken gerufen wurde und sein Auto vor dem Haus parkte, bat ihn der Mann der Patientin, er möge den Wagen in einer Seitenstraße abstellen. Er fürchtete, die Nachbarn könnten bemerken, dass er einen jüdischen Arzt zu seiner Frau gerufen hatte.

«Ich bin Arzt und kein Verbrecher», antwortete ihm Dr. Frenkel entrüstet, und als er nach Hause kam, stand sein Entschluss endgültig fest: «Wir gehen nach Palästina.»

Trude Frenkel versuchte, ihn davon abzuhalten. Sie sah in dem Naziregime eine vorübergehende Erscheinung, aber ihr Mann war von Deutschland enttäuscht und 1935 ging er zunächst allein nach Palästina. Er sah sich nach Arbeitsmöglichkeiten um und kaufte in Jerusalem eine Wohnung. Im Mai 1936 folgte Trude mit den beiden Söhnen.

Jerusalem glich damals mehr einem Dorf als einer Stadt. Das Haus an der Ha-Melekh George war noch im Bau, als die Familie die unfertige Wohnung im dritten Stock bezog. Die Ha-Melekh George, heute eine der verkehrsreichsten Adern in der Innenstadt, war in den dreißiger Jahren noch eine verschlafene Gasse. Viele Jeckes, so nennt man die deutschen Juden in Israel, siedelten in dieser Wohngegend. Als die Familie Frenkel einwanderte, wurde dort gebaut, gehämmert und gehobelt, Haus um Haus, Straße um Straße entstand, und sofort pflanzten die Jeckes Setzlinge in den steinigen Wüstenboden. Nicht nur, weil sie Schutz vor der Sonne suchten, sondern weil ihnen das Grün aus ihrer verlorenen Heimat fehlte, und heute ist Rechavia ein schattiges Wohnviertel mit Blumenhecken und Gärten.

Trude und Adolf Frenkel konnten ihre Auswanderung noch planen und Möbel, Geschirr, Bilder und die geliebten Bücher mitnehmen. Fast fünfzig Jahre lebte Trude Frenkel in dem Haus an der Ha-Melekh George. Sie beobachtete, wie die Stadt wuchs, sie saß am Radio, als die Vereinten Nationen die Gründung des Staates Israel beschlossen, sie sah, wie die Engländer abzogen, und zitterte, als der Krieg um die Unabhängigkeit Israels begann. Trude Frenkel erzählte mir von Bomben, die auf der Ha-Melekh George hochgingen, vom Gefühl der Bedrohung durch die arabischen Nachbarn. Sie erlebte den Sechs-Tage-Krieg und die Vereinigung Jerusalems.

Ihr Mann starb, ihr Sohn starb, ihr zweiter Sohn zog nach Amerika und sie blieb allein zurück. Das Alter beugte sie, die Füße versagten ihren Dienst, aber der Tod wollte sie noch nicht mitnehmen. Sie war über neunzig Jahre alt, als sie die Wohnung in der Ha-Melekh George aufgab und in das Altenheim zog.

In ihrem länglichen Zimmer hängen zwei Bilder des Malers Miller-Fenkoff an der Wand. Auf dem einen ist die Mündung des Mains in den Rhein abgebildet, auf dem anderen ein winterliches, schneebedecktes Dorf am Ufer des Rheins. Ein paar verbeulte Zinnteller, die Trude Frenkel von ihrer Urgroßmutter geerbt hat, stehen auf einem einfachen Regal. Es sind Relikte einer Landschaft und einer Kultur, die sie trotz der erlittenen Enttäuschung nicht aus ihrer Seele verbannen konnte. Nur einmal reisten Trude und Adolf Frenkel nach dem Zweiten Weltkrieg nach Mainz, Anfang der fünfziger Jahre, um einige Dokumente einzusehen und die Papiere zu ordnen. Sie wollten nicht mehr nach Mainz zurückkehren, aber in dem heißen und trockenen Klima Jerusalems hatten sie in ihrer Wohnung stets den Main, den Rhein und das verträumte Dorf am Wasser vor Augen.

«Frau Frenkel, wie ist es, wenn man über hundert Jahre alt ist?», fragte ich sie und erwartete, von ihr zu hören, dass man weiser, abgeklärter und ruhiger wird. Aber sie antwortete: «Man darf der vergangenen Zeit nicht nachtrauern. Früher war ich so flink, lief überall hin und heute kann ich mich nur mühsam mit dem Gehgestell bewegen. Viele Alte jammern wegen ihrer Gebrechen, aber ich betrachte jeden Tag als Geschenk.»

42

Jeder Buchstabe ist heilig

Es ist besser, tausendmal zu vergessen und tausendmal neu zu lernen, als einmal falsch zu lernen», beginnt Rabbi Samuel Cohen seinen neuen Vortrag. «Jeder Buchstabe der Thora ist heilig, jeder Buchstabe vom Tenach (Altes Testament) ist heilig, deswegen darf kein Buchstabe hinzugefügt und keiner weggelassen werden. Ein einziger falscher Buchstabe kann die Welt verändern. Weil Gottes Wort heilig ist, ist auch das Lernen von Gottes Wort ein heiliger Akt und mit äußerster Sorgfalt muss Sein Wort verkündet werden. Religionen können auf einem falschen Wort aufgebaut sein und ganze Gedankengebäude auf Sand errichtet werden, aber ewig können sie nicht halten. Ewig ist Sein Wort und Israels Lehre.»

Rabbi Samuel Cohen macht eine kurze Pause, trinkt einen Schluck Wasser und erzählt: «Einmal ist der Vorbeter unserer Gemeinde krank geworden, und ein anderer Mann hat sich bereit erklärt, am Schabbat aus der Thora den Wochenabschnitt vorzulesen. Weil er im Thoravorlesen nicht geübt war, machte er dauernd Fehler. Wir verbesserten ihn einmal, zweimal, dreimal. Ein falsch gelesenes oder unrichtig ausgesprochenes Wort muss wiederholt und richtig ausgesprochen werden. Der Mann war aber so aufgeregt, dass er mit den Fehlern fortfuhr und die Gemeinde konnte sich gar nicht mehr auf den Text konzentrieren, sondern musste ständig auf die Fehler achten. Der Vorleser strengte sich sichtbar an und er tat mir leid, am liebsten hätte ich aufgehört, ihm dauernd dazwischenzufunken. Aber der Gemeinde und mir blieb nichts anderes übrig, als ihn laufend zu verbessern, denn Gottes Wort darf nicht fehlerhaft verkündet werden. In diesem Moment dachte ich, wie streng die Vorschrift des Thoravorlesens ist, und überlegte, warum besteht Israels Gesetz auf Buchstabentreue? Warum konnte man nicht etwas barmherziger mit diesem armen Vorleser umgehen, warum ging es nicht an, ab und zu ein Auge zuzudrücken? Es hätte ja keinem wehgetan, wenn man nicht jeden Fehler unerbittlich verbessert hätte. Wenn es in diesem Moment nach mir gegangen wäre, hätte ich hier und da ein falsches Wort durchgehen lassen, um den aufgeregten Vorbeter nicht noch mehr zu verunsichern.

Ein paar Tage später erhielt ich die Antwort. Ich sollte nach Tel Aviv fahren, und als ich in mein Auto einstieg, merkte ich, dass ich am Abend davor vergessen hatte, die Scheinwerfer auszumachen. Das Licht hatte die ganze Nacht über gebrannt, und die Batterie war leer. An diesem Morgen hatte ich keine Zeit, die Batterie in die Autowerkstatt zu bringen, und deswegen musste ich mit dem Autobus nach Tel Aviv fahren. Neben mir nahm ein Mann von fünfundvierzig oder fünfzig Jahren Platz, und während der Fahrt kamen wir ins Gespräch. Es stellte sich heraus, dass er ein christlicher Geistlicher war, und zwischen uns entwickelte sich ein interessantes Gespräch über unseren Glauben.

‹Ihr hängt doch am Alten Testament, während wir das Alte überwunden und das Neue bekommen haben›, erklärte er mir.

‹Und was steht im Neuen Testament anderes drin als im Alten?›, wollte ich wissen.

‹Haben Sie jemals das Neue Testament gelesen?›, fragte er mich.

‹Nein›, musste ich bekennen.

‹Tun Sie es›, sagte er und drückte mir ein Buch in die Hand.

Dieser Geistliche hatte auf mich einen ernsten und guten Eindruck gemacht, und bevor wir ausstiegen, tauschten wir unsere Telefonnummern aus. Ich versprach ihm, das Buch zu lesen, danach wollten wir uns treffen, um weiter zu diskutieren.

Zu Hause schlug ich das Neue Testament auf und begann mit tiefem Ernst und mit offenem Herzen zu lesen. Das Buch beginnt mit den Aufzeichnungen eines Mannes namens Matthäus. Er zählt zuerst den Stammbaum von Jesus auf, der auf das Haus David zurückgeht. Dann erzählt er von der Geburt Jesu. Seine Mutter Maria war Josef versprochen, und Maria wurde schwanger. Es lag also eine Verlobung, aber noch keine Heiligung, das heißt, keine Heirat vor. Die Verlobung ist zwar ein rechtsgültiger Vertrag nach dem Gesetz Israels, aber die eheliche Verbindung darf erst nach der Trauung vollzogen werden. Weil Josef ein frommer Mann in der Gemeinde Israels, aber Maria ihm noch nicht angeheiligt war, hatte er sie noch nicht berührt. Deswegen war er verwirrt, als er erfuhr, dass sie schwanger war, und wollte sie verlassen. In diesem Moment erschien ihm ein Engel und sagte, dass kein anderer Mann, sondern der Heilige Geist sie geschwängert habe und das Kind, das zur Welt komme, das Volk Israel von seinen Sünden retten werde.

Dieser Teil in der Schilderung ist auslegungsbedürftig, aber ich nehme an, dass es Deutungen gibt. Wie wurde Maria vom Heiligen Geist schwanger? Warum schickt Gott einen Engel und spricht nicht selbst zu Josef, wie Er zu den Propheten gesprochen hat? Von welchen Sünden soll Jesus das Volk retten, und wie genau geht das vor sich?

Ich schrieb mir alle Fragen sorgfältig auf, und bei unserem Treffen wollte ich den Geistlichen um Interpretation bitten. Aber dann kam eine Stelle im Neuen Testament, die mir den Atem nahm. Dort heißt es: ‹Das ist aber alles geschehen, damit erfüllt würde, was der Herr durch den Propheten gesagt hat: ‛Siehe, eine Jungfrau wird schwanger sein und einen Sohn gebären, und sie werden ihm den Namen Immanuel geben.’›

Matthäus zitiert Jesaja, den Propheten aus dem Alten Testament, das Buch, mit dem ich seit Kindesbeinen groß geworden bin.

‹Das steht doch gar nicht bei Jesaja›, fuhr es mir durch den Kopf, und ich holte die hebräische Originalschrift hervor.

Bei Jesaja steht geschrieben: ‛Siehe, eine junge Frau wird schwanger sein.’ Das Wort Jungfrau (*Betula*) wird bei Jesaja überhaupt nicht erwähnt. Der Prophet spricht von einer *Alma*, einer jungen Frau. Matthäus, der Verfasser des ersten Kapitels des Neuen Testaments, hat den Tenach falsch zitiert. Vielleicht hat auch Matthäus richtig zitiert, und der Fehler hat sich bei einer Übersetzung eingeschlichen, ich weiß es nicht. Aber wenn ein Buch schon auf der ersten Seite mit so einem gravierenden Fehler beginnt, dann ist es ein problematisches Buch, denn ein Fehler zieht in der Regel weitere nach sich. Nun verstand ich, warum das Gesetz Israels keinen Fehler beim Vorlesen der Thora und der Propheten durchgehen lässt. Wenn aus ‹jung*e* Frau› ‹Jungfrau› wird, verwirrt das Fehlen eines einzigen Buchstabens Millionen und Abermillionen von Menschen und baut ein verdrehtes Gedankengebäude auf.»

43

Wohltätigkeit heilt

In einem Dorf lebte ein Schankpächter, dessen Frau ein gütiges und offenes Herz hatte. Wo immer sie konnte, half sie den Armen und Kranken, und niemals wies sie einen Bettler von ihrer Tür ab. Eines Tages wurde die gute Frau selbst krank. Kein Arzt und keine Medizin halfen ihr, und ihr Mann wusste nicht, was er tun sollte. Jedem erzählte der verzweifelte Schankpächter von der Krankheit seiner Frau, und eines Tages sprach er mit einem Anhänger des Rabbi Nachman über sein Unglück.

«Fahre zum Rabbi Nachman, und bringe ihm ein Lösegeld, damit er deine Frau vom Tod auslöst», riet ihm der Chassid.

Der Mann folgte seinem Rat und machte sich auf zum Zaddik nach Bratzlaw. Er gab Rabbi Nachman mehrere Goldstücke und bat ihn, für die Gesundheit seiner Frau zu beten. Der Rabbi nahm das Geld und sagte: «Bringe mir noch eine Münze.»

Der Mann brachte noch eine Goldmünze, aber der Rabbi schüttelte den Kopf und sagte: «Sie ist zu leicht, bringe mir eine andere.»

Auch beim nächsten Mal beharrte Rabbi Nachman darauf, dass die Münze zu leicht sei, und so ging es noch einige Male, bis der Mann einen ganzen Beutel Goldmünzen herbeischaffte und der Zaddik sich eine aussuchte. Er wog sie sorgfältig und befand: «Fahre nach Hause, deine Frau wird gesund werden.»

Als der Schankpächter nach Hause kam, ging es der Frau besser, und sie erzählte: «Meine Seele war aus dem Körper entflohen und stand vor dem himmlischen Gerichtshof. Dort wurden meine guten Taten und meine Fehler gegeneinander abgewogen, und es stellte sich heraus, dass meine Verfehlungen überwogen. Im Himmel wurde beschlossen, dass ich nicht mehr auf diese Welt zurückkehren dürfe. In diesem Moment erschien ein Mann und warf eine Münze in die Waagschale der guten Taten, und die Waagschale wurde schwerer als die der schlechten Taten. Im letzten Moment wurde das Urteil geändert, und ich kehrte zurück.»

Vielen religiösen Erweckern werden heilende Kräfte nachgesagt, so auch Rabbi Nachman. In einer Geschichte wird von einem Kranken erzählt, der seinen Arm nicht bewegen konnte. Der Arm lag in einer Schlinge, und der Mann litt unter ständigen Schmerzen. Er war sehr arm und konnte sich weder einen Arzt noch Medizin leisten. An einem Schabbat, als Rabbi Nachman mit seinen Chassidim am Tisch saß, kam der Kranke zu ihm und erzählte von seinem Leiden.

Da fragte der Zaddik die Anwesenden: «Glaubt dieser Mann?»

Alle nickten und bestätigten dies. Aber der Rabbi fragte noch mal: «Glaubt dieser Mann?»

Alle antworteten: «Ja.»

Da befahl Rabbi Nachman dem Kranken, den Arm zu heben. Der Mann erschrak, denn er konnte seit langem seinen Arm nicht mehr bewegen. Trotzdem tat er, was der Rabbi von ihm verlangt hatte, und hob seinen Arm hoch. Es war ein Wunder. Und nach einiger Zeit hörte der Arm ganz auf wehzutun und wurde gesund.

Wenn ein Kranker Rabbi Nachman von seinen Schmerzen erzählte, dann fühlte der Zaddik den Schmerz am eigenen Leib.

Einmal sagte er: «Früher habe ich die Schmerzen des Volkes Israel nicht intensiv wahrgenommen. Deswegen betete ich zu Gott, dass er mich fühlend machen soll, damit ich mit jedem mitleiden kann.»

Rabbi Nachman lehrte: «Wohltätigkeit heilt. Dies ist der Weg der Heilung: Die Wunde muss geöffnet werden, der Eiter abfließen, das gute Blut erhalten und danach die Wunde geschlossen werden.»

Rabbi Samuel Cohen erläutert: «Von welcher Wunde und welcher Heilung spricht Rabbi Nachman? Die Wunde ist unsere Angst vor dem Tod. Wohltätigkeit öffnet die Wunde. Wohltätigkeit ist die guten Taten, die uns in der kommenden Welt angerechnet werden, deswegen verlangte Rabbi Nachman von dem Schankpächter ein Lösegeld, damit er seiner Frau helfen konnte. Dieses Geld war für die Bedürftigen bestimmt, denn wer hat und nicht gibt, dem kann man nicht helfen. Das gute Blut ist das Gottvertrauen, das jeder Mensch hat, das aber hinter der Eiterbeule Angst und Selbstsucht versteckt ist. Dieses Vertrauen muss zum Vorschein kommen, und erst dann kann die Wunde geschlossen werden. Aber wer nicht an die Kraft Gottes glaubt, den kann man nicht heilen, deswegen fragte Rabbi Nachman: ‹Glaubt dieser Mann?›

Tausende und Abertausende von Geschichten gibt es, wie Menschen, die krank waren, durch ihren Glauben gerettet wurden. Aber mit dem Herrn der Welt können wir kein Abkommen abschließen in dem Sinne: ‹Jetzt bin ich krank, hilf mir, und ich werde an Dich glauben.›

Lange bevor sich der Körper zerstört, ist die Seele mit Angst vergiftet, und diese vergiftete Seele versucht mit aller Kraft sich im Körper zu halten. Aber jeder hat nur die Zeit auf der Erde, die ihm der Schöpfer zumisst. Ein Mensch, der in Einklang mit Gott lebt, hat keine Angst vor der jenseitigen Welt. Er kann in Ruhe leben und in Ruhe sterben. Aber weil wir mehr Vertrauen in die Medizin als in Gott haben, ist das Sterben nicht leichter, sondern schwerer geworden. Die Ärzte lassen uns nicht mehr in Ruhe von dannen gehen, und viele von uns treten einen schrecklichen Leidensweg an. Doch wissen wir alle, dass der Todesengel, Gottes gehorsamer Diener, stärker ist als jegliche Medizin und der beste Arzt von ihm bezwungen wird.»

«Meine Großmutter hatte Brustkrebs, und die linke Brust wurde ihr amputiert», erzählt mir Esther nach der Lernstunde.

«Oma erhielt Bestrahlungen und musste alle paar Monate zur Nachuntersuchung ins Krankenhaus gehen. Nervös und aufgeregt zitterte sie jedes Mal dem Ergebnis entgegen. Sie fühlte sich wie ein Angeklagter, der auf sein Urteil wartet. ‹Wenn sich innerhalb von fünf Jahren keine Metastasen bilden, dann ist der Krebs besiegt›, wurde ihr gesagt. Fünf Jahre voller Hoffen und Bangen gingen vorbei, ohne dass sich der Krebs ausgebreitet hätte. Nach dieser magischen Zeit fühlte sie sich gesund und glücklich. Sie hatte die Krankheit besiegt.

Ein Jahr später stellte sich bei einer Routineuntersuchung heraus, dass sie Knochenkrebs hatte. Ihr ganzer Lebensmut brach zusammen, und ich kann mich noch sehr gut erinnern, wie schlecht es ihr nach jeder Chemotherapie ging. Die Haare fielen ihr aus, und sie schämte sich, eine Perücke aufzusetzen. Wenn wir spazieren gingen, fragte sie mich dauernd: ‹Sieht man, dass das nicht meine eigenen Haare sind, merkt man mir an, dass ich krank bin?›

Wie einen Charakterfehler wollte sie die Krankheit verstecken. Zwei Jahre lang hat sie sich noch mit allen möglichen Therapien gequält, bis sie gestorben ist. Seit Omas Tod entwickelte ich einen Widerwillen gegen Ärzte.

Vor zwei Monaten bekam ich Halsschmerzen und konnte nicht schlucken. Notgedrungen ging ich zu einem Arzt, damit er mir Tabletten verschrieb. Der Doktor fragte mich nach meiner Kranken- und Familiengeschichte, und als ich ihm erzählte, dass meine Großmutter erst Brustkrebs gehabt habe und dann an Knochenkrebs verstorben sei, sagte er: ‹Ich rate Ihnen, zur Vorsorgeuntersuchung zu gehen und eine Mammographie machen zu lassen. Sie gehören zur Risikogruppe. In Ihrem Alter sollte man sich jedes Jahr untersuchen lassen.› Er gab mir vorsorglich einen Überweisungsschein für den Röntgenologen mit. Zu Hause sah ich mir den Zettel an und beschloss: Ich mache keine Mammographie, nicht heute, nicht morgen, nicht nächstes Jahr. Wenn der Herr der Welt es so bestimmt und mir Krebs schickt, dann werde ich mich mit der Krankheit beschäftigen, aber vorher will ich die Angst meiner Großmutter nicht spüren. Den ganzen Tag habe ich mich noch über den Arzt geärgert. Ich hatte ihn aufgesucht, damit er mir ein Mittel gegen Halsschmerzen verschreibt. Aber er hat meine Seele mit seinen Ratschlägen in Angst vor Krebs versetzt. Zu diesem Arzt gehe ich nicht mehr.»

44

Die Geschichte vom Sterndeuter

Als ich das nächste Mal die Lernstunde besuche, erzählt Rabbi Samuel Cohen Rabbi Nachmans Geschichte vom Sterndeuter.

«Ein Sterndeuter kam in eine Stadt, und viel Volk lief zu ihm, um sich Rat bei ihm zu holen und die Zukunft deuten zu lassen. In dieser Stadt lebte ein frommer Mann, der Thora lernte und seiner Arbeit nachging, aber sein geringer Verdienst reichte nur für ein ärmliches Leben. Als bekannt wurde, dass die Ratschläge des Wahrsagers vielen Menschen Hilfe brachten, drängte die Frau des Frommen, ihr Mann möge sich Rat holen, wie sie ihre Armut überwinden könnten.

‹Hilfe kann nur vom Allmächtigen und nicht von einem Sterndeuter kommen›, antwortete er ihr.

Seine Frau ließ aber nicht locker, und wie der Lauf der Dinge so ist, er wollte nicht, er wollte doch, und gegen seinen Willen ging er zum Hellseher.

Der Sterndeuter sagte zu ihm: ‹Dein Glück liegt im Diebstahl.›

Da erschrak der Fromme und lief davon.

Zu Hause wollte die Frau wissen, was der Hellseher gesagt hatte.

‹Nichts›, antwortete der Mann.

‹Sicher hat er etwas gesagt, du willst es mir nur nicht verraten›, entgegnete die Frau. Sie drängte ihn, und wie der Lauf der Dinge so ist, er wollte nicht, er wollte doch, und gegen seinen Willen bekannte er: ‹Der Sterndeuter sagte, mein Glück liege im Diebstahl.›

Die Frau erschrak über den wunderlichen Ratschlag und schwieg.

Wie üblich ging der fromme Mann seiner Arbeit und dem Thoralernen nach, aber die Not im Hause wurde immer größer.

Da sagte seine Frau: ‹Vielleicht gehst du einmal stehlen, nur damit wir nicht vor Hunger sterben.›

‹Nein›, sagte der Mann. Aber seine Frau jammerte fortwährend, und wie der Lauf der Dinge so ist, er wollte nicht, er wollte doch, und gegen seinen Willen brach er in das Lagerhaus eines reichen Kaufmanns ein. Im Gewölbe fand er die Wächter schlafend, unbeobachtet nahm er aus der Kasse einige Münzen und brachte sie seiner Frau.

‹Wisse›, sagte er, ‹dieses Mal habe ich das Gebot 'Du sollst nicht stehlen' übertreten, aber noch einmal tue ich es nicht.›

So vergingen einige Wochen, die Not kehrte wieder, und der Hunger quälte die beiden. Die Frau drängte ihren Mann, noch mal zu stehlen, und wie der Lauf der Dinge so ist, er wollte nicht, er wollte doch, und gegen seinen Willen ging er in das Lagerhaus des Reichen, entwendete einige Geldstücke, und niemand entdeckte ihn. Und von nun an bestahl er den Reichen immer, wenn sie Hunger hatten.

In der Stadt wurde unter den Einbrechern ruchbar, dass es einen geschickten Dieb gäbe, der regelmäßig, wenn auch um ein weniges, den reichen Kaufmann bestehle, und den man nicht fassen könne. Die Strolche wollten ihn gerne in ihre Gesellschaft aufnehmen, damit er mit ihnen gemeinsame Sache mache. Sie stellten ihm nach, bis sie ihn zu fassen bekamen, und waren erstaunt, einen so ehrenwerten und frommen Mann bei ihrem Geschäft anzutreffen. Sie befreundeten sich mit ihm, und eines Tages kamen sie zu ihm und erzählten, dass der König ein teures Gewand habe, auf dem wertvolle Edelsteine aufgenäht seien. Schon lange wollten sie das Königskleid stehlen, aber wegen der aufmerksamen Wache sei es nicht möglich, an das Gewand heranzukommen. ‹Du hast jedoch besondere Kräfte›, schmeichelten sie dem Mann, ‹wenn du das wertvolle Kleid stiehlst, dann wollen wir den Gewinn teilen. Du besitzt dann so viel, dass du nie mehr stehlen musst.›

Wie der Lauf der Dinge so ist, er wollte nicht, er wollte doch, und gegen seinen Willen drang er in die Gemächer des Königs ein. Und weil das Glück ihm hold war, bemerkten ihn die Wachen nicht, und er konnte das wertvolle Gewand entwenden und brachte es seinen Diebesfreunden.

Nun begannen sie miteinander zu streiten, wem ein größerer Anteil zustünde. Die Bande behauptete, wenn sie ihm das Versteck nicht verraten hätte, dann wäre er nicht an die Edelsteine gekommen, und deswegen stünde ihr der größere Anteil zu. Er bestand darauf, das Glück sei mit ihm gewesen und er hätte das Kleid gestohlen, deswegen stünde ihm der größere Anteil zu.

Weil sie sich nicht einigen konnten, entschied der Mann: ‹Der König ist ein großer Weiser, ich werde zu ihm gehen und ihn um Rat fragen.›

Da wunderten sich die Diebesfreunde und sagten: ‹Wie kannst du so eine Frage dem König vorlegen?›

Der Mann antwortete: ‹Wenn der König nicht schlafen kann, sitzt ein Geschichtenerzähler an seinem Bett und erzählt ihm eine Geschichte, bis er einschläft. Ich werde mich anstelle des Geschichtenerzählers an des Königs Bett setzen.›

Das tat er, und als der König vom Schlaf erwachte und nicht wieder einschlafen konnte, erzählt er ihm die Geschichte, als würde sie sich an einem anderen Ort zugetragen haben.

‹Wem gebührt der größere Anteil?›, fragte der Dieb.

Der König antwortete: ‹Welch eine Frage, der größere Anteil gehört dem, der gestohlen hat. Wäre das Glück nicht mit ihm gewesen, hätte das Kleid nicht gestohlen werden können.›

Nach einer Weile wurde bekannt, dass das wertvolle Gewand des Königs entwendet worden war, und alle wunderten sich, wie das geschehen konnte. Der König erinnerte sich an die Geschichte des Diebes und an seine Frage und wie er selbst gerichtet hatte. Da ließ der König verlauten, dass er einen Dieb mit so außergewöhnlichen Eigenschaften kennen lernen möchte. Er bitte ihn, an den Hof zu kommen und werde ihm nichts antun.

Wie der Lauf der Dinge so ist, er wollte nicht, er wollte doch, und gegen seinen Willen ging der Mann zum König und erzählte ihm seine Geschichte vom Anfang bis zum Ende.

Da sagten die Minister und Richter zum König: ‹Obwohl du ihm verziehen hast, wir fordern das Recht ein.› Und sie berieten untereinander und verhängten ihm die Todesstrafe durch den Strang. Als der Mann zum Galgen geführt wurde, sah er von weitem den Sterndeuter. Dieser trug auf seinen Schultern einen Sack voll durchgelaufener Schuhe.

Da rief der Mann ihm zu: ‹Sieh, wohin du mich gebracht hast. Du warst es, der mir geraten hat, mein Glück im Diebstahl zu versuchen.›

Da lachte der Sterndeuter und antwortete: ‹Sieh dir den Sack mit den zerrissenen Schuhen an. So viel musste ich laufen, bis ich dich endlich zu fassen bekam.›

Wer ist der Sterndeuter in dieser Geschichte?», beginnt Rabbi Samuel Cohen seine Deutung. «Es ist der böse Trieb, der dem Menschen überall auflauert und ihn beständig täuscht. Mit List und Tücke schleicht er sich in unser Leben ein, und kein Mensch ist vor ihm gefeit. Woran scheitert der fromme Mann? An seinem Zweifel an Gott und an seinem Hochmut. Der Mann wusste, dass Hilfe nur vom Ewigen kommt, trotzdem ging er zum Sterndeuter. Wenn Rabbi Nachman sagt: ‹Er wollte nicht, er wollte doch› und ‹gegen seinen Willen›, dann sagt er uns, hier haben wir es mit einem Schwankenden zu tun, und nur scheinbar ist er gegen seinen Willen zum Sterndeuter gegangen. In dem Zweifler ist beides verankert, der Glaube an Gott, aber auch der Unglaube. Nach außen hin war der Mann noch gesetzestreu, innerlich jedoch schon bereit, den Weg der Thora zu verlassen. Und warum war der Mann hochmütig? Weil er sich fromm und gottesfürchtig glaubte und meinte, er sei gegen die Versuchung gefeit. Kein Mensch ist gegen die Versuchung gefeit, jeder Tag ist ein neuer Tag des Kampfes.

Warum sollen wir so streng gegen uns sein? Hier ein Gebot der Thora übertreten, dort eines nicht einhalten, was ist denn so schlimm daran?

‹Ein Vergehen zieht das andere nach sich›, lehren unsere Weisen, und alles fängt mit kleinen Nebensächlichkeiten an. Der erste Schritt zum Alkoholiker ist die erste Flasche Bier, der erste Schritt zum Kettenraucher ist die erste Zigarette, der erste Schritt zum Junkie ist die erste Spritze, der erste Schritt zum Ehebruch ist der Gedanke an einen anderen Mann oder eine andere Frau.

‹Aber nicht jeder wird ein Alkoholiker, ein Kettenraucher oder ein Dieb›, wird man mir vorhalten. Das stimmt, aber wir müssen uns stets darüber im Klaren sein, dass wir wissen, wo wir anfangen, aber nicht wissen, wo wir enden. Wehe dem Hochmütigen, der meint, er sei gegen die Gefahren gefeit. Der böse Trieb hat sich bereits mit ihm verbunden und wird ihn an seiner schwächsten Stelle packen. Wir müssen an unserer Stärke und Festigkeit stets zweifeln, denn kein Mensch ist fehlerlos und gefeit gegen die Versuchung und Verführung.»

45

Die mysteriöse Fahrt

Für asketische Naturen wie Rabbi Nachman ist das anspruchslose Leben keine Qual, sondern eine unabdingbare Notwendigkeit. Schöne Kleider, gutes Essen, bequeme Wohnungen dienen in ihren Augen nur dem vergänglichen Leib und behindern die Seele in ihrem Dienst am Allmächtigen. Geld schätzen sie gering, nur der innere Reichtum zählt. Wenn sich Wohlhabende in ihre Gesellschaft begeben, dann brüskieren sie sie und zeigen ihnen, dass sich der ärmste Bettler mit ihnen messen kann.

Zu Rabbi Nachman kam ein Chassid und erzählte von einem bekannten Kaufmann, der Rabbi Baruch eine beträchtliche Summe gespendet hatte. Da deutete Rabbi Nachman auf einen mittellosen Mann und sagte: «Dieser Arme hat mir viel mehr gegeben.»

«Wie ist das möglich?», wunderte sich der Chassid.

«Dieser Mann ist ein Lehrer», erklärte Rabbi Nachman, «und hat jedes Jahr Schüler, die er entweder in der Sommer- oder in der Winterzeit unterrichtet. Von den paar Groschen Lehrgeld lebt er. Dieses Jahr ist er für den ganzen Sommer nach Bratzlaw gekommen, um bei mir zu lernen, und musste auf den Verdienst eines halben Jahres verzichten. Dieser Mann hat mir weit mehr gegeben als jener reiche Kaufmann meinem Onkel Rabbi Baruch.»

Die Chassidim von Rabbi Nachman waren in der Regel arme Schlucker, die nichts spenden konnten, sondern selbst auf Spenden angewiesen waren. Während andere chassidische Zaddikim von ihren Anhängern großzügig unterstützt wurden, verstand es Rabbi Nachman nicht, reiche und vornehme Gönner an sich zu binden, und in seinem Hause herrschte bittere Armut.

Rabbi Nachman sorgte sich um das Seelenheil der Menschheit, aber von was seine Frau Sossja Schuhe und Kleider für die Kinder kaufen sollte, das kümmerte ihn nicht. Er war von messianischen Erwartungen erfüllt und wollte die Erlösung der Welt beschleunigen, aber wer Sossja Fleisch und Fisch für die Schabbatmahlzeit borgte, das ging ihn nichts an. Über den täglichen Unterhalt machte er sich keine Gedanken, alle Sorgen für das leibliche Wohlergehen der Familie überließ er seiner Frau, die schweigend ihr hartes Los ertrug. Sie, die in ihrer Kindheit niemals die Not kennen gelernt hatte, führte an seiner Seite das kärgliche Leben eines armen Weibes, das sich den Bissen vom Munde absparen muss, um ihre Kinder zu ernähren. Sossja brach unter der Peitsche der Armut zusammen, die Sorgen und die schwere Arbeit haben sie früh ins Grab gebracht.

Acht Kinder gebar Sossja, sechs Töchter und zwei Söhne. Große Hoffnungen setzte Rabbi Nachman in seinen älteren Sohn Schlomo Ephraim. Die Erlösung des Volkes Israel, die er nicht erreichen konnte, sollte Schlomo Ephraim herbeiführen. Aber der Knabe starb bereits im zarten Kindesalter.

Von den vier Töchtern, die überlebten, war Rabbi Nachman Sara besonders ans Herz gewachsen. Sara war zeit ihres Lebens kränklich, und Rabbi Nachman war um ihre Gesundheit sehr besorgt. In einem Brief schrieb er ihr später: «Ich bitte dich, tue so, wie ich es dir gesagt habe, kümmere dich nicht um deinen Haushalt, sondern iss Fleisch und trinke Wein, denn deine Gesundheit ist mir wichtiger als mein Leben.» Die Gesundheit seiner Tochter war Rabbi Nachman wichtiger als sein Leben, über die Gesundheit seiner Frau sprach er nicht.

Sossja klagte und schimpfte nicht, sondern verrichtete still ihre Arbeit. Solange sie gesund war, nahm Rabbi Nachman kaum Notiz von ihr. Er liebte sie mit der Selbstverständlichkeit, mit der man sein eigenes Herz, seine Hände oder seine Augen liebt.

Als Sossja krank wurde, verfiel Rabbi Nachman nicht nur in tiefe Sorge, sondern eine unbezähmbare Unruhe bemächtigte sich seiner. Er suchte Heilung für Sossja, ohne zu wissen, wo er suchen sollte, und als sie starb, begab er sich selbst auf den Weg des Todes.

Anfang März im Jahre 1807 wurde plötzlich ruchbar, dass Rabbi Nachman eine beschwerliche Reise antreten wollte. Das Ziel und der Sinn der mysteriösen Fahrt blieben unbekannt, aber seine Chassidim fühlten, dass sich etwas Geheimnisvolles anbahnte. Rabbi Nathan schrieb: «Verborgene Dinge geschehen, deswegen ist es notwendig, dass er sich quält und leidet, um die Erlösung der Verstorbenen und der Lebendigen herbeizuführen.»

Um unerkannt zu bleiben, zog der Rabbi die einfachen Kleider eines armen Hausierers an, und mit zwei seiner Chassidim, Reb Eisik Josef aus Lipowiz und Reb Schmuel aus Teplik, machte er sich auf den Weg. Sie mieteten ein Fuhrwerk und einen Kutscher und zogen los, ohne zu wissen wohin. Das Pferd galoppierte auf Landstraßen und Feldwegen, lief durch Dörfer und Waldschneisen ohne Zweck und Ziel. Der Fuhrmann gab Acht, dass der Leiterwagen nicht umkippte, aber fragte nicht, wohin die Fahrt ging, sondern ließ Gottes Hand das Gefährt lenken. Schweigsam brütete Rabbi Nachman auf der harten Holzbank vor sich hin, als würde er eine Nachricht erwarten, die nicht eintraf.

Eines Tages kehrten die Männer in eine Schenke ein. Sie betraten die Schankstube und der jüdische Pächter, der hinter dem Tresen saß, erhob sich und begrüßte die unbekannten Gäste. Auf seinem Arm trug er seinen zweijährigen Sohn. Das Kind schaute auf die Ankommenden, deutete auf Rabbi Nachman und sagte: «Hier ist ein guter Jude.»

Einen Zaddik nannte man einen «guten Juden», und Reb Schmuel wunderte sich, aus dem Mund des kleinen Kindes diese Worte zu hören. Während ihrer ziellosen Reise hatte niemand in dem armen Hausierer den Zaddik Rabbi Nachman erkannt, und Reb Schmuel dachte zunächst, das Kind hätte den Satz zufällig dahergesprochen. Aus seiner Tasche nahm er eine kleine Münze und gab sie dem Knaben mit den Worten: «Nicht wahr, ich bin ein guter Jude.»

«Nein», antwortete das Kind und zeigte auf Rabbi Nachman, «er ist ein guter Jude.»

Reb Schmuel fragte den Zaddik, was dies zu bedeuten habe. Doch Rabbi Nachman antwortete nur: «Wer es in diesen Tagen versteht.»

Auf ihrer unbestimmten Fahrt lief das Pferd oft im Kreis, und die Reisenden kamen nach einer Weile an einen Ort, wo sie bereits gewesen waren. So hielt einige Tage später das Fuhrwerk auch wieder vor der Schenke. Reb Schmuel freute sich und war neugierig auf den kleinen Knaben. Wie groß war sein Erstaunen, als sich herausstellte, dass das Kind plötzlich verstorben war. Die Eintretenden fanden den trauernden Vater vor, der auf dem Boden saß, die Schuhe ausgezogen. Er hatte Asche auf sein Haupt gestreut und las weinend aus dem Buch Hiob.

«Ein Kind mit einer so heiligen Seele hat keinen Platz auf der hiesigen Welt», murmelte Reb Schmuel und verstand, dass Rabbi Nachman das Schicksal des Kindes vorausgeahnt hatte.

Als hätte Rabbi Nachman auch keinen Platz auf der hiesigen Welt, fuhr er mit seinen Gefährten von Dorf zu Dorf, von Stadt zu Stadt, von Herberge zu Herberge. Durch Sonnenschein und Nieselregen rumpelte das Fuhrwerk, durch dichte Wälder und an Kornfeldern entlang trabte das Pferd. Zum Purimfest kamen sie nach Nawritsch, und diese ziellose Fahrt ist in die Literatur als die Reise von Nawritsch eingegangen.

Nach dem Fest ging es weiter. Von einer unsichtbaren Macht getrieben, hielt es Rabbi Nachman an keinem Platz, rastlos fuhr er durch die Ukraine, wie ein Sünder auf einer Bußfahrt.

Ein Unglück bahnte sich an. Eine teure Seele war auf dem Weg, das diesseitige Leben zu verlassen. Sossja war an Schwindsucht erkrankt, und Rabbi Nachman suchte, von Schuld zerrissen, Heil und Trost für Sossja und das Volk Israel.

So kam er mit seinen Begleitern nach Ostrog. Dort erkundigte sich Reb Eisik Josef bei einem Passanten nach der Synagoge des Ortes, und der Mann antwortete: «Die Schul steht neben dem Haus von Dr. Gardia.»

«Wer ist Dr. Gardia?», fragte Reb Eisik.

«Ein bekannter jüdischer Arzt und ein frommer Mann. Lungenkranke aus der ganzen Umgebung kommen zu ihm.»

Das war das Ziel. Vielleicht konnte Dr. Gardia mit Gottes Hilfe noch das Schicksal Sossjas abwenden und ihre Krankheit heilen. Rabbi Nachman fühlte, dass der Allmächtige ihn nach Ostrog geführt hatte, um Hilfe für Sossja zu finden. Er trug seinen Gefährten auf, unverzüglich nach Bratzlaw zurückzukehren und seine kranke Frau nach Ostrog zu Dr. Gardia zu bringen. Sossja unternahm mit schwindenden Kräften die Reise, aber es war zu spät. Kein Arzt konnte ihr mehr helfen.

«Lass uns nach Saslaw zu meinen Verwandten fahren», bat sie Rabbi Nachman, und zum Pessachfest, das vier Wochen nach Purim stattfindet, erreichten sie Saslaw.

Sossja spuckte Blut, hustete unaufhörlich und verwelkte zusehends. Rabbi Nachman betete, weinte, bekannte seine Sünden und wollte an ihrer Stelle sterben. Alles hätte er getan, damit Sossja am Leben blieb. Aber Anfang Juni hauchte sie in den Morgenstunden ihre Seele aus. Sie starb am Vortag von Schawuot, dem Wochenfest, und wurde mittags begraben. Da Schawuot, das Fest, an dem das Volk Israel die Zehn Gebote erhielt, vor der Tür stand, dauerte die Trauerzeit statt sieben Tage nur eine Stunde. Nur eine einzige Stunde durfte Rabbi Nachman seine Frau beweinen. Dies sah er als Wink des Himmels. Er war schuld am Tod seiner Frau, am Tod der Kinder und am Unheil der Welt. Er war ein Sünder und vom Himmel nicht für wert befunden worden, um die heilige Seele Sossjas zu trauern. Die Gedanken quälten und zermürbten ihn. Er konnte nicht sitzen, stehen oder liegen, lief sinnlos hin und her, und die große Unruhe überfiel ihn wieder. Sofort nach dem Schawuotfest setzte er mit seinen zwei Getreuen die Reise ins Ungewisse fort. Keiner wusste, wie lange sie dauern würde.

So kamen sie an einem späten Nachmittag nach Brad und mieteten ein Zimmer bei dem angesehenen Juden Reb Jecheskel Trechtenberg, der armen Reisenden ein Obdach gab.

Reb Jecheskel Trechtenberg hatte eine erwachsene Tochter, und ein Heiratsvermittler setzte ihm bereits zu, das Mädchen zu verheiraten. Die Familie eines weitläufigen Verwandten war an der Partie interessiert, und Reb Jecheskel Trechtenberg war nicht abgeneigt. Seine Tochter hingegen wollte von der Heirat nichts wissen. «Er ist mir vom Himmel nicht beschert», sagte sie immer wieder, wenn die Eltern ihr den jungen Mann in den vorteilhaftesten Farben schilderten. Sie saß gerade mit ihrer Mutter auf einer Bank vor dem Haus, als der Zaddik mit seinen Begleitern eintraf. Die Tochter warf einen Blick auf Rabbi Nachman, der in seinen verstaubten Hausiererkleidern vom Karren stieg, und sagte zu ihrer Mutter: «Diesen Mann will ich heiraten.»

«Sie ist nicht normal», meinte Reb Jecheskel Trechtenberg zu seiner Frau, als diese ihm das Ansinnen ihrer Tochter mitteilte. «Was will sie von dem dahergelaufenen Menschen?»

«Erkundige dich wenigstens, woher er kommt und wer er ist», bat die Mutter.

«Morgen wollen sie wieder abreisen, sollen sie hingehen, wo sie hergekommen sind», antwortete der Vater.

«Du kannst doch fragen, wer die Gäste sind», beharrte seine Frau.

Nach dem Abendgebet erkundigte sich Reb Jecheskel Trechtenberg bei Reb Schmuel beiläufig, woher die unbekannten Gäste stammten und womit sie handelten.

«Wir kommen aus Bratzlaw», antwortete Reb Schmuel, «und wir begleiten Rabbi Nachman bei einer wichtigen Mission.»

Erstaunt vernahm Reb Jecheskel Trechtenberg, dass bei ihm im Hause Rabbi Nachman, der Urenkel des Baal Schem Tow, nächtigte, und begriff, dass seine Tochter weitsichtiger und klüger als er selbst war. Sie hatte sich von den Hausiererkleidern nicht täuschen lassen, sondern in der bescheidenen Gestalt die geistige Größe erkannt. Ehrfürchtig trug er den Wunsch seiner Tochter vor und bat Reb Schmuel bei Rabbi Nachman anzufragen, ob eine eheliche Verbindung zustande kommen könne.

Rabbi Nachman sah in diesem unerwarteten Antrag einen Wink des Himmels. Vielleicht sollte ihm doch noch der männliche Erbe geboren werden? Vielleicht hatte Sossja so jung sterben müssen, um den Weg zu Reb Jecheskels Tochter frei zu machen? Vielleicht hatte er um Sossja nicht trauern dürfen, weil eine andere Frau vom Himmel bereits für ihn bestimmt war? Er durfte sein Herz nicht in Trauer vergraben, und obwohl Sossjas Grab noch frisch war, stimmte Rabbi Nachman dem Antrag zu. Die Trauung wurde auf den Monat August festgelegt. Erst jetzt fand diese mysteriöse Reise ein Ende, und mit zwiespältigen Gefühlen machte sich der Zaddik auf den Weg zurück nach Bratzlaw.

Aber Sossja hatte die Hand bereits nach ihrem Mann ausgestreckt. Auf dem Weg von Brad nach Bratzlaw bekam Rabbi Nachman seinen ersten Hustenanfall und spuckte Blut. Er erschrak nicht, als er den roten Schleim in seinem Taschentuch sah, ganz im Gegenteil erfasste ihn eine sonderbare Ruhe. Nun wusste er mit Gewissheit, dass sein Weg auf der hiesigen Welt nur noch von begrenzter Dauer war, sein Suchen und seine Qualen gingen dem Ende zu. Bald würde er das Hemdel, den unnützen Leib, ausziehen können. Sossja rief ihn.

46

Rabbi Nachman lässt sein geheimnisvolles Buch verbrennen

Akabja, Sohn von Mahalel, sagte: «Wisse, woher du gekommen bist und wohin du gehst und vor wem du einst Rechenschaft ablegen musst. Woher kommst du? Von einem übel riechenden Tropfen. Wohin gehst du? An den Ort des Staubes, der Motte und des Wurmes. Vor wem hast du einst Rechenschaft abzulegen? Vor dem König aller Könige, dem Heiligen, gelobt sei Er.»

Keinen Augenblick seines Lebens vergaß Rabbi Nachman, woher er kam und wohin er einst gehen würde. Auf dieser Welt eiferte er nur danach, das Volk Israel an Gott und die Thora zu binden und die Erlösung herbeizuführen, um die Ankunft des Messias zu beschleunigen. Rabbi Nachman reiht sich in die Gruppe der jüdischen Mystiker ein, deren Leben von kompromissloser Überzeugung regiert wird. Sie sehen, was anderen verborgen bleibt, sie fühlen, was andere nicht wahrnehmen können, und fordern das Absolute. Vollkommene Gerechtigkeit, vollkommene Liebe und vollkommene Hingabe an Gott. Schrankenlos geben sie sich dem Unfassbaren hin und leiden an der Enge des menschlichen Daseins. Das geistige Vorbild Rabbi Nachmans war der Kabbalist Jizchak Lurja.

Seit Jahrtausenden geistert eine mysteriöse Geheimlehre durch die Köpfe Israels, die Kabbala, deren Ursprung Rabbi Schimon bar Jochai zugeschrieben wird. Im 13. Jahrhundert verfasste Moses de Leon das Hauptwerk der Kabbala, den Sohar, das Buch des

Glanzes. Weil die Beschäftigung mit der Kabbala, der jüdischen Mystik, Unheil in den Seelen und Gehirnen anrichten kann, darf man ihr erst ab dem vierzigsten Lebensjahr nachgehen. Die Kabbala ist die Lehre vom Ursprung des Seins, den Seelenwanderungen und den verborgenen Wegen Gottes. In zehn Weltstufen, Sefirot, manifestiert sich die göttliche Schöpfung; die menschliche Seele kann von Stufe zu Stufe steigen, aber die Gottesherrlichkeit, die Schechina, befindet sich in der Verbannung, wie sich auch das Volk Israel im Exil befindet. Die Seele des Einzelnen wie die Seele des Volkes strebt zu der Schechina, um sich mit ihr zu vermählen.

Jedes Wort in der Thora hat eine tiefere Bedeutung, jeder hebräische Buchstabe besitzt einen Zahlenwert. Durch Zahlen- und Buchstabenkombinationen legt die Kabbala verborgene Zusammenhänge in der Thora frei und schafft so den Raum für mystische Visionen. Der Begründer der neueren Kabbala ist Jizchak Lurja.

Jizchak Lurja kam 1534 in Jerusalem zur Welt. Sein Vater starb, als Jizchak noch ein Kind war, und die Mutter brachte ihn zu ihrem Bruder nach Kairo, der den Knaben liebevoll großzog. Jizchak wuchs behütet heran und heiratete die Tochter eines Oheims. Kurze Zeit später gelangte jenes rätselhafte Buch, der Sohar, in seine Hände, und der junge Mann versenkte seinen Geist in diese Schrift. Zum Erstaunen und Ärger der Familie legte er von da an plötzlich ein sonderbares Verhalten an den Tag. Am Ufer des Nils baute er eine Hütte und verschanzte sich in der Einsamkeit. Er forschte in den heiligen Schriften und aß die Woche über bittere Kräuter, um das Wort der Bibel zu erfüllen: «Dorn und Distel wird dir wachsen, und du sollst das Kraut des Feldes essen.»

Nur freitags kehrte er zu seiner Frau heim, kleidete sich in weiße Gewänder und empfing den Schabbat in der Natur. Er sprach nur noch Hebräisch. Abwesend starrte er in die Ferne oder senkte im Wachen die Lider, als würde er Geheimnisse entdecken, die den Augen der Mitmenschen verhüllt blieben.

Nach einigen Jahren beschloss er, in das Heilige Land zurückzukehren, und im Jahr 1569 ließ er sich in der galiläischen Stadt Safed, der Hochburg der Kabbalisten, nieder. Bald wurde man auf ihn aufmerksam. Jizchak Lurja begann zu lehren, und es scharten sich Jünger um ihn. Er erhielt den Beinamen «Ari», zu deutsch Löwe. Mit seinen Schülern vertiefte er sich in die verschlüsselten Aussagen des Sohar, und sein begabtester Schüler, Chaim Vital, schrieb die Gedanken und Erkenntnisse seines Meisters nieder.

Nach der kabbalistischen Lehre enthielt Adams Seele alle Seelen seit Urbeginn des Werdens bis an das Ende alles Seins. Die Seelen wandern durch Körper und Zeiten, manchmal verbindet sich die Seele eines Toten mit der Seele eines Lebendigen, um ein unvollendetes Werk zu Ende zu bringen. Sündige Seelen wandern rast- und ruhelos zwischen Meerestiefen und Wolken, bis sie durch einen Frommen erlöst werden und ins Paradies gelangen können.

Rabbi Jizchak Lurja konnte aus den Gesichtszügen die Vergangenheit und Zukunft eines Menschen ablesen, und er nahm es auf sich, gestrauchelte Seelen zu erlösen. 1572 starb Jizchak Lurja an der Pest, er war nur achtunddreißig Jahre alt geworden.

Tief versenkte sich Rabbi Nachman in die Schriften von Rabbi Jizchak Lurja und ahmte ihn nach. Wie der verehrte Kabbalist gewöhnte sich Rabbi Nachman an, den Schabbat in der Natur zu empfangen. Rabbi Jizchak Lurja besuchte jedes Jahr an Rabbi Schimon bar Jochais Sterbetag dessen Grabstätte in Meron und las dort mit seinen Jüngern das Buch Sohar, und auch Rabbi Nachman hat an diesem Grab gebetet und sich in den Sohar vertieft. Lurja verschrieb sich der Welterlösung, um die Ankunft des Messias herbeizuführen, und auch Rabbi Nachman wollte durch Weltverbesserung das messianische Zeitalter herbeizwingen. Lurja studierte die Kabbala vor seinem vierzigsten Lebensjahr, und auch Rabbi Nachman lernte die Geheimlehre in der tiefen Überzeugung, dass er keine vierzig Jahre alt werden würde. Es war, als sei der galiläische Kabbalist in Rabbi Nachman wiedergeboren.

Jizchak Lurja enträtselte Gottes verborgene Wege und auch Rabbi Nachman erkannte die Mysterien Gottes, und wie sein Meister ließ er das Verborgene aufschreiben und machte es sichtbar. Aber Gottes Geheimnisse darf man nicht ungestraft aufdecken. Von Rabbi Jizchak Lurja ist die Geschichte überliefert, wie er eines Tages eine geheimnisvolle Soharstelle erläuterte. Plötzlich unterbrach er die Deutung und sagte: «In diesem Satz steckt ein tiefer, geheimer Sinn, es ist aber eine Sache der Lebensgefahr, ihn mitzuteilen.»

Die Schüler jedoch setzten dem Meister so lange zu, bis er die Deutung vollendete und ihnen den geheimen Sinn überlieferte. Dann aber sprach er: «Seht her, ich habe euch gesagt, dass es gefährlich ist, wenn ich den geheimen Sinn dieser Soharstelle offenbare. Ihr aber habt mir keine Ruhe gelassen. Schon höre ich im Himmel die Strafe verkünden: Dein Sohn Moses wird innerhalb von sieben Tagen sterben.» So geschah es, Jizchak Lurjas Sohn starb in dieser Woche.

Wie Rabbi Jizchak Lurja hat es Rabbi Nachman gewagt, verborgene Geheimnisse offen zu legen und aufschreiben zu lassen. Aber der Himmel lässt dies nicht ungestraft zu, und das Unheil holte auch Rabbi Nachman ein. Seine Söhne, zwei Töchter und seine Frau Sossja waren gestorben, und er, mit anderen Zaddikim im Streit zerworfen und an seiner Aufgabe gescheitert, wurde von einer schweren Krankheit heimgesucht. Sein Ende war nun abzusehen, aber zwei Dinge musste er noch tun: Ein Buch veröffentlichen und ein Buch auslöschen. Fieberhaft arbeitete Rabbi Nachman mit Rabbi Nathan an dem Werk für die Nachwelt, an seinem Buch *Die Sammlungen des Rabbi Nachman (Likkute Moharan)*, einer Sammlung von Lehrvorträgen und Auslegungen des Tenach. Das Buch beginnt mit der Erläuterung des 119. Psalms: «Wohl denen, die ohne Tadel leben, die im Gesetz des Ewigen wandeln» und ist das einzige Buch, das noch zu Lebzeiten Rabbi Nachmans erschien.

Sein wichtigstes Werk jedoch, das esoterische Manuskript mit der Offenbarung von verborgenen Zusammenhängen in der Thora, ließ Rabbi Nachman dem Feuer übergeben. Es enthielt vier Teile, und lange hatten Rabbi Nachman und sein Schüler Nathan an dem Buch gearbeitet. Im Frühjahr 1806 sandte der Zaddik zwei seiner Jünger aus. In jedem Städtchen und Dorf, überall, wo es eine chassidische Gemeinde gab, sollten sie aus dem Manuskript vorlesen und die geheimnisvolle Lehre unter das Volk bringen. Kaum folgten die Schüler seiner Aufforderung, war Rabbi Nachmans älterer Sohn Schlomo Ephraim erkrankt und trotz aller Gebete gestorben.

«Ich hatte befürchtet, wenn ich das Buch der Menschheit übergebe, wird der Todesengel das Kind nehmen», sagte Rabbi Nachman. Auch in diesem Schicksalsschlag hatte ihn das Los des Kabbalisten Jizchak Lurja ereilt. Rabbi Nachman verschloss daraufhin das Manuskript, und niemand durfte sich mehr dem Buch nähern. Nachdem seine Frau Sossja gestorben war, ließ er durch seinen Schüler Schimon das geheimnisvolle Buch verbrennen. Schwer ist ihm dieser Entschluss gefallen, denn er allein wusste um die Bedeutung der Blätter. Dieses Buch ist in die Geschichte als «das verbrannte Buch» eingegangen.

Rabbi Samuel Cohen fragt: «Warum hat Rabbi Nachman sein eigenes Buch verbrannt? Wer weiß, was er entdeckt hat und welche Weisheiten er uns hätte mitteilen können. Stattdessen löschte er seine niedergeschriebenen Gedanken aus und verwandelte sein wichtigstes Buch zu Asche.

Rabbi Nachman hatte erkannt, dass die Schöpfung in Gefahr gerät, wenn wir Gottes Geheimnisse aufspüren. Deswegen tat er sich das Schlimmste an, was ein kreativer Mensch sich antun kann, er vernichtete sein Werk.

Als der erste Mensch im Paradies vom Baum der Erkenntnis aß, sah er, dass er nackt war. Durch die Erkenntnis wurde er nicht glücklicher, ganz im Gegenteil, plötzlich merkte er, dass ihm etwas fehlte. Bis dahin lebte Adam sorglos in paradiesischem Gottvertrauen, alles, was er brauchte erhielt er vom Schöpfer. Erst nachdem er vom Baum der Erkenntnis gegessen hatte, wurde er selbst kreativ und machte sich Kleider, denn plötzlich hatte er das Gefühl, es fehle ihm etwas und er müsse sich selbst helfen. Der Mensch wurde ein wenig gottähnlicher und gleichzeitig entfernte er sich von Gott.

Weil dem Menschen der Hauch Gottes innewohnt, zwingt ihn eine Kraft vom Baum der Erkenntnis zu essen. Je mehr wir die Geheimnisse der Schöpfung entschlüsseln, desto mehr entfernen wir uns vom Schöpfer, je mehr wir aufdecken, desto weniger Vertrauen haben wir in Gott. Unsere Zeit ist von einer rasanten technischen Entwicklung gekennzeichnet, einem nie gekannten Suchen und Forschen, Verändern und Erneuern. Weltumspannende Telekommunikation und Datenautobahnen schaffen Zugang zu einem bodenlosen Wissen, gerade erst Gelerntes ist schon veraltet, alles ist im Umbruch, im Wandel, in der Innovation begriffen. Wir sind dabei, die Geheimnisse des Lebens zu entschlüsseln, ungeahnte Möglichkeiten eröffnen Biogenetik und Digitaltechnik. Aus einem Tropfen Fruchtwasser können wir heute das Geschlecht und Krankheiten des Fötus ablesen, morgen werden wir alles über den ungeborenen Menschen wissen. Eine Zelle wird uns mitteilen, wie der Mensch aussehen wird, welche Krankheiten und Lebenserwartung er in sich trägt, und mit dem Computer werden wir seinen Entwicklungsverlauf plastisch sehen können.

Aber wer Gottes Geheimnisse aufdeckt, steht dann auch vor göttlichen Entscheidungen. Haben vergangene Geschlechter das Kind hingenommen, wie es war, so werden künftige entscheiden müssen, ob die befruchtete Eizelle sich überhaupt entwickeln darf. Stellen wir uns vor, wir wissen, dass unser Kind ein kluger und schöner Mensch sein, aber mit fünfundzwanzig Jahren unheilbar erkranken wird. Dürfen wir so ein Kind überhaupt zur Welt bringen, können wir die Verantwortung tragen? Je mehr wir die Geheimnisse des Lebens entschlüsseln, desto mehr müssen wir entscheiden, und desto schwerer fällt uns das Leben.

Im Paradies war der Mensch ganz nahe bei Gott. Die Schlange argumentierte mit dem tiefen Wunsch des Menschen: ‹Wenn ihr vom Baum der Erkenntnis esst, werdet ihr sein wie Gott.› Aber der Schöpfer lässt uns nicht ungestraft an Seinem Wissen teilhaben. Das wusste Rabbi Nachman, deswegen überwand er die menschliche Schwäche, entdeckte Geheimnisse offen zu legen, und verbrannte sein Buch.»

47

Die Geschichte von der verlorenen Königstochter

Im Spätsommer 1807 heiratete Rabbi Nachman zum zweiten Mal, aber aus dieser Verbindung gingen keine Kinder hervor, und man munkelte, die Ehe sei nicht vollzogen worden. Rabbi Nachman war bereits an offener Tuberkulose erkrankt, er litt unter wiederkehrenden Hustenanfällen und Atemnot. Obwohl er an die Hilfe der Mediziner nicht glaubte, gab er dem Drängen seiner Chassidim nach und reiste nach Lemberg zu einem Lungenspezialisten.

«Sollte man nichts tun? Das wäre unvernünftig, aber man soll nicht glauben, die Hilfe käme vom Arzt, die wahre Hilfe kommt vom Heiligen, gelobt sei Er. Der Doktor ist nahe dem Tod und weit vom Leben, darum soll man zu Gott beten und Ihm vertrauen und nicht unnötig das Leben des Kranken durch die Ärzte in Gefahr bringen», sagte Rabbi Nachman.

Während seines Aufenthalts in Lemberg litt er unter großen Schmerzen und konnte nur auf der linken Seite liegen. Eines Nachts verschwanden plötzlich die Schmerzen, und mühelos drehte er sich auf die andere Seite. Am Morgen erzählte er: «Im Traum erschien mir der verstorbene Rabbi Arale Titeiawer und befahl mir, mich auf die rechte Seite zu drehen. Mein lieber Freund übergab mir eine Nachricht aus der wahren Welt.»

Lemberg war zu Beginn des 19. Jahrhunderts eine aufstrebende Stadt mit einer großen jüdischen Gemeinde. Es gab Druckereien, die mit hebräischen Schriftsätzen arbeiteten, und Rabbi Nathan ließ dort das Buch *Die Sammlungen des Rabbi Nachman* drucken.

Täglich unterrichtete er den Zaddik vom Fortgang der Arbeiten, und voller Freude verfolgte Rabbi Nachman das Zustandekommen seines Buches.

Zwar besserte sich sein Gesundheitszustand in Lemberg nicht, aber Rabbi Nachman kehrte mit einer ausgeglicheneren seelischen Verfassung nach Bratzlaw zurück. Dort begann er wieder seine Lehre in Erzählungen zu kleiden. Es waren keine Gleichnisse und keine Märchen, sondern eine ihm eigene Schöpfung von Geschichten. Hinter rätselhaften Bildern verbergen sich Morallehren, bizarre Texte von eigenartiger Schönheit. Dreizehn Erzählungen hat Rabbi Nathan aufgezeichnet und nach Rabbi Nachmans Tod unter dem Titel *Die Erzählungen des Rabbi Nachman* veröffentlicht. Diese Geschichten sind inzwischen weltweit in viele Sprachen übersetzt worden. Die erste Erzählung handelt von der verlorenen Königstochter:

> Dies ist die Geschichte eines Königs, der sechs Söhne und eine Tochter hatte. Die Tochter war ihm sehr wichtig, er liebte sie sehr und freute sich an ihr. Eines Tages war er bei ihr, und er ärgerte sich über sie. Er wurde zornig, und es entfuhren ihm die Worte: «Möge der Nicht-Gute dich holen.»
>
> Nachts ging sie in ihr Zimmer, in der Früh wusste niemand, wo sie war. Da wurde ihr Vater, der König, sehr traurig und suchte sie überall.
>
> Als der Vizekönig sah, dass der König sehr traurig war, bat er, man solle ihm einen Knecht, ein Pferd und Zehrgeld für seine Ausgaben geben, und ging fort, um die Königstochter zu suchen. Er suchte sie eine lange Zeit, bis er sie fand. (Nun erzählt er, wie er sie gesucht, bis er sie gefunden hat.)
>
> Der Vizekönig durchquerte Wüsten, Felder und Wälder und suchte die Königstochter eine lange Zeit. Er kam in eine Wüste und sah seitlich einen Weg. Da dachte er bei sich: «Ich suche schon so lange in der Wüste und kann sie nicht finden, am besten ich folge diesem Weg, vielleicht finde ich eine Siedlung», und ging eine lange Zeit. Dann sah er ein Schloss, und Soldaten standen davor. Das Schloss war prächtig, und die Soldaten standen in Reih und Glied. Er fürchtete, die Soldaten würden ihn nicht ein-

treten lassen, überlegte es sich aber und beschloss: «Ich werde es versuchen.»

Er ließ sein Pferd zurück und ging zum Schloss. Keiner hielt ihn auf, und er ging von einem Gemach ins andere und keiner verwehrte es ihm. Er kam in einen Palastsaal. Dort sah er den König angetan mit der Krone und Soldaten standen um ihn herum. Viele Musikanten spielten auf ihren Instrumenten und alles war wunderschön. Weder der König noch irgendjemand richtete eine Frage an ihn. Er sah wunderbare Speisen, aß von ihnen und legte sich in einen Winkel, um zu sehen, was nun geschehen würde. Er sah, wie der König befahl, man solle die Königin holen. Als man sie hineinführte, brach Jubel und Freude aus. Die Musikanten spielten und sangen, weil man die Königin gebracht hatte. Man stellte einen Thron für sie auf und setzte sie neben den König.

Es war die Königstochter. Der Vizekönig sah und erkannte sie. Die Königin sah sich um, bemerkte jemanden im Winkel liegen und erkannte ihn. Sie stand von ihrem Thron auf, ging zu ihm, berührte ihn und fragte ihn: «Erkennst du mich?»

Er antwortete: «Ja. Du bist die Königstochter, die verloren ging», und fragte sie: «Wie kommst du hierher?»

Sie antwortete ihm: «Weil dem Vater das Wort entfahren ist: ‹Möge der Nicht-Gute dich holen› und hier ist der Ort des Nicht-Guten.»

Er erzählte ihr, dass ihr Vater sehr traurig sei und er sie schon viele, viele Jahre suche. Und dann fragte er sie: «Wie kann ich dich von hier fortholen?»

Sie gab zur Antwort: «Du kannst mich von hier nicht fortholen, es sei denn, du suchst dir einen Ort, und dort musst du ein Jahr verbringen. Das ganze Jahr sollst du dich danach sehnen, mich von hier fortzuholen. Immer, wenn du Zeit hast, sollst du dich nur nach mir sehnen und wollen und hoffen, mich von hier fortzunehmen. Und du sollst fasten. Am letzten Tag des Jahres sollst du einen Tag und eine Nacht fasten und nicht schlafen.» Er ging und tat so, wie sie ihm gesagt hatte.

Am letzten Tag des Jahres fastete er und schlief nicht. Er stand auf und ging zum Schloss. Da sah er einen Baum, auf dem wuchsen sehr schöne Äpfel. Er bekam Lust und aß von ihnen. Sobald er den Apfel gegessen hatte, fiel er in einen tiefen Schlaf und schlief eine sehr lange Zeit. Sein Diener schüttelte ihn, aber er konnte ihn nicht aufwecken. Als er endlich vom Schlaf aufwachte, fragte er den Diener: «Wo bin ich in der Welt?»

Der erzählte ihm alles: «Du schläfst schon eine lange Zeit, es sind mehrere Jahre vergangen, seit du in den Schlaf gefallen bist. Ich habe mich von den Früchten ernährt.»

Da bedauerte der Vizekönig alles. Er ging in das Schloss und fand die Königstochter dort. Sie beklagte sich bei ihm und war sehr traurig und sagte zu ihm: «Wegen einem Tag hast du es versäumt. Weil du dich einen Tag nicht zusammennehmen konntest und den Apfel gegessen hast, deswegen hast du es versäumt. Wärest du an dem Tag gekommen, hättest du mich von hier fortgeholt. Nicht zu essen ist sehr schwer, besonders am letzten Tag, denn da ist der böse Trieb sehr stark. Suche dir wieder einen Ort, verbringe dort ein Jahr und am letzten Tag darfst du essen, aber nicht schlafen. Trinke keinen Wein, damit du nicht schläfst, denn das Wichtigste ist der Schlaf.»

Er ging und tat so, wie sie es ihm gesagt hatte.

Am letzten Tag des Jahres machte er sich auf den Weg. Er sah eine Quelle sprudeln, die rot war und nach Wein roch. Er fragte seinen Diener: «Siehst du das? Das ist eine Quelle und könnte Wasser sein? Aber die Farbe ist rot, und sie riecht nach Wein.»

Er ging hin und kostete ein wenig von der Quelle. Sofort fiel er nieder und schlief viele Jahre, siebzig Jahre lang.

Viele Soldaten gingen mit ihrem Tross vorbei. Der Diener verbarg sich vor ihnen. Danach fuhr eine Kutsche vor, und darin saß die Königstochter. Sie hielt an, stieg aus, setzte sich neben ihn und erkannte ihn. Sie versuchte ihn aufzuwecken, aber er konnte nicht aufwachen. Sie begann über ihn zu klagen: «Du hast so viel Mühe unternommen, so viele Jahre quälst du dich und arbeitest, um mich fortzuholen, und am Tag, an dem du mich hättest befreien können, hast du es versäumt.»

Und sie weinte bitterlich und sagte: «Großes Mitleid muss man mit dir und mir haben. So lange bin ich da und kann doch nicht weg.»

Danach nahm sie das Tuch vom Kopf und schrieb mit ihren Tränen darauf, legte es neben ihn, stand auf, setzte sich in die Kutsche und fuhr fort.

Danach wachte er auf und fragte seinen Diener: «Wo bin ich in der Welt?»

Da erzählte der Diener ihm die ganze Geschichte, dass so viele Soldaten vorbeigegangen seien, eine Kutsche dagewesen sei und die Königstochter wegen ihm geweint und geklagt habe: «Großes Mitleid muss man mit dir und mir haben.»

Der Vizekönig schaute sich um und sah das Kopftuch neben sich liegen. Er fragte: «Woher ist das?»

Der Diener antwortete: «Sie hat es hier gelassen und mit ihren Tränen darauf geschrieben.»

Der Vizekönig hob das Kopftuch auf und hielt es gegen die Sonne. Er sah die Buchstaben und las, was dort stand. Ihr Klagen und ihr Jammer standen dort und dass sie nun nicht mehr in dem Schloss sei. «Du sollst einen goldenen Berg mit einem Perlenschloss suchen, dort wirst du mich finden.»

Der Vizekönig verließ den Diener und machte sich allein auf die Suche. Er ging und suchte sie viele Jahre. Er überlegte: «An einem bewohnten Ort gibt es sicherlich keinen goldenen Berg mit einem Schloss aus Perlen.»

Er kannte sich in Landkarten aus und beschloss: «Ich werde in die Wüsten gehen und dort suchen.»

Viele, viele Jahre suchte er in den Wüsten vergeblich.

Da sah der Vizekönig einen großen Menschen, dessen Größe unmenschlich war. Der trug einen großen Baum. In einer menschlichen Siedlung gibt es keinen so großen Baum. Der Riese fragte ihn: «Wer bist du?»

Er antwortete: «Ich bin ein Mensch.»

Der Riese wunderte sich und sagte: «Ich lebe eine so lange Zeit in der Wüste, und nie ist mir ein Mensch begegnet.»

Da erzählte er ihm seine Geschichte und dass er auf der Suche nach einem goldenen Berg und einem Perlenschloss sei.

Der Riese sagte: «So etwas gibt es nicht», und wies ihn ab. «Man hat dir Dummheiten eingeredet, denn so etwas gibt es nicht.»

Der Vizekönig begann zu weinen und bestand darauf: «Es gibt es, es muss sich irgendwo befinden.»

Der wilde Mann wies ihn wieder ab und sagte: «Man hat dir Dummheiten eingeredet.»

Aber der Vizekönig beharrte: «Es gibt es bestimmt irgendwo.»

Da sagte der Riese zu ihm: «Meiner Meinung nach ist es Unsinn, aber weil du darauf beharrst, werde ich dir einen Gefallen tun. Ich bin der Herr der Tiere auf der Erde, ich werde sie dir zuliebe zusammenrufen. Die Tiere sind überall auf der Welt. Vielleicht weiß eines etwas von dem Berg mit dem Schloss.»

Er rief alle Tiere zusammen, vom kleinsten bis zum größten, und befragte sie. Sie antworteten alle, dass sie nichts gesehen hätten.

«Siehst du, was für einen Unsinn man dir eingeredet hat? Hör auf mich, kehre um, du wirst es nicht finden, denn du suchst etwas, was es auf der Welt nicht gibt», sagte der Riese. Aber der Vizekönig bestand darauf, dass es das Schloss gäbe.

Da sagte der Riese: «Ich habe einen Bruder in der Wüste, er ist der Herr aller Vögel. Vielleicht wissen sie etwas, denn sie fliegen hoch in der Luft. Vielleicht haben sie den Berg mit dem Schloss gesehen. Gehe zu ihm und sage ihm, ich habe dich geschickt.»

Er suchte viele, viele Jahre und traf wieder einen sehr großen Mann, der einen großen Baum trug. Der Riese fragte ihn die gleichen Fragen wie der erste, und der Vizekönig erzählte seine ganze Geschichte, und dass sein Bruder ihn zu ihm geschickt habe.

Der Riese wollte ihn abweisen: «So ein Schloss gibt es nicht.» Aber der Vizekönig bestand darauf.

Da sagte der Riese: «Ich bin der Herrscher aller Vögel. Ich werde sie zusammenrufen und fragen.»

Er rief alle Vögel herbei, von den kleinsten bis zu den größten, und sie antworteten, dass sie nichts von einem goldenen Berg mit einem Perlenschloss wüssten.

Da sagte der Riese: «Siehst du, so etwas gibt es nicht auf der Welt. Wenn du auf mich hören willst, kehre um, denn es ist sicherlich nichts da.»

Aber der Vizekönig beharrte darauf und sagte: «Es gibt es auf der Welt.»

Der Riese sagte: «Tiefer in der Wüste lebt mein Bruder, er ist der Herrscher aller Winde, sie fegen über die ganze Welt und vielleicht wissen sie es.»

Wieder suchte der Vizekönig jahraus, jahrein, und wieder fand er einen großen Menschen, der auch einen großen Baum trug. Auch dieser Riese fragte ihn wie die anderen, und er erzählte seine ganze Geschichte. Wieder wies ihn der Mann ab, aber weil der Vizekönig ihn sehr bat, sagte er: «Dir zuliebe werde ich alle Winde zusammenrufen und sie fragen.»

Er rief sie, und sie kamen, und er fragte sie alle, aber keiner wusste etwas von dem Berg mit dem Perlenschloss. Da sagte der Riese zum Vizekönig: «Siehst du, dass man dir eine Dummheit erzählt hat.»

Der Vizekönig begann bitterlich zu weinen und sagte: «Ich weiß, dass es das gibt.»

In der Zwischenzeit kam noch ein Wind an, und der Herr der Winde wurde zornig: «Warum hast du dich verspätet, ich hatte allen befohlen zu kommen, warum bist du nicht mit den andern erschienen?», fragte er ihn.

«Ich habe mich verspätet, weil ich eine Königstochter auf einen goldenen Berg in ein Schloss aus Perlen bringen musste.»

Da freute sich der Vizekönig sehr. Endlich hörte er, was er hören wollte.

«Was ist an dem Ort teuer?», wollte der Herr der Winde wissen.

«Alles ist dort teuer», antwortete der Wind.

Da sagte der Herr der Winde zum Vizekönig: «Weil du so lange gesucht hast und trotz aller Schwierigkeiten dich nicht abbringen ließest, gebe ich dir ein Gefäß. Immer wenn du deine Hand dort hineinsteckst, wirst du Geld herausnehmen.»

Er befahl dem Wind, ihn hinzutragen. Da kam der Sturmwind

und brachte ihn dorthin zum Tor. Es standen dort Wachen, die wollten ihn nicht in die Stadt einlassen. Er griff in das Gefäß, nahm Geld heraus und bestach sie. Und er ging in die Stadt hinein. Es war eine schöne Stadt. Er ging zu einem reichen Mann und besorgte sich Kost und Unterkunft. Er musste dort verweilen, denn nur mit Klugheit und Verstand konnte man die Prinzessin befreien. Wie er sie befreit hat, das hat er nicht erzählt, aber letztendlich hat er sie befreit.

«Was erzählt uns Rabbi Nachman eigentlich in der Geschichte von der verlorenen Königstochter?», beginnt Rabbi Samuel Cohen die Erzählung zu deuten. «Der König ist der König der Welt, der Schöpfer, gesegnet sei Er. Die sechs Söhne sind die sechs Kräfte des Tuns, mit denen die Welt erschaffen wurde, aber die Tochter, die siebte Kraft, ist die Herrlichkeit Gottes, die Schechina. So wie der Schabbat die Woche vollendet, vollendet die Schechina die Schöpfung. Wenn die Schechina fehlt, dann fehlt dem Leben das Göttliche, das Heilige und alles erschöpft sich im Materiellen. Als Gott das Volk Israel ins Exil schickte, verbannte Er auch die Schechina, deswegen muss Israel sich auf die Suche nach ihr begeben, um die ursprüngliche Ordnung wiederherzustellen.

Wen symbolisiert der Vizekönig? Jeder von uns ist der Vizekönig. Verschiedene Lebensabschnitte und Erfahrungsbereiche durchqueren wir auf der Suche nach der Schechina und immer wieder gelangen wir zu der Wüste in uns selbst und erkennen die Leere und Sinnlosigkeit unseres Lebens. Aber Rabbi Nachman ermuntert uns: ‹Verzweifle nicht, manchmal führt ein seitlicher Weg zur Schechina, und habe keine Angst, auch wenn Soldaten in Reih und Glied das Ziel umstellen.› Gleichzeitig warnt er uns vor unseren menschlichen Schwächen, denn sogar wenn wir die Schechina finden, können wir sie nicht ohne weiteres befreien. Es ergeht uns so wie dem Vizekönig, der sich nach Gottes Herrlichkeit sehnt und dennoch strauchelt. Wie Adam sich nicht enthalten konnte, den Apfel vom Baum der Erkenntnis zu essen, und Noah sich bis zur Besinnungslosigkeit betrank, so verfallen wir unseren Trieben und verschlafen unsere Zeit. Dann weint die Schechina, denn die Harmonie kann nur herbeigeführt werden, wenn sie befreit wird und sich mit den Menschen verbindet. Manchmal wachen wir auf, besinnen uns wieder und fragen: Wo sind wir in der Welt? Das heißt, wir denken darüber nach, wo wir eigentlich stehen geblieben sind, und begeben uns erneut auf die Suche.

Rabbi Nachman weiß, dass die Suche lang und schwer ist. Riesen stellen sich uns in den Weg, aber wenn wir keine Angst vor ihnen haben, dann werden sie zu Helfern. Der erste Riese symbolisiert die Gruppe der Menschen, die im Irdischen verwurzelt ist. ‹Unsinn›, sagen sie, ‹die Schechina haben wir auf der Erde nicht gesehen, es gibt sie gar nicht.› Der zweite Riese symbolisiert die Gruppe der Wissenschaftler, deren Gedanken sich zwar in die Luft erheben und die die Erde von einer anderen Warte beobachten, deren Denken jedoch klein und begrenzt ist wie die Gestalt des Vogels. Sie brauchen Beweise und Gesetzmäßigkeiten und sagen: ‹Die Schechina kann man nicht nachweisen, folglich gibt es sie nicht›. Der dritte Riese symbolisiert die Gruppe der Künstler und Visionäre, die sich der Phantasie und den Gefühlen hingeben. Aber auch sie leugnen zunächst die Schechina, die, umgeben von äußerem Glanz, auf einem goldenen Berg in einem Perlenschloss wohnt. Und nur weil der Vizekönig darauf beharrt, entdeckt ihm der dritte Riese ihren Aufenthaltsort. Die drei Riesen sind nicht nur Kräfte außerhalb, sondern Kräfte innerhalb unserer Seele. In jedem von uns stecken sie und versuchen, uns von der Suche nach Gottes Herrlichkeit abzubringen. Nur wenn wir unverdrossen die äußeren und inneren Hürden überwinden, können wir die Schechina finden und befreien.

Aber sofort meldet sich der Zweifel und sagt: ‹Alles ist dort teuer.› Sogar wenn wir wissen, dass es den Ort gibt, zweifeln wir sofort, ob wir hineinkommen können und sind schnell bereit zu sagen: ‹Es ist zu teuer.› Das heißt, es ist zu schwer zu der Schechina zu gelangen, also lassen wir von ihr ab. Aber Rabbi Nachman sagt uns: Wer sie wirklich befreien will, dem wird wie dem Vizekönig geholfen werden und er wird alle Wachen, gemeint sind alle Hindernisse, ausschalten können. Nicht mit Gewalt, sondern mit Klugheit und Verstand, das heißt mit guten Taten, mit Thoralernen und dem Beachten der Gebote gelingt das Werk.»

48

Rabbi Nachman und die Ketzer

In Uman lebten drei Juden, die den Glauben an Gott verloren und sich ketzerischen Ideen verschrieben hatten. Dies waren Chaikel, sein Sohn Hirsch Bär und sein Schwiegersohn, der Arzt Lando. Ihr geistiger Lehrer war Naftali Hirz Wiesel, ein ehemaliger Talmudgelehrter, der in seinem Buch *Der Wein des Libanon* aufklärerische Gedanken verbreitete. Im Frühjahr 1802, bevor Rabbi Nachman von Slatopolje nach Bratzlaw umsiedelte, verbrachte er eine halbe Woche in Uman, und am Schabbat zur dritten Mahlzeit saßen einige Chassidim mit ihm in der Betstube, sangen und hörten seine Thorauslegung. Unerwartet traten die drei Freidenker ein und setzten sich an den Tisch. Es dauerte nicht lange, und Hirsch Bär unterbrach den Zaddik. Es entspann sich ein Streitgespräch zwischen dem Rabbi und den ungebetenen Gästen, die laufend das Buch von Naftali Hirz Wiesel zitierten.

«Schickt mir das Buch», sagte der Zaddik.

Der kurze Aufenthalt in Uman genügte, die Stadt mit Rabbi Nachmans Seele zu verknüpfen. Es waren nicht die Häuser der Lebenden, sondern das «Ewige Haus», der Friedhof, der den Zaddik anzog. Im Jahre 1768 hatten ukrainische Horden die Stadt überfallen und die jüdische Gemeinde niedergemetzelt. Erbarmungslos hatten sie Frauen, Kinder und Greise erschlagen, mehrere Tausend Menschen waren ihrer Mordlust zum Opfer gefallen.

Nach dem Pogrom wurden die Toten in Massengräbern bestattet und zwei große Hügel auf dem Friedhof aufgeschichtet.

Rabbi Nachman stellte sich neben die Grabstätte und fühlte die Seelen der gepeinigten und gemarterten Juden. Seit der Vertreibung aus dem Land Israel litt das Volk um seines Glaubens willen. Trotzdem weigerte es sich standhaft, anderen Göttern zu dienen und den Weg der Thora zu verlassen. Seit vielen Generationen wurden die Juden vertrieben, verfolgt und umgebracht, aber lieber nahmen sie den Tod in Kauf, als den einzigen Gott zu verleugnen. Auch hier in Uman waren sie für die Heiligung Seines Namens gestorben, und mit dem Ruf: «Höre Israel, der Ewige ist unser Gott, der Ewige ist Einer», hatten sie ihre Seelen ausgehaucht und ihr Leben für den Schöpfer hingegeben. Vom ersten Moment, als Rabbi Nachman seinen Fuß auf den Friedhof setzte, spürte er, dass diese Seelen auf ihn warteten. Hier, bei den hügeligen Massengräbern, wollte er, wenn seine Zeit gekommen wäre, begraben werden.

Acht Jahre später, an einem Freitagabend zu Schabbatbeginn, stand Rabbi Nachman mit Rabbi Nathan und seinen Chassidim am gedeckten Tisch und heiligte den Schabbat. In der rechten Hand hielt er den silbernen Kidduschbecher, in der linken das Gebetbuch und sang: «Und es ward Abend, und es ward Morgen: der sechste Tag. Der Himmel und die Erde waren vollendet und all ihr Heer. Gott vollendete mit dem siebten Tage Sein Werk, das Er geschaffen, und Er ruhte am siebten Tag von all Seinem Werke, das Er geschaffen. Gott segnete den siebten Tag und heiligte ihn, denn an ihm ruhte Er von all seinem Werke, das Er geschaffen und gemacht hatte.»

Rasselnd ging sein Atem und der Husten unterbrach seinen Gesang. Rabbi Nachman wusste, dass es dem Ende zu ging, von Woche zu Woche fiel ihm das Sprechen und Singen schwerer. Häufig deutete er auf seinen bevorstehenden Tod hin, aber seine Schüler wollten nichts davon hören.

«Ihr werdet leben, Rabbi, bis hundertundzwanzig», sagten sie stets, aber er spürte die Vorboten des Todes deutlich. Er wehrte sich nicht, er kämpfte nicht um sein Leben, er wusste, jeder hat nur die Zeit, die der Ewige ihm zumisst. Einige Tage zuvor hatte er von Uman geträumt, der gute Ort wartete auf ihn.

Plötzlich hörte man ein Schreien und Laufen, Rufen und Trampeln auf der Straße und Brandgeruch drang durch das geöffnete Fenster. Eine Feuerwand wälzte sich auf Rabbi Nachmans Haus zu.

«Es brennt, es brennt!», gellte es auf der Gasse, und alle schrien durcheinander. Aufgeregt rannten die Chassidim in die Betstube, packten die Thorarollen und die heiligen Bücher zusammen und schleppten sie ins Freie. Nur Rabbi Nachman blieb in diesem Tumult ruhig und murmelte: «Es ist so weit.»

Rabbi Nathan wich nicht von der Seite des Zaddiks, und sie gingen über den Fluss auf eine Anhöhe, wohin die verängstigten Menschen vor den Flammen geflüchtet waren. Inmitten des Durcheinanders sah Rabbi Nachman gelassen zu, wie sein Haus verbrannte. Im Feuerschein erschienen ihm die zwei Grabhügel in Uman und Rabbi Nachman wusste, dass er Bratzlaw nun verlassen musste, um sich in das Ewige Haus nach Uman zu begeben.

In den frühen Morgenstunden, die Glut schwelte noch in den verkohlten Ruinen, suchte er mit seinen Angehörigen und Rabbi Nathan das Haus seines Schülers Schimon auf, das vom Brand verschont geblieben war. Die verstörten Chassidim versammelten sich dort zum Schabbatgottesdienst und dankten dem Herrn der Welt, dass er ihnen nur den Besitz, aber nicht das Leben genommen hatte. Inbrünstig baten die Männer, der Zorn des Himmels möge sich von ihnen abwenden.

An diesem Morgen gab Rabbi Nachman seinen Entschluss bekannt, Bratzlaw zu verlassen. Er hatte nicht mehr die Kraft, sein Haus wieder aufzubauen und eine neue Lernstube einzurichten, seine Gedanken waren nur noch auf das Ewige Haus gerichtet. «Wenn eure Häuser abgebrannt, aber meines stehen geblieben wäre, hätte ich nicht gehen können. Aber mein Haus ist zu Asche zerfallen, und dies ist ein Zeichen, dass ich mich auf den Weg machen muss», erklärte er.

Als würde der Himmel seinen Entschluss bekräftigen, kam am Sonntag Morgen ein Bote nach Bratzlaw und brachte das aufklärerische Buch *Der Wein des Libanon*, das die Freidenker in Uman vor Jahren versprochen hatten zu schicken. Der Zaddik verstand den Schicksalswink.

In Uman pflegte Rabbi Nachman, zum Erstaunen seiner Schüler, den Umgang mit den drei Ungläubigen. Eine eigenartige Affinität bestand zwischen ihnen, irgendetwas, das sie sich selbst nicht erklären konnten, zog die Abtrünnigen zum Zaddik. Stundenlang spielten sie zusammen Schach, gleichzeitig diskutierten sie über ihre Weltanschauung. Eines Tages, Hirsch Bär war wieder mit dem Zaddik in ein Gespräch vertieft, traten einige Chassidim ein, die Rabbi Nachman ehrfurchtsvoll ansprachen. Hirsch Bär verstummte angesichts des tiefen Respekts, den die Schüler Rabbi Nachman zollten.

Als Rabbi Nachman sah, dass Hirsch Bär den Faden des Gespräches nicht wieder aufnehmen konnte, sagte er: «Ich will dir eine Geschichte erzählen. Ein König hatte einen Freund, mit dem er Schach spielte. Die Eigenart dieses Spiels ist es, dass man vergisst, wer einem gegenüber sitzt, jeder spielt, so gut er kann. So ging es auch dem Freund mit dem König, und er spielte mit ihm, als säße ihm seinesgleichen gegenüber. Eines Tages traten während des Schachspiels die Minister ein und zeigten Hochachtung und Ehrfurcht vor dem König, so wie es sich geziemte. Da erinnerte sich der Freund, dass sein Gegenüber der König war, und hörte auf, nach seinem Können zu spielen. Er nahm sich nun in Acht, dass er den König nicht besiegte. Da sagte der König: ‹Was soll das? Warum spielst du nicht nach deinem Können? Dass ich König bin, hat mit dem Schachspiel nichts zu tun. Mit meinen Ministern führe ich die Staatsgeschäfte, aber mit dir spiele ich Schach.›»

«Warum hat Rabbi Nachman die Ketzer zu sich gelassen und sie nicht des Hauses verwiesen? Warum saß er stundenlang mit den Ungläubigen, spielte Schach mit ihnen und forderte sie sogar auf, ihre Meinung frei zu sagen?», fragt Rabbi Cohen. «Weil Rabbi Nachman wusste, dass Ideen und Gedanken ansteckend sind. Er war immun, ihn konnte man mit der Gottlosigkeit nicht anstecken, aber die drei hätte er mit seinem Glauben an Gott anstecken können. Der Zaddik verdammte niemanden und verschloss sich niemandem. Das ist die Kraft des Judentums. Mag der Ketzer kein einziges Gebot der Thora einhalten und täglich Gott leugnen, er kann nicht exkommuniziert werden. Niemand kann ihn aus der Gemeinschaft Israels ausschließen, denn jeden Tag kann er umkehren.

Was tat der Rabbi mit den Ungläubigen? Er spielte Schach mit ihnen und ließ sie reden. Rabbi Nachman wusste, in jedem jüdischen Herzen lebt der Funke der Umkehr, und dieser Funke kann das heilige Feuer der Liebe zu Gott wieder entfachen. Als der Zaddik starb, weinte Rabbi Nathan bitterlich um seinen Meister, aber Hirsch Bär seufzte: ‹Dir fehlt der Rabbi? Mir fehlt er viel mehr. Wäre er noch am Leben, wäre ich durch ihn zu Gott zurückgekehrt.›»

49

Ich verlasse euch nicht

Zum Neujahrsfest Rosch Haschana reisten die Chassidim aus Bratzlaw und Slatopolje, aus Teplik und Trowitz nach Uman. Mit Leiterwagen und Fuhrwerken nahmen sie die beschwerliche Fahrt auf sich, denn es hatte sich herumgesprochen, dass sich die Gesundheit des Zaddiks laufend verschlechterte. Väter nahmen ihre Söhne mit, Greise scheuten nicht die Reise, weder Regen noch Sturm konnte sie abhalten. Alle wollten Rabbi Nachman die Ehre erweisen und gemeinsam den Himmel anflehen, den verehrten Zaddik in das Buch des Lebens zu schreiben.

Rosch Haschana ist der himmlische Gerichtstag, und Gott legt an diesem Tag das Schicksal eines jeden Einzelnen für das kommende Jahr fest. Er entscheidet, wer zum Leben und wer zum Tod, wer zur Ruhe und wer zur Hast bestimmt ist, wer fallen und wer erhoben wird. In das Buch des Lebens trägt er diejenigen ein, die im nächsten Jahr nicht sterben werden, und jedes Herz zittert an diesem heiligen Feiertag um sein eigenes Schicksal und um das seiner Lieben.

Am Abend, zu Beginn des Festes, versammelten sich die Chassidim in der Synagoge, die die Menge nicht fasste. Dicht gedrängt standen sie im Raum und im Hof, als Rabbi Chaikel mit seiner tiefen und vollen Stimme das Gebet anstimmte: «Lobet Gott, den Gesegneten.» Und die Menge antwortete: «Gelobt sei der Ewige, der Gesegnete, immer und ewig.»

Leidenschaftlich betete die Gemeinde und jede Seele flehte um Genesung für den verehrten Zaddik.

Nach der Andacht begaben sich die Männer zum Haus Rabbi Nachmans, wo lange Tische mit Brot, Wein, Honig und Äpfeln gedeckt waren. Der Rabbi segnete den Wein und das Brot, tauchte es in den Honig, aß einen Bissen und eröffnete die Mahlzeit. Danach verließ er den Raum und ging in sein Zimmer. Mit Mühe hatte er sich zusammengenommen, nun schüttelte ihn der Husten, und er spuckte Blut. Er setzte sich ans Fenster und rang um Luft, während die Lieder seiner Chassidim zu ihm herübertönten.

Das Essen war beendet, Rabbi Chaikel hatte bereits das Tischgebet nach der Mahlzeit gesungen, aber keiner der Männer erhob sich, um in seine Herberge zu gehen. Sie warteten auf Rabbi Nachman. Ein neues Jahr ohne die Worte des Zaddiks zu beginnen, konnte sich keiner vorstellen.

Rabbi Nathan ging zum Zaddik und berichtete ihm, dass keiner gehen wolle und alle darauf warteten, von ihm die Thora zu hören. «Rabbi», bat er, «als ihr aus Lemberg nach Bratzlaw gekommen seid, wart ihr auch so schwach, und trotzdem habt ihr die Thora erklärt. Gott wird euch die Kraft geben, wir brauchen euch.»

Rabbi Nachman erhob sich und begab sich zu seinen Chassidim. Er war noch keine vierzig Jahre alt, als er am Rosch Haschana 1810 zum letzten Mal die Thora auslegte. Sein bleiches Gesicht war blutleer und durchsichtig und sein Gang unsicher. Am Kopfende des Tisches setzte er sich auf seinen Stuhl und begann zu reden. Er vergaß die Schwäche und sprach von Rosch Haschana, dem Tag des Gerichts und dem Tag der Umkehr. Er tröstete die Männer und gab ihnen Kraft, denn groß ist Gottes Barmherzigkeit. Der Zaddik nahm ihnen die Angst, und nach dem Fest fuhren die meisten in der Gewissheit zu ihren Familien heim, den nächsten Rosch Haschana wieder beim Rabbi zu verbringen.

Nach Rosch Haschana übermannte den Zaddik eine große Schwäche, und er musste das Bett hüten. Nun verfiel er zusehends. Seine Haut wurde wie Pergament, der Schädel zeichnete sich von Tag zu Tag deutlicher ab, und das Antlitz nahm eine wächserne Farbe an. Seine treuesten Schüler, Rabbi Nathan, Rabbi Chaikel und Rabbi Schimon, wechselten sich im Krankendienst ab. Vor dem Versöhnungstag Jom Kippur traten sie an sein Bett und baten um seinen Segen. An diesem Jom Kippur beteten Rabbi Nachmans Anhänger ununterbrochen für seine Gesundheit. Sie schlugen sich an die Brust, bekannten ihre Sünden, baten die Vorväter um Beistand, weinten und schütteten ihr Herz vor dem Schöpfer aus. Vielleicht konnte man das himmlische Urteil noch abwenden, vielleicht war der Zaddik noch zu retten, vielleicht geschah ein Wunder und Rabbi Nachman stand gesund vom Krankenlager auf.

Und tatsächlich, das Herbeigesehnte schien einzutreten. Einen Tag nach dem Feiertag ging es dem Zaddik unvermutet besser. Rabbi Nachman atmete leichter und sprach ohne Schwierigkeiten. Er aß ein wenig, und alle schöpften Hoffnung, dass die Krankheit überwunden sei und die Genesung einsetzen werde.

«Ihr werdet gesund werden, Rabbi», sagte Rabbi Nathan.

«Bei Gott ist alles möglich», antwortete der Zaddik.

«Ein Wunder ist geschehen», sagte Rabbi Nathan.

«Das Wunder ist, dass ich bereits drei Jahre mit der Krankheit lebe», antwortete Rabbi Nachman.

Alle waren voller Hoffnung, aber Rabbi Nachman wusste, dass es zu Ende ging. Er hatte am Jom Kippur nicht um seine Genesung gebeten, er war bereit zu sterben und sorgte sich nicht um sich. Seine Sorge galt dem Volk Israel und den gemarterten Seelen in Uman, die auf ihre Erlösung warteten. Vom ersten Moment, als er vor Jahren auf dem alten Friedhof in Uman stand, hatte er sie gespürt, die Seelen, die nicht ins Paradies aufsteigen konnten. Sie hatten ihn gerufen und warteten auf ihn. Neben ihnen wollte er begraben werden und mit ihnen in den Garten Eden gelangen.

Am Freitagmorgen, es war der Tag vor dem Laubhüttenfest, stand Rabbi Nachman von seinem Lager auf und setzte sich auf einen Stuhl. Man brachte ihm seinen Gebetsschal und die Gebetsriemen, und er betete. Plötzlich schüttelte ihn ein furchtbarer Husten, und er spuckte wieder Blut. Sein Zustand verschlechterte sich von Stunde zu Stunde, und verzweifelt bat ihn Rabbi Nathan: «Rettet euch, Rabbi.»

«Ich will nicht», antwortete der Zaddik.

«Habt Erbarmen mit euren Kindern und Schülern», flehte Rabbi Nathan.

Aber Rabbi Nachman winkte ab wie einer, der sagen will: «Ich bin bereits weit weg.»

In der Nacht riefen die Schüler einen Doktor. Vergebens, kein Arzt und niemand sonst konnte die Seele Rabbi Nachmans im Körper halten. Nach einem Blutsturz verlosch sein Atem in Gegenwart seiner treuen Schüler.

«Rabbi, Rabbi verlasst uns nicht!», schrie Rabbi Nathan.

Zum letzten Mal öffnete Rabbi Nachman die Augen und flüsterte: «Ich verlasse euch nicht.»

50

Der Bratzlawer lebt

Der Bratzlawer lebt, Rabbi Nachman lebt mitten unter uns. Aus der Asche hat er sich erhoben, wie die vielen chassidischen Meister, deren Geschichten und Aussprüche wieder gelehrt und gelernt werden. Eine verbrannte Kultur, eine vernichtete Szene betritt die Lebensbühne und blüht. In tausend Lernstuben ertönt Gottes Wort und wird die Thora wie eh und je gelehrt. Mögen die anderen sich die Mäuler zerreißen und gegen die orthodoxen Juden wettern, mögen sie Beweis um Beweis antreten, dass die Thora überholt, veraltet und nicht mehr zeitgemäß ist, wen interessiert es? Diejenigen, denen sie der Baum des Lebens und das Brot des Tages ist, können und werden von ihr nicht lassen. Seit Moses sie dem Volk Israel gegeben hat, ist das Volk mit ihr verbunden, und die Thora bietet Raum für jeden Lehrer und jeden Lernenden. Nur wer sich mit einem offenen Herzen und klaren Verstand dem Gesetz nähert, beginnt die Liebe des Volkes Israel zu Gott und Seinem Wort zu begreifen. Staunend steht der Fremde davor und begreift nicht, wie ein Volk, das wegen seines Glaubens so geschlagen und millionenfach umgebracht wurde, so an seiner Lehre festhalten kann.

Auf einer Tagung in einer Evangelischen Akademie in Deutschland erzählte ein Pfarrer ein Erlebnis, das ihm zu denken gab. Er hatte Jerusalem besucht und war abends zu einem Vortrag in einer Kirche eingeladen worden. Das Thema lautete: «Von der Last des

Gesetzes». Es war gerade der Tag, an dem das Volk Israel Simchat Thora, das Fest der Gesetzesfreude, feiert. Er beobachtete, wie die Juden mit den Thorarollen in den Synagogen und auf Jerusalems Straßen tanzten, sangen und dem Schöpfer für das große Geschenk dankten, mit dem er Israel bedacht hat.

«Ich verstehe es nicht», sagte der Pfarrer. «Diejenigen, die das Gesetz nicht haben, sprechen von der Last des Gesetzes, und diejenigen, die es haben, singen und tanzen mit ihm.»

Rabbi Nachman hat die Thora gedeutet und ausgelegt, wie so viele Lehrer vor ihm und viele nach ihm. Jeder, der das Gesetz lernt und lehrt, ebnet einen Weg zur Thora.

Der in der nichtjüdischen Welt bekannteste Thoralehrer war Jesus. Er sagte: «Denkt nicht, ich sei gekommen, um das Gesetz oder die Propheten zu vernichten. Nicht um zu vernichten, bin ich gekommen, sondern um zu erfüllen. Denn wahrlich, ich sage euch: Eher würden Himmel und Erde vergehen, als dass auch nur ein kleinster Buchstabe oder ein einziges Teilchen eines Buchstabens vom Gesetz verginge und nicht alles geschähe.»

Nicht einen einzigen Buchstaben hat das Volk Israel hinzugefügt oder weggelassen, nicht ein einziges Teilchen eines Buchstabens verändert. Käme Jesus heute auf die Welt und entrollte er eine Thora, so würden ihn die vertrauten Schriftzeichen und Worte anblicken.

Rabbi Nachman lebt in seinen Chassidim. Sie singen und tanzen mit Gottes Wort, denn er hat ganz besonders das Element der Freude in seiner Lehre betont. Und wenn einmal die Angst in die Seele eindringen will, dann ist Rabbi Nachmans Lied zur Stelle:

Die ganze weite Welt
ist ein schmaler Steg.
Geh darüber und fürchte dich nicht,
fürchte dich nicht.

Glossar

Almemor: erhöhter Platz in der Synagoge, von dort wird die Thora vorgelesen

Chassid: der Fromme – Anhänger einer Lehre oder eines Lehrmeisters

Chassidismus: im 18. Jahrhundert entstandene religiöse Bewegung, von Israel ben Elieser, dem Baal Schem Tow, gegründet

Eretz Israel: Land Israel

Gemara: Teil des Talmud

Hawdalakerze: geflochtene Kerze mit mehreren Dochten, die bei der Verabschiedung des Schabbats angezündet wird

Jeschiwa: religiöse Hochschule

Kabbala: Überlieferung – mystische Lehre verborgener Weisheiten

Kiddusch: Weinsegen am Schabbat und an den Festtagen

Laubhüttenfest: siehe *Sukkot*

Minjan: Anzahl von zehn Männern, die für einen öffentlichen Gottesdienst nötig sind

Mischna: Teil des Talmud

Mitnagdim: Gegner der chassidischen Bewegung

Pessach: Fest zur Erinnerung an den Auszug der Kinder Israel aus Ägypten. Eines der drei Wallfahrtsfeste, an denen die Juden zum Tempel nach Jerusalem pilgerten.

Purim: Freudenfest zur Erinnerung an die Errettung der Juden in Persien. An dem Fest wird die Estherrolle gelesen und Kinder verkleiden sich.

Quorum: siehe *Minjan*

Rabbi: Thoralehrer

Rambam: Abkürzung für Rabbi Moses ben Maimon (Maimonides), jüdischer Gelehrter (1135–1204)

Raschi: Abkürzung für Rabbi Salomo ben Isaak, Bibel- und Talmudkommentator (1040–1105)

Schabbat (Sabbat): 7. Tag der Woche – Ruhetag

Schaufäden: gedrehte Fäden, am Gebetsmantel und an einem Untergewand befestigt. Ihr Anblick soll an die Gebote der Thora erinnern (4. Buch Mose, 15,37–41).

Schawuot: Wochenfest, das am 50. Tag nach Pessach gefeiert wird. An Schawuot erhielten die Kinder Israel am Berg Sinai die Thora. Es ist eines der drei Wallfahrtsfeste.

Schechina: die Gottesherrlichkeit, die in der Seele wohnt

Simchat Thora: Fest der Thorafreude. An Simchat Thora wird der letzte Abschnitt und danach gleich der erste Abschnitt der Thora gelesen.

Streimel: pelzumrandeter Hut

Sukkot: Erntefest, das in einer Laubhütte gefeiert wird. Die Laubhütte erinnert an die vierzigjährige Wanderung durch die Wüste, als das Volk Israel in keinen festen Häusern wohnte.

Talmud: Sammlung von Lehrsätzen und Diskussionen zu den in der Thora aufgeführten Geboten. Der Talmud gliedert sich in zwei Teile, die Mischna und die Gemara. Der Talmud entstand nach der Zerstörung des Zweiten Tempels in den Lehrschulen Babyloniens und Palästinas. Man unterscheidet zwischen dem Babylonischen und Jerusalemer Talmud.

Tefillin: Gebetsriemen und -kapseln, die beim Morgengebet an der Stirn und dem linken Oberarm befestigt werden. In ihnen ist das Gebet «Höre Israel, der Herr ist unser Gott, der Herr ist Einer» enthalten.

Tenach: Hebräische Bibel (Altes Testament)

Thora: Fünf Bücher Moses – die Weisung Gottes an Israel. Die Thora enthält 613 Gebote, die die Grundlage des jüdischen Gesetzes bilden.

Zaddik: der Gerechte – religiöser Führer in der chassidischen Bewegung

Inhalt

Lea Fleischmann, 1947 geboren, ist Kind jüdischer Eltern, die den Holocaust überlebten. Nach sechs Jahren im hessischen Schuldienst wanderte sie 1979 nach Israel aus. Das Fazit ihres Lebens in der Bundesrepublik erschien 1980: *Dies ist nicht mein Land.* Zwei Jahre später erschien ihr Buch *Ich bin Israelin,* in dem sie humorvoll ihre ersten Eindrücke in Jerusalem schildert. Es folgten zwei Bände mit Kurzgeschichten: *Nichts ist so, wie es uns scheint* und *Abrahams Heimkehr.* 1991 beschrieb sie in dem Buch *Gas – Tagebuch einer Bedrohung* die Situation der Israelis während des Golfkrieges. 1994 erschien *Schabbat. Das Judentum für Nichtjuden verständlich gemacht.* Der Erfolg dieses Buches führte zu ausgedehnten Lesereisen durch die Bundesrepublik.

1992 richtete Lea Fleischmann gemeinsam mit dem Künstler Dudu Barnis ein kulturelles Begegnungszentrum für deutschsprachige Gruppen in Jerusalem ein. Informationsmaterial kann unter folgender Adresse angefordert werden:

Kulturelle Begegnungsstätte
Lea Fleischmann
P.O.Box 6896, Herzl Blvd. 38, Jerusalem 91060, Israel
Tel.: 00972-2-6510192 Fax: 00972-2-6510248
E-mail: leaflei@internet-zahav.net